华中科技大学法学教育40周年
暨法学院建院20周年

新 文 科 法 学 精 品 文 库

教育部青年基金项目“信息确权研究”资助成果
（项目编号：Z20190055　批准号：19YJC820025）

信息确权的法理探析

李蕾 著

法律出版社 LAW PRESS · CHINA
北京

图书在版编目(CIP)数据

信息确权的法理探析 / 李蕾著. -- 北京 : 法律出版社, 2022
(新文科法学精品文库)
ISBN 978 - 7 - 5197 - 6588 - 0

Ⅰ. ①信… Ⅱ. ①李… Ⅲ. ①个人信息 - 法律保护 - 研究 - 中国 Ⅳ. ①D923.74

中国版本图书馆 CIP 数据核字(2022)第 052240 号

信息确权的法理探析
XINXI QUEQUAN DE FALI TANXI

李 蕾 著

责任编辑 郑怡萍
装帧设计 汪奇峰

出版发行 法律出版社
编辑统筹 法律教育出版分社
责任校对 王晓萍
责任印制 刘晓伟
经 销 新华书店

开本 A5
印张 9 字数 238 千
版本 2022 年 9 月第 1 版
印次 2022 年 9 月第 1 次印刷
印刷 唐山玺诚印务有限公司

地址:北京市丰台区莲花池西里 7 号(100073)
网址:www.lawpress.com.cn
投稿邮箱:info@lawpress.com.cn
举报盗版邮箱:jbwq@lawpress.com.cn

销售电话:010 - 83938349
客服电话:010 - 83938350
咨询电话:010 - 63939796

书号:ISBN 978 - 7 - 5197 - 6588 - 0 定价:45.00 元
凡购买本社图书,如有印装错误,我社负责退换。电话:010 - 83938349

前　言

“信息”是具有独立属性的事物,它不是物质,也不是意识。它是继土地、水、矿产之外的重要资源。它具有无形性、无限可复制的特征。信息也是人的属性之一,“信息人”属于人的另一种存在方式。研究信息确权的本质首先是研究人的属性,人的每一部分属性成就了法律意义上的权利或权力。

本书在写作之际,我国的《个人信息保护法》已正式实施,世界各国信息立法纪录也正在不断刷新。国内外以信息权为主题的研究早已是热门领域,已经形成聚集效应。不同国家采取各自独特的信息保护模式。虽然信息立法的相关学术研究已经非常多,但信息的确权研究学说庞杂、体系不统一。较少有超越各部门法系统的大格局确权理论研究。现有研究多数没有彻底回应信息私权利的产生的路径;没有回应信息权利的本质属性与基本结构;没有系统区分信息的私权利与信息的公共权力。《民法典》《网络安全法》《数据安全法》等,未能应对个人、组织、社会、国家等多个主体不断更新的信息权益诉求,许多信息法理问题悬而未决。本书为这类信息确权问题提供了一个深入探索的契机。

本书以“本体论”为开端,从宇宙的构成逐渐揭示人的多种存在状态,证明人的信息属性,并将信息区别于“物质”“能量”“意识”“智慧”“知识”,探索信息与人之间的密切关系,剖析信息确权的模式选择。信息确权研究的范畴非常庞大,既需要创设新型的信息权利、信息公共权力理论,也需要沿袭维持经典的权利、权力理论。本书的权利、权力范式研究不是“空中楼阁”,都是建立在多年来传统的法理学基础之上。本书目的不在于解构、颠覆传统的权利、权力理论的范式,而在于反思、补充和完善。信息确权研究需要在理论上进行方法论的转向、更新,我们既要站在传统唯物主义哲学范式立场上对权利与权力进行论证,又需要超越传统的哲学范式以信息科学视角构建完整的信息确权与法治运行体系。

目　　录

本体论篇

个人权利篇

国家、社会、权力篇

本 体 论 篇

第一章　人的多重属性与确权研究

第一节　从宇宙的构成到人

宇宙是一个广袤无垠的系统，人类仅能在可感知、可观察的范围内认识宇宙的物质构成。宇宙学家曾经预言，人类能够感知的宇宙物质其实只是宇宙的15%，还有余下的85%的宇宙物质，人类凭借已经拥有的技术，无法感知也无法观察，宇宙学家们将它们称为"暗物质"。由于未知物质的存在，宇宙要素的构成命题一直处于不断争论与探索之中。宇宙的构成经历了"物质论""心物二元论""唯心论""物质、信息、能量论"等各个阶段。"物质论"即唯物主义论，物质一元论认为物质是宇宙万物的起源，所有的存在物最终都是物质的。精神、灵魂、意识是物质相互作用的一种现象。希腊早期的哲学家崇尚"物质一元论"，认为万物由某种特定物质构成，如泰勒斯认为万物由水构成〔1〕。阿那克西美尼认为是空气，赫拉克利特认为是火，齐诺弗尼斯认为是土。巴门尼德将世界所有真实的存在抽象为"一"这个概念，而人的思想、感觉均为虚幻。这些哲学家对世界组成的构想，一部分建立在经验观察之上，另一部分建立在冥想之上，原子论哲学观的出现，使物质一元论哲学与现代物理科学越来越接近。

"心物二元论"与"物质论"有较大差异，它彻底将灵魂、意识从

---

〔1〕［英］罗素：《西方哲学史》（上），何兆武、李约瑟译，商务印书馆1963年版，第55页。

物质中分离出来,认为心灵意识是独立的存在。早期的多元论者也有“心物二元论”的影子,恩培罗克勒认为,万物由 4 种要素构成,即水、土、火、气,但他认为,爱、斗争处于这些物质之间。柏拉图认为,“心”与“物”可以相互分离且独立存在,心(灵魂)可以不依赖于物(人的肉身)而独立存在,心(灵魂)可以寻找新的肉身载体。[1] 不过亚里士多德的“心”与“物”两分法与柏拉图还是有重要区别,亚里士多德认为具有生命的物种都应该有“灵魂”,亚里士多德认为灵魂是无法离开物质而单独存在的。“心”“物”二元论的经典论者是法国哲学家笛卡尔,笛卡尔辨析了“心”与“物”在本体论上的巨大差异,心灵是非物质的存在,没有空间,是完全不可分割的,心灵可以离开身体而存在,但身体不能离开心灵而存在,心灵才能对人的本质起决定性作用,人的肉身是偶然构成的。[2] 笛卡尔的哲学观为不朽灵魂论与宗教有神论者开启了一扇大门。马克思在 19 世纪拓展了唯物主义,将人活动的实践、经验与物质相结合创建了唯物主义历史观,运用唯物主义论证手段改写了唯心主义辩证法。

在经典物理学中,物质指一种任何具有一定质、体积且占据一定空间的存在。[3] 物质论可以解释万物的结构,但是无法解释万物运动的原因,“能”一词才能解释万物的运动。“能”一词的使用,可以追溯至亚里士多德所著的文献之中。科学家关于能量的探讨要晚于“物质”与“意识”。“能量”这个概念首次被提出是在 19 世纪[4],当时用来表达物质在不同运动中的多种力,当热力学第一定律即能量守恒定律被发现之后,能量这个概念才被科学界普遍接受,宇宙的万

---

[1] [希]柏拉图:《柏拉图全集》(第 1 卷),王晓朝译,人民出版社 2002 年版,第 52 ~ 133 页。

[2] [英]安东尼 · 肯尼编:《牛津西方哲学史》,韩东晖译,中国人民大学出版社 2006 年版,第 110 页。

[3] S. Saunders, H. R. Brown, *The Philosophy of Vacuum*, Oxford University Press, 1991, p. 21.

[4] 托马斯 · 杨在 1807 年的伦敦国王学院上探讨自然哲学时使用了“能量”(energy)这个词。

物是在不断运动之中的,能量是物质运动转换的量度。

自然界的运动与变化是通过物质、能量进行相互转换而来。但人类社会的演进与变化却离不开“信息”,“信息”人类是对宇宙万物的描述,是对人类知识的呈现,是对人类自由意志的表达。由于物理学、信息科学的发展,构成宇宙的要素逐渐继续扩展。物质、能量、信息、意识是新的宇宙四要素学说。我国理论信息学家李宗荣教授提出了“信息能”可以作为宇宙最新的要素而存在。[1] 在人类世界中,信息是人类社会运行的推动力之一。信息不仅记录着宇宙的历史、人类社会的历史,信息也在主动地创造新的人类世界,信息就像不断被加层的高楼大厦,人类的认识视角越来越广阔。

第二节　人的“物质”“能量”属性

一、人的“物质”“能量”属性解析

宇宙由物质构成,人也是物,是万物的灵长,作为物的主宰者而存在。人属于复杂物质,基于人的主体特殊属性,近距离观察人与周围的物体,其实他们就是元素的排列组合而已。虽然,构成地球生物体的化学元素都无法超越元素周期表,但各种元素进行了成千上万种组合与化合反应,使地球生物如此丰富多彩。人体就是宇宙万物之中多种元素结合而成的有机化合物质,它是地球元素组合及化合之后的一个奇迹。

构成人体物质的化学元素其实非常普通,有几十种。占据大比例的元素有炭、氢、氧、磷等,占据小比例的微量元素有,铁、铜、锌、钙等。这些元素又构筑成 200 种以上完全不同类型的细胞,人体就是 100 万亿细胞共同筑成的一座大厦。每个细胞都发挥着其重要的功

---

〔1〕 李宗荣:《理论信息学概论》,中国科学技术出版社 2010 年版,第 139 页。

能，例如，红细胞输送氧气，脂肪细胞保持热量，白细胞对抗病菌；肌肉细胞保持人体心脏持续工作，赋予人体力量与行动；神经元细胞负责传导信息；骨细胞的使命是维持构成骨骼大部分的纤维和矿物质盐基质；生殖细胞（精子细胞、卵子细胞）为制造新的人类而存在。[1]人类创设了多种特定的学科以最近距离研究人的微观与宏观的"物质态"，这些学科的使命是对构成人体的具体物质进行研究，并探索维持人体物质态的健康代谢的条件，防止并对抗疾病对人体的伤害，研究伤害形成之后的补救方法，这些学科就是生命科学、生物学、化学、医学。

能量是能够维持人体持续运转的物质，能量是人类保持永续的物质。这种物质需要人体从身体之外获取，没有能量，人就失去了时间维度，失去寿命。人体这个有机物不是一台永动机器。[2] 人需要不断汲取能量维持机体的运作，一旦能量供给的缺失达到一定程度，人的有机构成就会发生巨大变化。人的"能量"状态其实是人维持健康物质状态的一种衍生状态，人的"能量"状态分为物质能量与智力能量，后者可以称之为"智能"，但是"智能"不属于纯粹的物质能量，它属于人的"灵态"范畴。生命的动能需要能量，没有能量人体无法维持生命，人的身体的每一个细胞都是"能量工厂"，构成细胞的质体中含有蛋白质、氨基酸、脂肪、无机盐、糖、维生素、核苷、核糖核酸等物质。细胞输送着人体营养，促进着人体的新陈代谢。热能、电能和化学能是人体能够产生的三类能量。人的体温维持需要热能，人的神经细胞的运转需要生物电能。化学能是基于人的生物反应产生，人体的化学能需要的重要物质是三磷酸腺苷（ATP）。细胞的形成代谢过程就是一个化学能转换的过程，这个过程包括了人体从外界吸收养分的过程，也包括人体释放代谢物的过程。

---

〔1〕 Neil Kelly, Claudia Martin, Jon Richards, *One Million Things Human Body*, Dorling Kindersley Limited, 2010, p. 12.

〔2〕 ［德］莫里茨·石里克：《自然哲学》，陈维杭译，商务印书馆1984年版，第63页。

二、“物质”“能量”与权利

“物质”“能量”是人存在的基础与前提，因此基于维持人的物质与能量而创设的权利是第一位阶的基础权利。大部分基础性权利是基于人的物质与能量属性而生成，同时由物质与能量来维系。它们分别是人的生命权、健康权和居住权。财产权其实也是间接维持人的身体正常运转的基本权利。虽然广厦万千，夜眠只需七尺；良田万顷，日食只需斗升，维持人基本生命体的空间与食物并非太多，但人有欲望和感知，这让人不满足于基本的最小值食物与空间需要。我们在后文中，人的“灵态”章节将会继续深入探讨这一个问题。

人的生命体死亡与人的物质态的彻底消灭是两个概念，死亡并非意味着其“物质态”的彻底消灭。作为基本人权主体的人，仅限于具有生命状态的人，而不是无生命物质状态下的人，人死亡之后，亲属享有对尸骨处理的权利，但尸骨本身并不能成为权利之主体，人体的物质在死后变为了在生态圈中不断循环的粒子。

生命权是个人所应当享有的不被任何其他主体剥夺生命的权利，生命权同时也是一种道德权利，法律意义上的生命始于出生终于死亡，法律标准的生命死亡是脑死亡，脑死亡下的人体会丧失几乎所有维持生命运转的能力，没有疼痛反应，没有神经反射，没有机体能量转换功能。脑死亡是人体“物质态”发生根本转变的一个标志性事件。脑死亡被确认之后，人的物质态机体不可逆转地走向衰竭，具有生命意义的人从此终结，人从此进入了没有生命的物质态，这种缺少生命机能的“物质态”不再被视为人的存在。即使其身体器官经过特殊处理继续存在，也不再视为独立人的存在。脑死亡之后的人体器官如果移植到具有正常脑功能的人体之上，该器官依然可以进行正常运行，客观上，死者的器官移植是对死者部分物质态的另一种生命延展，但失去大脑的器官不具有人的存在资格，它附属于另一个具有主体身份地位的大脑之下。

围绕生命权是否可以剥夺的绝对性与相对性，由此产生了一些新的人权法律制度。部分权利产生了道德争议，这些具有争议的权利领域包括：死刑的存废、堕胎是否非法化、安乐死是否合法化、自杀是否自由等。死刑制度的创设可以追溯至同态复仇、报复正义等理论。“同态”式复仇以等量损失对方身体物质态方式进行，是最为朴素且易于计算的惩罚手段。文明社会之后使用自由刑、罚款、罚金等惩罚方式对痛苦进行换算与计算，使人类摆脱了血腥与暴力。反堕胎是对潜在生命权的一种保护，然而“潜在生命”也仅被视为“非生命”。生命权的成立具有前提条件，人体机能和人体细胞存在状态需达到一定独立度、成熟度，才能成为生命权的主体。

生命权创设的初衷是防止他人对自我身体存活状态的侵犯，但生命权并不赋权生命主体对自我肉身进行彻底摆脱的行为。安乐死与自杀的相同之处在于，二者主体都选择摆脱肉身的束缚，对自我物质态进行否定评价。二者不同在于：安乐死的主体对肉体的摆脱更为纯粹，在大部分情况下其身体器官失去功能、坏死，导致神经系统疼痛难忍，医疗技术难以治愈。自杀者除了摆脱肉体还有对现世经历、情景的摆脱。涂尔干曾经将自杀界分为两大类：纯粹精神病变式自杀和社会原因的自杀。自杀相对于安乐死的成因更加复杂且多变。[1] 安乐死需借助医疗技术进行辅助，自杀的手段更为自由且隐秘。自杀主体通过主动终结生命，使大脑不再感知世界所发生的一切悲剧、烦恼的事情，从而选择走向一种永恒的死寂状态。日本法医学著作《完全自杀手册》[2]是一部描述多种方式自杀的行动指南，该书非常明显地表达出自杀是社会达尔文规则运行的现象之一。立

---

〔1〕［法］爱米尔·杜尔凯姆：《自杀论》，钟旭辉等译，浙江人民出版社 1988 年版，第 7 页。

〔2〕《完全自杀手册》（日文名称『完全自杀マニュアル』），这本手册由名为鹤见济（Wataru Tsurumi）的作者在 1993 年 7 月 4 日出版。该书是自杀者的行动指南书，书中运用法医学知识分析了各种自杀手段的具体实施流程以及能够产生的生理反应。由于该书过于详尽地描述了自杀手段的细节，与人类共同体的生命价值伦理相违背，1997 年起，这本书已经为日本等亚洲国家的禁书，但网上还流传部分电子版本。

法不鼓励自杀行为，更无法成为一种自由选择权，但自杀过后的人无法受到法律的惩罚。

健康权是保障人体不遭受缺损且能正常代谢运转的权利。健康权不仅应当保护人体免遭他人外力的侵害，还应当保障人免遭他人非物理外力的侵害，如声音、言语等信息刺激对脑神经系统造成的损害。人的每日生活重要使命之一是维持自我沉重“物质态”的健康运转，为何“肉身”如此“沉重”？梭罗的《瓦尔登湖》[1]中的生活场景对于现代人而言是难以实现的，否则人人都可以归隐于田园。回归自然意味着人类需要重新拿起斧头筑建房屋，再次拾起锄头开垦荒原。人类通过工业革命、智能信息革命摆脱了重复体力劳动力的奴役，将体力劳动力转型为具有创造力的脑力劳动。个体的人如果脱离社会依靠自身力量获取食物与居住空间，人的生存状态会变得非常艰辛。人不再轻易回归到仅依靠个体劳动力的原始生活状态。人体的健康运转早已通过市场经济规则转换为一种消费主义生活方式。原始自然状态下，人体维持生命健康的能力异常脆弱。人并非光合生物，光合生物可以不耗费太多能量的情况下获取无产权的阳光、氧气、水分进行能量补充，光合生物能够忍耐极寒、极热的温度环境。0℃是人体能够承受的低温极限，41～42℃是人体承受的高温极限。工业革命、消费市场改善了脆弱的人的生存状态，并使人的生活多样化、精致化。“生物的人”转变为逐利式的“理性人”，人的目标是追逐能够进行等价交换的财富。

国际人权宣言中的健康权、休息权的评价标准都相对单一化且是最低标准。例如，《世界人权宣言》中的“健康权”标准也紧紧围绕人的“衣”“食”“住”“医疗”等物质类型度量结果进行评估。这几种

[1]《瓦尔登湖》是作家梭罗将曾经在美国马萨诸塞州湖畔的生活经历记录下来的散文集，作者是否真实经历过这段生活方式有待考证。作品从近距离与自然相处的隐居生活中，反思了人类生命的本质，批判了人类的享乐主义、物质主义的荒诞。

标准是能够满足人的机体运转的最低健康标准。这种偏重结果数据的评估方案并没有将生产方式、生活方式、生产制度纳入评价体系。任何类型的社会只要满足最低物质要件,健康权的评估就能够过关。健康权、休息权的概念与内涵应是相对立体的,但是权利的研究者们还没到达如何评估人类生产生活方式健康与否的研究深度,这个工作往往由心理学、社会学、政治哲学工作者们去探索。

平等权涉及物质生存资源的获取与分配。公平分配是自然学科无法做到的领域,自然科学毕竟只提供技术。怎样科学、公平地分配维持人体所需的物质资源,只有社会科学才能做到。因此,基于机会均等、分配公正、矫正正义理念的平等权(公平权)自然而然地产生,但是仅仅依赖这些分配原则还远远不够。人体既相似、又相异,人的智力体力水平有一定差异,人分男、女、老、幼、残障。每个人具有不同的染色体。幼儿身体未发育成熟,老人机体细胞代谢能力下降。人体的微量元素构成随着年龄的变化会有较大差异,化学家通过实验发现人体随着年龄的不断增长,金属性元素,如铝、铅、银、锡会集聚于体内不断增加〔1〕。这些物质上的差异造成了人群的差异。即使每个个体享有相同的权利,但是由于人体状态的差异、地域的差异,各类资源并不均衡分布。即使我们创设了少数人的权利(妇女权利、未成年人权利、残疾人权利、老年人权利),但是平等权依旧不能轻易地完全实现。

将基本权利写入联合国人权宣言、写入各国宪法,这是对人类"物质"态保障的一种宣告,在这个步骤之后还需要一系列具体的部门法立法、政策、道德共同与这些基本权利条款进行衔接,国家政府在基本权利中承担主导作用。各个部门进行立法合作且均衡运行才能实现这些权利。基本权利的实现极度依赖于经济政策、农业、水利行业、食品加工业、餐饮、物流。这些行业的运行需要法学等社会科学学科确定立法与规则,形成行业习惯与道德。

〔1〕 迟锡增主编:《微量元素与人体健康》,化学工业出版社 1997 年版,第 21 页。

第三节　人的“灵态”属性

一、“灵态”释义

“灵态”并不是一个科学概念，这是一种比喻的描述，描述人类大脑内部的运行状态。人的大脑运行并不是基于物质与能量运动那么简单，它具有随机性、难以预测性、复杂性、创造性、智慧性、自由性、理性、欲性和情感性。

首先，“灵态”专属于人。“灵”这个字最先与“心灵”这个词关系最为密切，19 世纪之前的哲学家一直误认为人的感情、知觉、思想都由心灵产生。其次，“灵”与“灵魂”一词相对应，灵魂是独立于人的物质体而存在，灵魂一词的发明，让人类注意到自己的非物质属性的一面，我们曾经一度认为科学家对人类心理的研究过程就是对人类“灵魂”的研究，人的行为是由“灵魂”所决定。随着科学理性的发展，心理学家冯特[1]带领心理学作为一门独立的学科正式从哲学中分离出来。心理学的独立使学者们已经不多使用“灵魂”一词，而用“心灵”一词对其进行了替换，灵魂研究属于唯心主义玄学的范畴。

此处使用的“灵”字，还含有“灵感”“创造”等意义，不限于单纯的心灵活动或人脑活动，还有促使人与世界碰撞形成新的思想的一种特殊“力量”，这种特殊“力量”能够影响世界运行与秩序，从而推动新的历史与事物的诞生，我们也可以称其为“自由意志”。这也是最贴近“灵”这个词含义的一种事物。

人类对物质、对能量的探索其实是科学式的探索，是一种人对外

---

〔1〕 威廉·冯特（Wilhelm Wundt，1832 年 8 月 16 日～1920 年 8 月 31 日）是德国心理、生理学家、哲学家，它是实验心理学的鼻祖。1879 年在冯特的主持下，第一个专业心理学实验室在莱比锡大学成立，该事件是心理学成为独立学科的标志。

界物质的一种观察式探索,但这种探索逐渐被质疑之时,以致人的理性被怀疑时,人类的研究逐渐开始对准了人自身,不是人体,而是人脑中的意识。随着人脑科学的进步,我们通过科学仪器的检测,人的心灵活动并不是由人的心脏产生,是由大脑神经系统运行而产生,它是物质吗?它是能量吗?它拥有重量吗?

20世纪初,科学家试图用天平衡量出灵魂的重量,测量数据令人怀疑。人对大脑的探索的科研水平显然远远不及人对自然物的探索。2019年,《科学》[1]杂志,登载了一张对果蝇完整大脑进行成像的纳米级图片,图片清晰还原了果蝇大脑的神经元细胞分布状态,科学家仅仅是对神经元分布状态的还原,还不能完整描述意识的形成过程,也远远不能还原人脑的神经元细胞分布状态,这将是一个耗资巨大的工程。神经元是物质,是转载及运输思想信息的物质,但不是思想本身,其运载的信息也不是思想本身,信息是对思想的一种描述。

法学家试图从神经元系统、神经末梢中探寻人的行为动机;观察人的行为的客观规律;发掘人的决策行为的产生根源;尤其是在物理证据无法还原个体行为时,神经元科学的实验结果可以作为重要的补充。由于脑科学对人的神经元运行系统研究没有较大的突破性发现,也会导致与神经元相关的一系列社会科学的研究成果进展缓慢。

二、“灵态”与权利

基于灵态而产生的权利涉及对人的认知、欲求、感受的一种保护,例如,对人格尊严进行保护的精神人格权。抽象人格权既有对人的物质状态的保护,也有对人的精神保护,它全面兼容人的物质状态、信息状态以及灵态,精神人格权是基于人的灵态而产生。

有些权利的客体是静止事物,但同时也可以增强人的特定欲求

[1] Gao R., Asano S. M., Upadhyayula S. et al., *Cortical Column and Whole - brain Imaging with Molecular Contrast and Nanoscaleresolution*, Science, Vol. 6424:363, p. 1 - 16. (2019).

与感受，私有财产权的创设其实增进了人的满足感欲求，私有财产权不仅能够提供一种有价物确权的稳定状态，还能为人提供一种荣耀感、成就感。

人类最重要的灵态表现形式就是“自由意志”。缺少“自由意志”的生物，它的行动全然由自然规则、外力来控制，这些生物在生命诞生至死亡那一段之间的命运有一定的客观必然性、单一性、被动性、消极性。如休谟所言，这些物质“没有丝毫自由的痕迹，每个对象都被一种绝对的命运所决定”[1]。因此自然科学家可以通过观察物质的运动轨迹发现恒定的自然规律。“自由意志”可以制约人的行动、运动、活动空间。任何一位自然科学家或任何一位社会科学家都无法精准预测人的自由意志，他们只能通过长期观察特定集合人群，发现他们的惯常思维意志与规律，并推导出某一类族群、社群的一些思维习惯，但个体的人的思维依然是变化无常的。

个体变化无常，且无法预测的自由意志推动着权利类型的发展。自由权其实根据人的“自由意志”而产生，但是自由权过于抽象模糊，自由意志可以被分割为多个不同类型的自由行为，例如，宗教信仰自由，政治自由等。其中政治自由也是一个抽象权利，包含了多种政治自由意志行为。其中有言论自由行为、出版行为、集会行为、结社行为、游行行为、示威行为的自由，除此之外还有知识产权（或称为智慧产权）。人的创造行为是自由意志的一种升华形式，人除了对自身的身体、思想能够进行自由的控制，人还有对所有物的控制自由，物权之中的占有、处分、收益就是具体的表现形式。

人的信息状态虽然与人的灵态有较大差异，但是个人的信息的内容是由人的自由意志所决定的，人的自由意志决定了人的信息构成，因此与信息有关的权利又是最能体现人的灵态特征的权利。个人信息的产生中包含着人基于自由意志而产生的行为痕迹、宗教信仰、爱好、兴趣等，人应当拥有对自我信息进行自由控制的权利。

---

〔1〕［英］休谟：《人性论》，关文运译，商务印书馆 1980 年版，第 443 页。

第二章 人的“信息”属性

第一节 何为信息

信息是一个较难确定统一标准定义的概念。很多经典定义已经陷入了二元论哲学的局限之中,例如,二元论哲学将世界划分为了物质与精神,所有事物都预设归类为这二者之中。世界被划分为了“物质”与“非物质”,信息是“非物质”的一种形式。由于“唯物主义”世界观在社会科学界占有重要的位置,从而忽视了对“非物质”的继续探索,几乎将非物质等同于“精神”“灵魂”,而不将非物质与信息联系起来。

真实的世界是“物质”与“非物质”同时并存的,由于“信息”这种“非物质”必须借助物质作为载体,所以我们往往将其与“物质”进行了混同化的理解。那么脱离物质载体的“纯粹信息”属于什么呢?在以往的物质主义世界观看来,一旦将“非物质”独立于“物质”进行研究,就会被冠上“唯心主义”的标签。显然信息也不属于“精神”范畴,因而有学者提出信息的定义之一:“信息”就是信息,它既不是物质也不是意识,它是独立于“物质”与“意识”的存在。

虽然法学界对“信息”一词运用频繁,但是在实践运用中非常不严谨。学者经常将“信息”一词与“数据”一词混淆使用,未区分“数据”“ 信息”之间的区别与联系。信息比“数据”“信号”等概念的涵盖面要更为广泛,更为抽象。我们对信息科学发展史进行总结后,发现信息的含义至少有 30 种。计算机科学家、哲学家、语言学家、数学家都参与了这场“信息”定义的争论之中(见表 1),但是法学家还未承担起辨析这些“元概念”的使命。1946 年第一届联合国大会首次将发送信息自由作为一项人权提出，英文版本使用的是“information”一词，中文版本却使用了“情报”一词〔1〕。当时是 20 世纪 40 年代，还未出现网络信息，人们最多接触的是无线电信号，所以当时的翻译版本显然受到了科学技术水平的时代局限。

表 1　信息定义的分类

定义类型	具体界定	代表人物
物质主义一元论定义①	“信息是一种场”	主张世界源于物质的学者
	“信息是物质”	
唯心主义一元论	信息是意识	柏拉图主义学者、激进构建主义学者
物质依托论	“信息是物质的间接存在”②	邬焜
独立属性论定义	“信息就是信息，不是物质也不是能量”③“信息是调节……与外界进行交换而来的事物”④	维纳
通信论定义	“信息就是信号”⑤	哈特来
“熵”理论定义	“信息就是负熵”⑥	布里渊
	“信息就是使熵减少的东西”“信息是两次不确定性之差”⑦	香农
语言、语法、语义论定义	“信息就是被释义”	G. 利奇

注：许多信息科学书籍将信息的定义列举了三十种以上，本篇论文没有一一列出所有类型的信息定义，仅将具有代表性且影响力较大的定义做一个归纳。

〔1〕 1946 年 12 月 2 日第一届联合国大会，第 A_RES_59(I) 项决议《国际情报自由会议之召集》。

①这是霍基奇奈尔对信息本体论所作出的一种分类方式,第一类是一元论物质主义信息定义;第二类是唯心主义一元论定义;第三类是非物质论定义。参见 Wolfgang Hofkirchner,*Emergent Information: A Unified Theory of Information Framework*,World Scientific Publishing Company,2012,p. 206.

②邬焜:《哲学信息论要略》,载《人文杂志》1985 年第 1 期;邬焜:《信息与物质世界的进化》,载《求是学刊》1986 年第 6 期。

③[美]N·维纳:《控制论》,郝季仁译,科学出版社 1963 年版,第 133 页。

④[美]N·维纳:《人有人的用处——控制论和社会》,陈步译,商务印书馆 1978 年版,第 9 页。

⑤哈特来于 1928 年撰写论文《信息传输》,该论文中将"信息"定义为选择通信符号的方式,可通过自由度来测量信息的大小。

⑥布里渊在 1956 年著有《科学与信息论》,该著作提出了信息就是负熵,并成功解决了"麦克斯韦妖"难题。

⑦C. E. Shamon,*A Mathematical Theory of Communication*,Bell Systems Technical Journal,Vol. 27:4, p. 623 – 656(1948).

信息究竟是谁所创造出来的,它是客观存在于这个世界的,还是人类通过主观描述、记录客观世界的一个附属品?信息是否是我们人类构思这个世界本来面目的工具呢?这个问题很难得到一个完整且统一的答案。

一、物质一元论

持"物质一元论"这种观点的学者认为,信息属于物质的一种特殊形式,信息的物质形式表现为"场""颗粒"。从现代光影技术来看,图像信息、光影视频信息都是由物质颗粒形成,如果是光影信息,信息还存在"波"的性质。虽然物质一元论观察到了信息的最终表现形态,但并没有解释由谁去建构这些物质的形态,尤其是文字信息,需要输出端与接收端对文字"含义"进行理解,这种定义无法说明信息中的"含义"是如何产生的。接收端如果只接收了"物质"未解析"含义",其实还是没有接收到真正的信息。只能说明,信息依赖物质,物质是信息传播的介质、媒质,但信息不只是物质。

二、独立论

维纳认为,信息既不是物质也不是能量。维纳心中的信息是脱离物质世界的,他认为信息可以从物质与能量中直接抽象出来,独立作为一个非实体而存在,然而这个非实体是存在于哪里呢?如果按照维纳的思路,信息极有可能与人脑中的意识是一个具有相似属性的事物,它们不可触摸,但是可以被人脑所接收。“信息这个名称的内容就是我们对外界进行调节并使我们的调节为外界所了解时而与外界交换来的东西。”〔1〕人之所以能够在多种环境之中生存及生活,那是因为人拥有对外界偶然情况进行不断调节的能力,这些调节与控制的过程就是信息与信息通讯。维纳将信息与“调节”“控制”紧密地联系在了一起,他所描绘的信息理论即被归纳为“控制论”。

语言是人类拥有的独特天赋,人类的控制能力也远远超越了其他生物。维纳定义的信息解释了人类社会对信息的依赖程度,越是复杂的社会、交通、经济关系越要高层次的信息分析技术,在非互联网的时代,图书馆、出版社、媒体可以满足人类社会的信息需求。随着交通的发达与便利,商品类型的多样化,生产生活节奏的快速化,信息的数量是巨量且膨胀的,人类的信息负荷其实持续且不断加重。

三、物质依托论

著名的信息哲学家邬焜认为,物质是直接存在与间接存在的统一体,其中信息是物质的间接存在。信息是标志物质间接存在的哲学范畴〔2〕。信息具有如下特征:第一,对物质载体的可依附性;

〔1〕[美]N·维纳:《人有人的用处——控制论和社会》,陈步译,商务印书馆1978年版,第9页。

〔2〕邬焜:《哲学信息论要略》,载《人文杂志》1985年第1期。

第二,存在范围的普遍性;第三,物质载体具有可替换性;第四,内容可存储、可传输、可共享、可复制且可重组性;第五,内容可耗散属性;第六,不同观察者对内容理解的畸变性。[1]

不同观察者对信息内容理解有畸变性。我们以不通晓文字符号的动物为例,动物也能看到这些具备物质属性的符号、文字,但是动物不能理解文字、符号背后的意义。动物虽然看不懂文字、符号,但是人类和动物都同时"看得懂"图像和光影,只不过人与动物最终抓取的信息量有所不同。人类可以从文字中提炼出"含义",人类从图像、光影信息中提炼的就不一定是被称为"含义"的事物,大部分人对图像与光影的感受是非常直观的,其实就是一种身体器官的直觉感受,不同的主体在物理图像、光影中提炼的"信息成分"有较大差异,这种差异由视网膜成像结构、大脑构造导致。普通人通过直观感受,获取图像与光影所表达的意义,但是普通人无法提炼真正的隐藏于图像或光影背后的专业信息,只有专业人士才能从这些图像光影中分析光谱数据、成像原理、成像比例。

信息不是"直接存在"于世界之中的。"直接存在"的是剥离信息之后的物质载体,信息的物质载体是可以千变万化的,光影、相片、石头,这些都不是信息本身,信息具有其自身的存在方式,它的这种独特存在方式称为"间接存在",间接存在反映着物质自身历史过程,其中包含着物质与其他物质的关系;间接存在决定物质自身性质,间接存在还包括物质自身变化的种种可能性。简而言之,所谓"间接存在",是这些未显现或未展示的历史、现状、未来。

我们看到的物质其实已经是"直接"与"间接"两种状态结合下的产物了,也即任何事物均包含着信息。宇宙的任何物质都与他物发生过联系,任何物体都将信息的本体凝结在其中。信息源、信息载体、信宿同时存在于物质之中。在物质依托论下,界定信息的属性顺序为:首先,所有物质都具有信息属性;其次,物质之所以能够

---

〔1〕 邬焜:《试论信息的质、特性和功能》,载《安徽大学学报》1996 年第 1 期。

以不同方式显现,是因为信息在起作用;最后,信息是物质间接存在的标志。

四、总结

通过对信息的定义的跨学科及理论的比较,综合各派信息定义(见表1)的科学之处,我们将信息的含义总结为以下几个方面:(1)信息具有独立属性,它的传输离不开特定的物质作为载体〔1〕;(2)信息与物质载体自身是有差异的,不能将二者等同视之;(3)信息是对物质世界发生的一切运动、历史、现状、趋势、传播、交流等进行的记载与描述,这种描述可以表现为文字符号、数字,也可以是图像、声音、影像等。

信息的分类较为复杂,有物理学视角的分类,有传播学视角的分类,无论从哪一种分类视角出发,我们都会发现信息的类型是千变万化的,信息种类的多样化也会使和信息相关联的权利(权力)呈现多样化特征。不同类型的权利(权力),其名称、其属性也千差万别。

第二节　相似概念辨析

一、“信息”与“数据”的辨析

从上述论证中我们确定了信息的基本内涵,可以完全确认它与数据不是相同概念。我国《数据安全法》第3条对数据的定义也较为模糊,将数据定义为:任何以电子或者其他方式对信息的记录〔2〕。这个定义认为,数据最终指向的还是信息,但是又没有对信息做任何

---

〔1〕 信息载体的形式是千变万化的,可以是书本上的符号、图像、电磁波、烟雾(古代的烽火台)等。

〔2〕 《数据安全法》第3条,2021年6月10日通过。

解释。“数据”是一个被量化的符号集,没有被赋予信息的数据是杂乱无章的。“信息”与“数据”究竟如何不同呢?“数据”是原始的符号实体,如果以计算机作为工具,那么这类数据就是人为设置的算法而形成的一种符号,它们由二进制代码的单元组成,这些二进制代码是由数字计算机存储、处理和传输,离开电脑它们将无法被存储或识别。如果不使用计算机作为工具,此时的数据就是指观察者对原始事实感知的符号,如社会调研数据、实验数据、测绘数据[1]。我们现在大量使用的“大数据”概念主要是可由计算机进行识别的数据。

无论哪一种角度去界定数据,它始终是信息的表现形式之一。数据是客观的,它不直接告诉人们是什么、为什么。信息却会告诉我们,因为信息被赋予了意义、相关性和目的[2]。独立的数据是无法体现“规则”“秩序”“人格”“历史”“文明”“政治意识形态”等含义的。数据如果不被归纳为信息,它就是无序、杂乱符号的堆砌,它产生不了意义,更无法变成财富。

二、“信息”“知识”“智慧”的辨析

所谓“知识”是从人类经验、教育中总结出来那些反映事物变化规律[3]的特殊信息。“知识”是被人脑加工提炼后的“信息”,是经由人脑神经中枢进行思考后凝结而成的高级阶段信息。由于知识属

---

〔1〕 Zins, Chaim, *Conceptual Approaches for Defining Data, Information, and Knowledge*, Journal of the Association for Information Science & Technology, Vol. 58:4, p. 479 – 493 (2007).

〔2〕 Liew, Anthony, *DIKIW: Data, Information, Knowledge, Intelligence, Wisdom and their Interrelationships*, Business Management Dynamics, Vol. 2:10, p. 49 – 62 (2013).

〔3〕 钟义信、周延泉、李蕾:《信息科学教程》,北京邮电大学出版社 2005 年版,第 111 页。

于信息的一种类型，有些立法会将二者进行交替使用。例如，1999 年美国颁布的《统一计算机信息交易法》[1]，这部法律中的“信息交易”，其实有很多部分等同于我国的“知识产权交易”。该法中的“信息权”几乎等同于“知识产权”，这些权利不仅包括保护专利、版权、计算机集成电路布局平面图作品、商业秘密、商标的权利，同时也保护权利主体基于这些知识产权而产生的控制知识产权信息的权利。

我国的《知识产权法》，其中“知识”二字的用法其实并不严谨，这部法律并非仅仅保护的是“知识”，许多作品中并不仅包含“知识”，还是主体意志的表达，是“观点”，而非仅仅是“知识”，因而知识产权法保护的对象既包括“观点”也包括“知识”，他们都属于人类的“智慧”成果。

“智慧”的含义是人用知识、经验、理解、常识和洞察力来思考与行动的能力。智慧的主体是人，人的智慧提升离不开普通的信息，普通的信息给予智慧主体以经验，智慧主体更离不开“知识”，知识教会人清晰地洞察世界，人的智慧又会创造知识、观点、艺术，改造世界。智慧不是信息，它是高级生物的一种大脑能力。智慧可以将信息进行改造、转化，这就是智慧成果。无论“知识”还是“智慧”，都会经由物质载体为媒介，最终以信息的形式显现出来。不同类型的信息都分别对应着不同类型的立法，知识产权、商业秘密其实均是信息权利的分支，它们都是信息立法体系中的一个部分。

三、“信息”“消息”“信号”的辨析

经典信息理论中区分了“信息”“消息”“信号”三种概念。[2] 消

---

〔1〕 郑思成：《信息、信息产权及其与知识产权的关系》，载《中国知识产权报》2003 年 11 月 4 日。

〔2〕 邓家先、肖嵩、严春丽编著：《信息论与编码》，西安电子科技大学出版社 2011 年版，第 2 页。

息,是指以一种动态、即时的状态传递人或物之间的互动信息,或传递人的意识活动信息,消息的内容包含着信息,消息具有互动性、传递属性、时间属性。消息使"信息"不再是静止、抽象的存在。消息的本质其实最终也是指向"信息"。信息是有形的,其表现形式就是:文字、符号、图像、影像。在人们的固有观念中一直认为文字、符号才是信息的形式,其实图像也是非常重要的信息形式。例如,有些图像是对真实事物进行的还原,这些图像没有人的意识对其进行干扰,这些图画或影像较多来源于公共摄像头,卫星云图画面,地图画面,这些图片是对真实物体的描述。真实的物体非常庞大,一幅图可以将这些庞然大物进行物理压缩,至少能够按照比例地还原一个物体的轮廓信息、长宽高信息、物体间隔信息,识别这种信息非常直观,不需要语言、符号技术,只需要视觉色彩感受力与测量感知能力。录像也具有同样的原理,录像的信息量更大,还能够还原人物与物体的声音信息、动态过程信息。

传递信息的物理载体被称为"信号","信号"具有可测量性,可描述性,可显示性,它们的形式多种多样,有光、电、声波、生物、烟雾。这是由于文字、符号、图像都不能凭空出现在纸张之上,或者直接显示在电脑终端,这些信息需要纸张、油墨、电磁、电波、电压进行传递。我们用电子油画举一个例子,油画的构图本身是信息,给接收者发送的油画是消息,那些构成颜色编码的电子流、电磁场属于信号。

第三节 信息的量

一、负熵定理

负熵[1]是目前信息科学领域使用较为频繁的度量单位,它可以

[1] 布里渊等提出了信息就是负熵的理论。

用来描述一个地区接收有效信息的程度。“熵”这个概念最早出现在热力学领域〔1〕,用来衡量系统紊乱、不确定的程度,当不确定增加时,熵值就在增加。熵的产生是一种科学上非决定论视角,在19世纪末20世纪初,拉普拉斯决定论一直处于科学研究的统治地位,这种论点认为世界万物都遵从机械定律,原因与结果可以相互推导出来。决定论承认必然性的存在,但同时也承认偶然性,布里渊等人将“熵”运用于信息科学领域,并发现信息在生成、传输的过程中都伴随着随机性与偶然性。如果一个系统信息量逐渐增加,那么系统就会趋向稳定,熵就减少,由此推导出信息就是“负熵”的定理。“熵”成为信息缺乏程度的度量单位。20世纪80年代期间,学者对于人文社会科学的“熵”研究越来越多,它不再仅仅是一个普通的度量单位,而是一个横跨自然科学与社会科学的度量单位,更是一种全新的世界观。“熵”宗教信仰者们甚至认为“熵定律”可以适用于包括银河系之外的全部宇宙〔2〕。不仅出现“信息熵”这样的概念,还有“社会熵”。

运用熵理论解释法学问题的研究其实已经早现端倪,1967年就有美国学者将熵理论运用于银行控股公司监管法案中〔3〕。我国已有人提出“法律熵”〔4〕的概念,有学者将其运用于法律解释方法领域,用熵值来判断法律解释方法的优位次序〔5〕。裁判行为是不具有确定性的,司法裁判不确定性的缘由就是信息,这些信息涵盖了证据

---

〔1〕 1854年,德国物理学家克劳修斯提出“熵”概念,这个概念的理论来源是热力学第二定律,该值是用来描述物质状态的参数。当统计物理学、信息科学发展之后,“熵”的本质逐渐被科学家们界定清晰。

〔2〕 [美]杰里米·里夫金、特德·霍华德:《熵:一种新的世界观》,吕明、袁舟译,上海译文出版社1987年版,第3页。

〔3〕 MO Finkelstein, RM Friedberg, *The Application of an Entropy Theory of Concentration to the Clayton Act*, Yale Law Journal, Vol. 76: 4, p. 677 - 717(1967).

〔4〕 武杰、张华德:《熵理论视域下的法律移植》,载《系统科学学报》2011年第1期。

〔5〕 熊琦:《刑法解释中文本、法益与罪刑法定原则的博弈——兼论“解释熵值”在受贿罪中的应用》,载《法学》2017年第10期。

信息、立法信息。信息熵值越高，那么裁判的不稳定性就越大。社会的混乱、无序状态越严重则熵值越大，那么立法与裁判就越难掌控。这个熵值统计在我国的立法评估研究中可以有用武之地。

法学研究日益需要精确且准确的研究工具和科学研究范式，仅用文字表达法学理论时会出现的似是而非、模棱两可的难题，这些研究可以与其进行互补。当然，“熵”理论在法学界的运用并不充分，法学界只是将其视为信息理论〔1〕的测量工具之一。传统的“熵”值理论只能测量信息源的客观信息量，并不能准确计算信息接收方对信息的主观效用，对法学家来说，传统的信息科学“熵”值理论还需经过改良与转换，例如，“效用信息熵”〔2〕就可以对信息接收方的信息主观效用进行量化。基于此理论我们可以对互联网数据进行过滤、删减、优化其数据结构。熵值理论，能够帮助我们判断法律运行系统是否达到最大的确定性与稳定性。

二、比特

科学家们也把通过计算机创设的信息世界称为“比特的世界”，计算机学科用“比特”来测量二进制数的信息，它是电子信息的最小单位值。它与“熵”值不同，“熵”值衡量信息的稳定程度，“比特”仅衡量二进制代码的数值总量。如果物质世界是自然力量生成，以原子为单位，那么比特世界的信息，完全是人为创造的一个纯粹信息世界。比特世界有其自我的运行模式，它与物质世界的以行政区划为基础的管理模式有些不同。

网络信息法律行为完全可以在比特世界之中生成并在比特世界之中结束的。信息传递在这个过程中通过“信道”“信宿”完成。“信

---

〔1〕 狭义信息论，即通信的数学理论，主要研究狭义信息的度量方法，研究各种信源、信道的描述和传输关系、编码定理等。参见锺义信：《信息学漫谈》，科学普及出版社1984年版，第30页。

〔2〕 姜丹：《效用信息熵》，载《中外科技信息》1993年第5期。

道”“信宿”的管理者应当也是信息权的义务主体，侵权行为发生点就在信道、信宿之中。目前的国家信息管理部门无法全程监督信息获取者的全部行踪，这其实都是信息技术难题导致的：其一，民用信道并没有加密措施，侵权者获取信息容易且不易留下抓取、复制痕迹；其二，信息控制者如何处置信息没有强制的技术监督措施。其实管理者如果处置的是电子信息，其上传、复制、下载必然会在联网服务器中留下登录信息和操作信息，可以通过强制监控技术实现监督，其效果如同交通摄像头，在“信道”“信宿”就拦截即将发生的侵权行为，那么电子信息再次被复制、被传递的风险就更低。私人信息可以存储于高强度密钥技术的数据库中，商用时，企业方经过授权后可以登录调取，调取之后的数据也只能存储于信息管理系统之中，较难调取存储于私人电脑之中，至少增加了复制成本与转移成本。

三、符号信息学

检测出信息的“熵”值还远远不够，语言、符号类的信息本质在于表达“含义”，信息要发挥效用还需要语义学的帮助。符号是信息的重要形式之一，因此符号学应当也属于广义信息科学门类之中的一种。符号学的三大分支分别为句法学、语义学和语用学。对于我们法学研究者来说，其实句法学与语义学在诠释法学中就已经有过充分的运用，语用学的在法学界的运用与研究并不那么成熟。根据符号学的理论，完整的信息分为三个层次部分：第一部分为信息的形式部分，这部分也称为语法信息；第二部分为信息的含义部分，这部分称为语义信息；第三部分为信息的实际效用部分，这部分称为语用信息。

如果“负熵”是检测信息稳定与混乱程度与否的标尺，语用信息则可以检测符号、文字信息中信息的“质”，信息的“质”其实是信息实际能够发生的“效用”，信息量的庞大并不意味着信息质量高或信息效用高。信息的效用（价值）既有正也有负，有助于信息决策者的信息价值为正，相反为负，或者为零。信息的价值往往与“时间”函数有关，即时信息的价值效用一般比过时信息较大。例如，信息所表达的某种法律现象或行为已经结束，这条信息的价值会降为零。语用学原理在文献翻译界运用较多，同样一本法学名著，分别用“中”“英”“日”不同语言进行表达是无法实现语用等效的。翻译者为了让阅读者达到较高的语用效用，在文化差异的用词与表达上就要下足功夫。

在司法领域非常需要语用学进行实践。例如，在刑事侦查讯问之中，犯罪过程有效信息的获取就是一个语言学问题，信息的语用学功能就立刻显现出来。如果嫌疑人在讯问对话中的信息效用低，这说明嫌疑人使用了较多模糊语言、隐晦语言或冗余语言。讯问时间长短并非决定信息获取长短。

第四节 “信息人”〔1〕

不同的学科对“人”的界定都是不同的。经济学中有“理性人”的概念，法学中有“自然人”“法人”的概念。从“信息科学”世界观来看，法学概念中也应当有“信息人”的概念以区分“物质人”“法律拟制人”。这种假说对传统“物质人”的概念提出了挑战，也为法学家们探索“非物质”权利留下了空间。

在我国，“信息人”假设的较早提出者是著名理论信息学者李宗荣教授，法学界连玉明教授在《数权法 2.0》中提出“数据人”〔2〕假设，龚向和教授也提出了人的“数字属性”观念〔3〕。卡西尔曾经提

---

〔1〕 “信息人”假设由我国理论信息学学者李宗荣提出，参见李宗荣等：《信息心理学：背景、精要及应用》，武汉大学出版社 2017 年版，第 155 页。

〔2〕 连玉明主编：《数权法 2.0》，社会科学文献出版社 2020 年版，第 9 页。

〔3〕 龚向和：《人的“数字属性”及其法律保障》，载《华东政法大学学报》2021 年第 3 期。

出人是“符号的动物”[1],我们认为人更是“信息的动物”。“信息人”假设,是以信息主义视角来描述人的一种特征,这种视域强化了人的信息特征,弱化了其物质属性,脱离了血肉、骨骼、经络、器官这些普通的碳基物质,只剩下“信息”的人,也同样栩栩如生。我们在对人的识别过程中,其实对人的信息识别占据着主导地位,从庞大的个人信息中就可以观察到一个完整的人的形象。

一、“信息人”的诞生

生命的出生是一种物质自然现象,是人存在的起点,是人类价值体系中的最高位阶,是一切物质需求、精神需求的起点。人终其一生都在维护生命,并证明生命所存在的意义。法学理论认为生命始于出生,自然人生命权也由此诞生。各个国家和地区对生命出生的精确起点有争议,但大致时间是相当的。德国认为生命从“阵痛”开始,有规律的阵痛是“出生”;日本认为胎儿“部分露出”即为出生。中国台湾地区一部分研究者认为“全部露出”才是出生。我国采取“独立呼吸说”。[2] 从经典生物学理论来看,人类的生命起点是精子与卵子结合之后的受精卵,从信息科学的角度以及从最新生物学观察来看,生命应当自染色体被复制那一刻起为起点,精卵结合之后,父母双方的染色体信息并没有实质交接与融合。[3] 人的身体中的每一个细胞都是人类基因的存储器,当染色体被复制那一刻起,生命信息也同时产生。

生命信息的起点、生物学生命的起点早于生命权所界定的起点。为何经典法学理论认为生命的起点始于出生?这是由于传统的法律调整的是人的外部社会行为而非人的思想、细胞活动、生命信息活

---

[1] [德]卡西尔:《人论》,甘阳译,上海译文出版社1985年版,第35页。

[2] 周详:《胎儿“生命权”的确认与刑法保护》,载《法学》2012年第8期。

[3] Xiaoming Xu et al. ,*Observation of two Separate Bipolar Spindles in the Human Zygote*,Journal of Assisted Reproduction and Genetics,2019,p. 601 – 602.

动,生命权的条件是:基本胚胎发育过程完整,大脑存活。生命权强调人类的物质生存及存在属性,否认无生命特征的人、无物质特征的人,当人没有物理的存在,它将被法律宣告死亡或者失踪。

生命信息并不属于生命权调整的范围,如果自然人信息权一旦确立,传统的生命法理问题就遭遇较大挑战,人的遗传信息是自然人信息权保护的起点,信息权涉及可以观测的一切信息,人的生命信息在出生之前就可以观测到,如染色体信息、基因信息、胚胎信息等在母体中发育的一切信息。当生命体形成之后还产生身体组织各项器官的信息,随后是出生时间信息、出生地信息。人在出生之前是否享有信息权,这是一个具有挑战的问题,这个主题类似胎儿继承权之争论。在胎儿遗产继承这个主题中,法学家也进行过激烈的探讨。我国2020年颁布的《民法典》为了回应胎儿遗产继承权的难题,在继承遗产与接收赠与的特定情形下,胎儿被赋予了“民事权利能力”〔1〕,胎儿出生为死体则不享有该项权利。不过相似的问题争议依然没有终止,胎儿不仅有财产利益需要保护,还有健康利益需要保护。不过立法并没有赋予胎儿健康权、母体的身体与胎儿天然连成一体,可以母亲身份提出健康权主张,胎儿出生后也可以自己名义提出健康权主张。

二、人体是信息的载体

人类的物质生命是伴随着“信息”而诞生的。虽然人类具有相似的化学元素结构,但却存在千变万化的面孔,多种的肤色与毛发,风格迥异的性格与声音。人与人的多样性与差异性就在于这物质背后的基因信息。基因信息不能独立而存在,它需要具体的物质载体,在每个自然的身体中布满着细胞,这些细胞的总数量可以达到20万亿个,每一个细胞中都含有人类遗传信息。在细胞核中,有一种物质称为染色体,这些染色体名称得来的缘由是,它们容易被碱性物质染

〔1〕《民法典》第16条。

色,染色体上有蛋白质,同时还包含着一个重要基因信息物质载体——脱氧核糖核酸,简称(DNA),它是遗传信息的储藏库,人类拥有这个物质可以将自我的种类属性传递到下一代。人体细胞、染色体、DNA 作为自然基因信息的载体,已经完成了 300 万年的生命传递使命。

1953 年,DNA 的结构被科学家们发现,它的结构为两条多核苷酸链以双螺旋的形状互相缠绕,链条的骨架就是糖和磷酸基团。[1]碱基排列顺序的不规则性与长度决定着 DNA 链条存储信息的差异。[2] DNA 的双螺旋结构非常神奇,两条的单螺旋链的方向刚好相反、序列互补,因此它的信息属性在一条单链螺旋体上就足够体现出来,因为我们只要获得一条单链的序列就可以获得整个 DNA 所蕴含的全部信息。DNA、染色体、细胞都是承载着人类强大基因的物质,这些信息被比喻为“人体密码”,可见他对一个自然人生命质量、生命时长的决定性影响力,遗传信息无疑是生命科学最前沿领域,也是突破较大的领域。2016 年,全球第一个人体基因编辑实验由中国四川大学华西医院所启动,当时编辑的初衷是对肺癌疾病的攻克。[3] 2018 年,贺建奎在人类胚胎上进行基因编辑并植入母体。

一个自然人的起始信息就是基因信息,基因信息应当属于自然人信息私权保护的起点,这必然会涉及伦理与立法的困境。首先,基因信息属于哪一类立法所保护的范围,怎样保护?其次,人类科学家是否有对自然人基因进行更改的权利?基因不仅仅对人的自然属性发挥了决定性作用,基因其实对人的社会属性也有着巨大的作用,现代的生命科学家对影响人类疾病的那些基因序列颇有心得,并取得了突破性的研究成果,但生命科学家还尚未探索到影响人类社会属

---

〔1〕 Watson, J. D. ,F. H. C. Crick,*A Structure for Deoxyribose Nucleic Acid*,171 Nature 737(1953).

〔2〕 [美]J. D. 沃森等编著:《基因的分子生物学》,杨焕明主译,科学出版社 2015 年版,第 79 页。

〔3〕 王立铭:《上帝的手术刀》,浙江人民出版社 2017 年版,第 196 页。

性的那些基因序列,人类社会太复杂,一方面人会受到自然基因的影响,另一方面还会受到外在历史、政治、宗教等“文化基因”的熏陶与干扰。其中,自然属性的基因应当对社会、历史、政治、宗教等“文化基因”起着较大的影响,人的自然属性并不与社会属性割裂,甚至在很大限度上最终都是由人的自然属性基因所决定,自然基因序列中应当存在决定人类自私属性的基因组,也会存在决定利他、合作属性的基因组,这些基因序列一旦取得重大发现,犹如重大的人类密码被揭开,法学家们与社会科学家们必将会欢欣鼓舞,社会科学与自然科学的界限也就没有那么巨大,形成互补、吸收、融合的局面了。

如果 DNA 是承载生命密码的物质,那么还有一种物质则传递且承载着人在出生之后的所有生理、心理、行为信息,这就是人的神经系统。人的神经系统的最重要功能就是作为细胞之间的信息与传输载体。那些具有神经功能的细胞又被称为“神经元”,在人的中枢神经系统内存在大量的、且形成错综复杂结构的神经元。神经元由轴突、树突、突触三个成分构成,轴突的功能是运载信息,细胞之间有较长距离,需要利用轴突进行传导;树突可以接收来自其他神经元传递的信息;突触是神经元之间的“联结”部位,是信息传递的[1]关键部位。

大脑半球是比任何人造仪器都要精密的组织,分为额叶、顶叶、颞叶、枕叶、脑岛五大区域。它由不同类型的神经元与胶质细胞构成,大脑的额叶部分是人类智能信息的发源地,前额叶联合皮层负责记忆、推理、思维、决策、判断等功能;顶叶负责躯体运动感知反应;颞叶负责听觉、记忆、联想;枕叶部分含有大量光感神经元,因此该部分负责对物体的视觉识别;脑岛部分,负责嗅觉的信息处理,并处理厌恶、疼痛等信息。小脑位于大脑半球尾部,负责人的躯体平衡与肌肉控制,主导人的感觉知觉及运动协调性。

---

[1] [美]I. B. 莱维坦、L. K. 卡茨玛克:《神经元》,舒斯云,包新民主译,科学出版社 2001 年版,第 5 ~ 15 页。

大脑这个“黑箱”正被研究者们掀开进行研究。[1] 大脑中有接近1000亿个神经元,神经元之间相互联结,构成了万亿级别的连接点。神经元细胞们通过发出神经脉冲传递信息,脉冲信息有多种形态。电、化学、机械形态都是神经脉冲所能体现出来的物理形态。人的思维并不是简单的信息运输与传递或反馈,这属于生理刺激,生理反射。我们研究人类的大脑,除了研究作为信息载体的神经元,还要揭示人的大脑如何反思这些信息并形成认知,思考行为不是条件反射。[2] 在无外界信息的刺激下,人也可以陷入沉思与反省。

神经细胞的尺寸是非常细微的,冯·诺伊曼曾经将人脑神经元与当时的人造元件进行比较、计算,人脑神经元要小1000倍以上,耗能也较低[3]。截至目前,最先进的电脑都无法模拟人脑神经元具体工作的样态,模拟人脑神经系统的工程往往以失败而告终。通过传统研究设备捕捉神经元的运转细节,需要耗费巨大的人力、物力,人类始终未能找到理想的大脑研究工具。目前根据能量的盛衰程度不同,可以检测电磁波的大小,这就是大脑无创伤核磁成像技术,但是始终无法获得所有神经元路径的细节图像。大脑“黑箱”的神秘感就这样一直被保留着。

三、人体是一个信息处理系统

人除了是一个物质与能量转换系统,更是一个信息处理与智能生产系统。基因信息记录了人自身的生物信息。人体细胞的DNA不仅是人类遗传信息的物质载体,也是人类繁衍过程中的信息处理端口,它能够引导蛋白质的生成方式,这就是“信息源”,这些信息通过编码、翻译转录存储于信使核糖核酸(RNA)之中。信使RNA就是

---

〔1〕[美]阿尔多·拉切齐尼、保罗·格林切尔等:《神经元经济学:实证与挑战》,浙江大学跨社会科学研究中心译,上海人民出版社2007年版,第5页。

〔2〕Terrence, J. Sejnowski, *The Deep Learning Revolution*, The MIT Press, 2018, p. 254.

〔3〕[美]冯·诺伊曼:《计算机与人脑》,甘子玉译,北京大学出版社2010年版,第48页。

信息“发射器”,通过细胞的蛋白质合成,RNA 代码再翻译成氨基酸或蛋白质,完成了 DNA 的复制,人类的繁衍就是一个信息传递与复制的过程。

人体器官记录着内外界的信息,我们的眼睛、鼻子、耳朵、舌头,都是感知外界信息的器官,这些器官在感知外部信息之后,神经细胞电信号与化学信号进行传递。[1] 人体每时每刻都在与宇宙中的万物进行信息交流,外界的事物发生改变时我们身体和行为都会改变,人体的每一个器官系统都是信息源,它让人产生各种信息活动,对周围的事物产生影响,外界事物的变化会被人类身体器官捕捉并记录下来。例如,血压的变化、心跳的变化、呼吸的频率。人类是宇宙中最擅长捕捉和记录信息的生物,没有人类,语言无法被创造,文字无法被记载,宇宙的历史、人类的历史会消逝于万物及时空之中。人是万物运行的最佳观察者和信息记录者。

四、人被信息重塑

脱离了物质、能量之后的人,还能剩下的就是“信息”“思想”。脱离了“信息”与“思想”的人,是纯粹的人体,是一种无意义的生命体,仅由细胞构成的生命体是无法被赋予独特身份标签的,它被称呼为人类但非具体的人。要成为独立的、完整的、具体的人必须拥有身份标识,同时需要结合个体的记忆信息、历史信息、社会信息、智慧成果信息,这才构成了完整的人。

记忆信息、历史信息、社会信息、智慧成果信息等共同构成了“信息人”。信息人的诞生时间与物质人不同,物质人自受精卵着床时诞生,“信息人”自染色体信息被复制时诞生。“信息人”的“死亡”时间与物质人也不同,“信息人”自从被电子存储终端删除,或被销毁之后才真正“死亡”。“信息人”存在的空间与物质人也不同,“信息人”可

---

〔1〕 [英]J·G. 尼克尔斯等:《神经生物学》,杨雄里等译,科学出版社 2003 年版,第 11 页。

以长久存储于无机物载体之中。

人是被信息所塑造的。个体的人格养成、思维形成、价值观塑造都可通过信息进行。人处在信源、信道、信宿之中,每一个传播环节,信息都发挥着重要作用。人通过信息了解世界的样貌,通过信息获得舆论评价、道德规范、价值观念。特定的信息会塑造个体的偏见、立场。人通过信息的传播获取荣誉、名誉,通过姓名信息获得身份标志、自我辨认,通过隐藏隐私信息获得隐秘自由。信息同时还影响人的精神世界的苦、乐感觉。精神上痛苦、快乐产生的根源之一是特定信息与物质人进行的生化反应。人除了可以掌控自己的四肢也应当能够随时掌控属于自己的信息,“信息人”假设也使我们认识到信息权利立法最终是对人的信息属性的全面保护。

五、人与信息的价值

价值研究是探讨客观事物对于主体的意义的学问。价值的主体是人,客观事物不仅包括物质、能量,还有信息,信息确权研究必然探讨人与信息的价值观念。信息的价值离不开人的属性,就如同权利与权力的价值离不开人的属性[1]。它以人性为基础而展开,人性本身也决定了人类信息的运行与发展轨迹,更决定了信息确权的走向。价值是经济学、哲学、法学共同探讨过的对象,那么信息对于人的意义则需要从经济学、哲学、法学三个层次来探讨。经济学强调作为商品事物的“使用价值”,哲学认为价值是客体的自身属性对主体需要的满足。法学认为价值是立法、司法所遵循的道德目标,我们认为信息对于人的价值表现为:

1. 信息是人获取物质使用价值的渠道。人的最初级追求是物质,这些初级追求源于人的生理属性与欲望。信息无法直接满足人的物质需要,但是信息会引导人们有效率地获取物质。为了迅速有效地获取物质,如食物、房屋、衣服等,人们会花费时间、劳动、金钱去

---

〔1〕 卓泽渊:《论法的价值》,载《中国法学》2000 年第 6 期。

学习知识信息，获取有效信息。因此信息在经济行为中也被人赋予了使用价值，信息也可以如同财产一样进行交易，人与人之间的资源的竞争最后就成为获取有效信息的竞争。国与国之间也会参与到争夺有效信息资源的战争之中，这些有效信息尤其以人通过智力活动创造出的再生信息（市场分析数据、知识产权、专利）最为珍贵。人与人之间获取有效信息差异拉大就形成了“信息鸿沟”[1]，“信息鸿沟”必然导致生产技术的差异和贫富分化。为避免“信息鸿沟”的产生，国家除了分配物质、货币，还需要分配信息财富，这样才能实现社会机会的均等。

2. 信息是人获得非物质价值的重要渠道。信息的价值除了让人间接获取物理状态的物质，其自身的属性还能满足主体对超物质价值的追求，如真、善、美的追求。人与人通过语言文字信息传递情感需求，通过图形、图画、音律传递美与善。对自由、公正、秩序这些价值进行描述、展望的信息，分别表达的是国家法治的理想目标和存在状态（分配状态、社会的稳定状态）。它们是维系社会法治体系运转的超物质力量，它使社会制度有了预期与方向感，人无法立刻直接体会与感受到这些价值，它们需要通过信息进行传递，一个国家的价值构建工程其实就是一个信息工程。马克思认为，人的价值是人在社会生活的经历之中，以一种历史的方式形成的，马克思看到了价值形成的历史性、社会性，但他忽视了价值形成过程之中信息在其中的巨大推动力。信息是以时间为维度、同时也是以历史产物的方式而存在，信息在构建人的价值观的形态的时候比物质本身力量要大得多，宗教信仰其实就是一个纯粹信息所构建的价值体系。信息的传递通过不同载体、不同传输工具、不同空间，其所建构的价值观形态、传递效率会有差异，甲骨文时代、印刷时代、网络时代就构建出了完全不同的信息价值和信息效率形态。

---

[1] “信息鸿沟”在学术界又被称为“数字鸿沟”，参见曹荣湘选编：《解读数字鸿沟——技术殖民与社会分化》，上海三联书店2003年版，第18页。

3.“信息”赋予生命权以“意义”。生命权保护的是公民身体不受侵害的权利。人不仅仅是物质构成的存在物,人需要意义,需要价值,人除了维持生命机能的运转,人还需要寻找超越物质的意义。信息赋予了生命以“意义”,人的回忆、感觉思想,如果不被文字、图像、影像记录下来,人只能为当下的生命机体而存活,为呼吸而存活,为新陈代谢而存活,就如同分子运动。人与人之间没有交流,无所谓文明与进步,更不存在社会,也不会有立法。信息让地球文明的整个历程被压缩记载下来,它让历史被铭记,信息让曾经消逝的事物留下痕迹,让人类认识自己、了解自己。生命权的起点是出生,终点是死亡,生命权的保护期限非常短暂,在这短暂的生命里,每个自然人个体可以感受自己物质肉体的存在与变化,但是每个人对于他人而言都只是信息而已,他人永远保存不了你鲜活的肉体,他人能够久远保存的是信息。在信息时代,自然人的存在可以通过“信息生命”进行延展。

4. 人对信息进行了价值锻造。人既是信息创造的主体,也是信息接收的主体,著名信息哲学家邬焜将信息分为:自在信息、自为信息、再生信息。其中自在信息是自然的,没有人的价值判断元素在其中。自为信息、再生信息,这种信息归类的方法是建立在黑格尔与萨特等哲学家对“自在”与“自为”观点创设的基础之上的。自在信息是事物最原始的、最客观的、最自然的状态信息,这类信息独立于人的意识[1],没有主体加入情感、主观愿望的干扰,例如,物理学中的原子信息、万有引力。自为信息与再生信息都受到了人的价值判断干扰,甚至生物的DNA信息都或多或少受人为的干扰,如植物的嫁接、转基因,人工受孕。纯粹的自在信息是物理学家们、化学家们、生物学家们研究的对象。“自为信息”是人的有意识的大脑活动,是思维、智力参与其中的、停留于人脑神经中枢的一种特殊状态的信息,是用肉眼无法看到的。当“自为信息”找到物质载体,就形成了“再生信息”。

---

〔1〕 邬焜、夏群友:《再论自在信息》,载《科学技术哲学研究》2012年第2期。

法学研究领域内的信息大部分都是经由“自为信息”而产生的“再生信息”,人类社会,纯粹“价值无涉”[1]的信息是极少的。这些信息的属人特性非常突出,如人的行为轨迹、人的社交信息、人的市场消费信息、人的身份信息,这些信息都是经由人的大脑进行判断与选择之后产生的。凡是经由人的参与形成的信息都应有相应的立法规则进行调整。根据人参与的程度,人创造信息的难易程度,我们对信息保护手段与深度也有相应的差异,有的信息是人的价值选择与智慧才能合力创造出来,这部分属于知识产权信息。有的信息仅仅涉及价值、情感、愿望、偏好的选择,但没有通过人脑的智慧、智力,如人的行为痕迹信息、人的日常会话信息,这类信息可通过人格权、信息控制权进行调整。

---

[1] 韦伯曾经在《社会科学方法论》中描述过“价值无涉”,他认为所谓的“价值无涉”是纯粹的逻辑推演或纯粹经验事实。韦伯所论证的“价值无涉”是社会科学研究者客观对待其所观察的对象,并客观得出价值被剔除的推导和结论。本书这里的“价值无涉”强调信息之诞生、传播到接收过程中排除人为主观价值干扰因素。显然人类社会信息很难实现“价值无涉”。

第三章　信息确权理论的范式更新

第一节　信息与确权研究

信息从人类诞生以来就始终存在，人类的历史进程中，信息从未缺席，缺席的是对信息进行获取、传播、复制、存储的先进技术。“信息革命”也并非专属于21世纪，其实人类在史前时代就曾经历过“信息革命”〔1〕，它伴随声音与符号的诞生而出现。人类进入文明社会后，复杂语言、文字得到广泛运用，代数、几何学被用来进行高级运算，信息革命的速度不断加快，形式更加多样。语言、文字、符号推动着人类文明与知识的进步，人类的社会生活历史才被不断记载，同时推动着人类复杂立法的产生。

计算机语言诞生之后，尤其是计算机与网络进行联合之后，信息集中在一个人造空间中并迅速蔓延，这个人造空间被称为“赛博空间”〔2〕(cyberspace)。这是一个基于信息网络的电磁结合的空间，该空间产生的事物都将与现实空间的事物有所不同。“赛博空间”的建构非常依赖于人类的干预。手机也是“赛博空间”的延续，也是迷你型的“赛博空间”。它就是移动的信息传播与接收器，个体的人与

---

〔1〕 人类的多次信息革命发生标志分别依次为：第一次为人类的数字与语言的出现；第二次为文字、代数、几何的出现；第三次为牛顿“力学”“解析几何”的运用；第四次为“信息”的定量化研究的出现，产生了控制论、系统论、信息论。参见黎鸣：《论信息》，载《中国社会科学》1984年第4期。

〔2〕 赛博空间(Cyberspace)是计算机技术哲学的一个概念，1982年由科幻小说家威廉·吉布森提出，本书用该词比喻计算机信息网络空间。

其黏合度越来越高，人以另一种方式在这个空间中互动、交流。“赛博空间”与现实空间的隔离感，使传统空间创立的确权理论与规则无法回应新型空间中的信息行为与信息归属问题。

历史上的多次信息革新都以不同形式影响着各国制定法的进程，信息法学等交叉学科的研究也逐渐被学者重视。大数据、云计算、神经算法、智能信息的出现使21世纪之后新的信息革命的浪潮再次迎来了更高峰，这次信息革命的浪潮力量前所未有，让人目不暇接，法学经典权利与权力理论范式都来不及应对新型信息革命的难题。法学界所呈现的信息哲学范式研究根基非常薄弱，因为大部分学者的研究范式依然是建立在保守的方法论之上，并未出现信息时代的学科范式与方法论上的创新。

确权研究是整个法学学科核心研究方式，法学学科的范式转型首先应从确权开始，每一次的权利与权力的革新都是对整个法学体系的修正与更新。本书从信息私权与信息公权两大领域对信息确权问题进行研究与论证，我们接下来需要接受新的信息确权理论对传统的权利（权力）理论形成的如下冲击。

首先，对法律条文的重新认识。法律条文就是一种特殊的信息，条文之间的权利与权力内容中蕴含着千百代人类社会行为活动的规律。无论是权利还是权力，法律条文其实就是一种对人类行为进行抽象总结、描述之后形成的规则共识，这些共识需要被精确记录、被履行，法律条文的最终形式是一个具有特殊信息属性的规范体系，即可阅读、可复制、可传播并不可以随意删除。

其次，私权确权理论研究的空间在转变。其实“赛博空间”的确权问题与经典确权问题有着一致性、重叠性与连续性。人的财产、隐私、尊严、人格问题在任何时空都会存在。在网络空间诞生之前，人类的信息分布非常分散，主要以印刷文字、书写文字、语音为重要的信息载体，这一类型的信息还未集中存续于一个相对独立的空间之内。这个时期的个人私权问题，相对简单、清晰。由于没有信息技术的介入，纸媒传播效率与速度都较低，纸媒一旦过时效，搜索历史文献的时间成本非常大，侵权的成本与难度也非常大。隐私、尊严、人格问题是在信息技术发达之后逐渐暴露出来的。新的信息空间为个体创造了全新的生活方式，个体逐渐催生了更新、更多的利益与主张，不能简单复制旧时代的私权理论。

最后，公共权力的属性在更新。以往的法学家强调权力是主权者的意志、统治者的命令以及背后的物理暴力属性。其实权力的属性是多维的，公共权力研究难以超越自己的时代科学技术的局限，学者只能在可观测、可感知的范围内界定权力本质的类型。我们要认识信息权力的控制与运行规律，不能止步于物质类型的权力研究。公共权力的理论必须紧随信息技术的革新一步步地进行更新。

第二节　信息确权理论的研究范式

所谓确权理论包含了两大部分：第一，私权确权理论，私权就是我们经常使用的“权利”这个概念，私权理论是整个法学研究的基石，是国家与社会秩序的“阿基米德”支点〔1〕，私权的立足点在于每个个体的人，具有道德、伦理性，符合康德的“人是目的而不是手段”这一基本宗旨。同时，私权更是公权的基础与前提。第二，公权确权理论，公权的支配性较高，公权确权理论的研究功利性也较强，公权的道德与伦理性以及对个体的终极关怀要弱于私权，信息公权具有强大的“利维坦”属性。无论是信息私权还是信息公权，目前的研究都还未真正与信息科学进行有机地结合，因此确权理论目前尚未形成“信息科学”研究范式。

学科范式的创新表现在对事物观察视角的创新，20 世纪的七八十年代，信息也是当时各类学科的热门主题，我国第一批探讨信息与

〔1〕 程燎原：《作为方法的权利和权利的方法》，载《法学研究》2014 年第 1 期。

法学关系的论文就在那个时期[1]。学者已经认识到信息是非常重要的物质生产资料。90年代末之后,网络法研究又兴起,法学界的这波信息革命高潮其实一直持续近40年并延续到今日。“信息科学”不同于“信息”,它是一个完整的本体论、认识论、方法论科学体系。信息权的研究者们的视野都不够宽阔,目前的研究仅仅局限于对信息权进行的碎片式探索,并未对整个“信息科学”进行一个历史的梳理与学习,无法形成一种新的科学范式。“信息科学研究范式”涵盖了广泛的自然学科与社会科学领域的基本原理与方法论。确权研究是一门传统基础型法学学科,在学科范式变革上相对保守且滞后于信息技术的进程,学者要跳出范式研究的舒适区域寻找新的学科范式并非易事,新的研究范式往往会遭受更多的质疑与批判,确权研究范式如果不进行转向必然会失去一次次对信息世界根本规律的探索。

“信息科学”研究范式是哲学、通讯工程学、情报学、计算机科学在实践探索总结之中不断形成的一种综合科学研究范式,其中信息哲学界定了信息的概念与本质,提出了区别于物质主义的信息主义世界观。通讯工程学围绕信息的传递科学,创设了信息控制论;数学、计算机科学对信息算法探索较深。信息权研究者们将这些经典的信息科学原理进行熟练运用,才能称得上真正的信息确权研究。

第三节　信息确权研究的意义

权利与权力的科学时常承担着法学与其他学科沟通的桥梁。人与外物之间的联系,在很多情形下是靠权利与权力这两个概念进行联结的。信息与私权的结合最先从知识产权法学、科技法学与计算

〔1〕 石文琰、王丁勋:《初论信息法律关系》,载《西北政法学院学报》1985年第2期。

机学科的交叉开始[1]。

早在20世纪90年代,我国有学者提出过将“信息法学”作为一门独立的学科。“信息法学”作为一门独立的学科诞生标志是1991年在荷兰首都阿姆斯特丹召开的第一届信息法学国际大会,“信息法学”的独立就是当时会议的精神与主旨。在这次大会之前,世界各国的法学家就有将信息作为法学研究对象的行动。国内外多所大学,科研单位专设信息法学研究室。[2] 这股信息与法学结合之热余温尚在[3]一直持续至今。我国法学家张守文教授、我国管理学学科专家马海群教授都曾经撰写过以“信息法学”[4]命名的专著。这些学术作品都是国内学者较早系统论证信息与法学交叉成为独立学科的专著。当时的“信息法学”的研究对象是“信息法”,当时“信息法学”的任务是揭示“信息法”的特征、本质。但该门学科只是运用管理学或普通法学的方法创设一种与信息有关的法律条文,实现的是法学与信息管理学[5]的交叉,并非回答了新的信息技术下权利与权力的变革等一系列问题。因此我们需要在信息确权问题上寻求实质意义的突破。

如果信息确权研究承担引领部门法的角色,并且在信息科学与法学之间搭建桥梁,必须围绕经典信息科学的理论进行探索,以信息的本质与概念作为出发点,将信息哲学、计算机科学、工程信息学、通

---

[1] 1987年,知识产权著名专家郑成思教授就著有《计算机、软件与数据的法律保护》一书。1993年,唐广良出版专著《计算机法》。

[2] 马海群、贺延辉:《再论我国信息法学的学科建设》,载《情报资料工作》2002年第5期。

[3] 当时的信息法学开拓者有很多,如张守文(法学)、杨学山(信息管理学)、周庆山(信息管理学)、邱均平(信息管理学)等学者。

[4] 马海群主编:《信息法学》,科学出版社2002年版;张守文、周庆山:《信息法学》,法律出版社1995年版。

[5] 当时还有学者提出了“法律信息学”的概念,这显然与“信息法学”差别较大,“信息法学”是多种学科结合而成的一门独立学科。“法律信息学”依然从属于信息学,它所研究是对与法律有关的信息进行管理、利用、传播的科学。

讯信息学、数学等经典理论，用以重新解析信息的权利与权力，重构权利与权力的本体论与法学方法体系，如果涉及特殊领域的信息现象，还要继续探索与信息科学交叉的其他学科，如信息心理学、信息生物学。

第四节 信息确权研究的哲学观

根据本书第一章、第二章的论证，人的自然属性可以概括为：物质、能量、意志、信息。有学者认为，其实信息本身能够产生一种非同于物质能量的"信息能"。"信息能"是信息系统的一种协调、再生、创造的动力。我国学者李宗荣教授首次提出了"信息能"[1]的概念，"信息"与"信息能"共同推动着物质世界的运转。大部分自然科学都是对"物质"与"能量"的研究，科学家们认为以物质为研究对象的科学才是真正意义上的科学。因此物理学、化学、生物学等自然科学常被视为"硬科学"，因为这些学科单纯地对"物质"或"能量"进行研究。研究对象的属性与运动轨迹相对具有规律性与稳定性，例如，物理学中的万有引力定律、化学中的元素守恒定律等，并且这些"硬科学"均是对"价值"或"意义"无涉的科学，他们较少探讨人类的"主观"的意识现象，因为他们没有认识到人的主观意识过程也是一个信息系统。现代社会科学研究者对自然科学的量化、实验研究方法较为推崇，许多社会科学的研究方法均由自然科学研究方法演变而来。法学等也总试图通过对社会现象的观察，找到与自然科学研究那样稳定的规律与定律。社会科学也因此受到影响，唯物主义法学研究范式关注的焦点较多是人类社会的物质、经济基础，强调物质基础对人类行为的重要影响。

---

〔1〕 李宗荣等：《信息能：构成宇宙的第四要素》，载《中国医药卫生信息》2002 年第 1 期。

“唯物主义”对“信息”这类非物质进行研究往往有些薄弱，“唯心主义”学者曾经试图回答非物质这类疑难问题。在马克思唯物辩证法诞生之前，西方很多法学家对法理学范围的界定、法的概念范畴都是建立在唯心主义基础之上的。唯心主义最终沦为被批判的境地，其根源在于它们的许多方法论建立在神秘主义、超验论之上。西方法律思想史中的经典。“自然权利”理论，也有唯心主义哲学基础。这种哲学思维，使自然权利论在现代社会屡次陷入危机之中。自然法、道德、自然权利这些事物都是以思想观念形式而存在的。虽然它们与物质不同，却记载于符号、文字之中，或以人类的理性化行为体现出来，其实这些观念最后也呈现为一种特殊信息。唯心主义哲学家将这种“信息”过于抽象化、神秘化（西塞罗）、先验化（康德）。由于科学技术的发展，宗教的除魅化，人类的关注的焦点不是人的思想观念世界而是客观的物质世界。法学研究以“权利”与“权力”作为研究对象，我们应同时拥有“唯物主义”“信息哲学”“意志哲学”等多种哲学观发现权利与权力的多重属性，在探索权利与权力的多重属性之前，我们首先需要界定的是物质与信息属性。

权利与权力的物质性表现在：它们与人的具体物质实在利益息息相关，如生命、健康，即使是精神权利，也会影响人的肉体感觉。作为私权主体的自然人，以“身体”这种物理形态而存在。法律关系的客体绝大部分形态是物质的，如“动产”“不动产”等。法律行为是以看得见的物理运动呈现出来的。权力是以国家物质化的暴力机关作为其运行的后盾，其强制属性自古以来都不是非物质形态的。

权利与权力的信息属性表现在：立法活动就是在总结人类社会的物质与信息现象背后规律，并制定规则的活动。裁判就是裁判者为呈现在眼前的物质现象或信息现象进行衡量的活动。立法条文均以文字、符号、数据展示出来，这些信息是可阅览、可读取、可存储、可复制的。法学家要对文字、符号所表达或隐藏的信息含义进行研究。人的行为受所属群体观念所创造的信息符号支配、控制。人的智力活动成果附着在物质载体之前是以纯粹的信息形式而存在的。人体会受到文字、语言信息的精神损害。权利与权力所调整的客体可以是信息，即使是权力，其强制属性也可以通过信息的形式表现出来。

个人权利篇

第四章　信息私权确权的学理论证范式

当一个新的权利诞生时，我们需要架构一套宏大的论证体系，论证其诞生的缘由与合理性，这一系列理论与方法就是权利生成的论证范式。我们在创设立法的时候其实也是在创设一系列新的权利与义务，对于义务而言，法学家更趋向从创设新型权利为突破口。因此论证权利的著作数量是相当庞大的。

无论是经典法理学著作，还是宪法学著作，这些领域都是“权利”论证的重要战场，甚至政治学、经济学也将“权利”作为重要命题。其实“权利”一词，早已被《牛津法律大辞典》视为一个经常被误用、滥用的词汇。[1] 然而，无权利怎可谈法律？德文的“Recht”，既有“法律”的含义，也有“权利”的含义，这个源于西方的语境与思维方式的词汇在中国土壤中生根发芽、枝繁叶茂。中国在20世纪90年代已经迈入了这个伟大的“权利的时代”[2]，权利思维在中国学界已经根深蒂固。当一个新兴事物诞生之后，“权利”依然是法学家们最先想到的词汇之一，学者运用它对新的社会关系进行论证，并且乐此不疲，因为“权利”这个词就像法学研究的万能工具，经典范式，无法绕开，也不能绕开。

信息权利面临着经典权利理论的考察与验证，这个新型权利的论证，使我们在论证的过程之中不可避免地回到权利诞生的起点。权利诞生的方式，需要以权利的学术概念为出发点，从中国法学界通

---

〔1〕［英］戴维·M. 沃克：《牛津法律大辞典》，李双元等译，法律出版社2003年版，第969页。

〔2〕程燎原：《作为方法的权利和权利的方法》，载《法学研究》2014年第1期。

说来看,对权利的学术界定有多种学说:如“自由说”“利益说”“力量说”“资格说”“选择说”等。每一种界定对权利特征的侧重有所不同。本书总结了其他多种经典权利论证范式。

第一节 “契约”型权利论证范式

契约型论证范式,将人与人,人与社会的关系描述为一种契约关系,它也是一种经久不衰的社会科学方法论。契约理论中既有私权契约理论,也有公共权力契约理论。私权契约理论贯穿于各国的民法典体系之中,公共权力契约理论即社会契约理论,该理论的黄金时代肇始于霍布斯,于卢梭《社会契约论》的发表达到一个高峰,后经康德、罗尔斯等人进行过学说论证。前者已经在实在法体系之中践行,后者一直以说理、论证的形式而存在。

本书论证的是私权契约理论。私权契约的践行源自古罗马,这种契约为轴心建立的权利体系,它以高速发展的商品私有化之后的市场经济为前提,其中财产权利是核心权利,商品的私有化社会直接导致了契约式权利爆炸式地增长,不同国家的立法体系对待“契约”的态度是完全不同的,在部分大陆法系国家,例如,德国就将“契约”归类于“债法”之中,“债法”在民法典之中独立成篇,其与“物权法”具有平等的地位。在其他大陆法系国家以及英美法系,虽然有独立的“契约”法,但这些契约都是财产或物权法的附庸。契约之中的权利不是律法条文中的权利,传统契约权利的边界仅仅受制于强制性立法,所谓“私约不损公法”,但是信息契约权利具有以下若干特殊性。

一、知情、同意且自由

在契约的环境中,权利的生成源于契约者之间的一致同意与共同选择,这种权利是集体的人通过理性慎重思考的结果。契约型权利生成的精髓之一就是“合意与同意”;之二是“知情”;之三就是“自由”。在信息契约中,信息权利的清单是动态的、不确定的、流动的。契约的订立者可以自由地将物、财产约定为共同所有、按份共有,这种权利能让有效的物质资源发挥其最大经济效能,物尽其用。同理,信息也能“信尽其用”。个人可以基于“同意”“知情”让渡自己的部分信息权,使其发挥一定的经济效能。其中就包含着多种信息权能的让渡与授权,所有权、占有权、控制权(存储、携带、转移等),信息权不同于生命权或健康权,各国在公法上已经明文禁止个人让渡生命权、健康权给他人,他人如果接受权利主体的让渡而侵犯权利主体的生命权、健康权等将受到刑法的处罚。有很多帮助型自杀案例,最后都被判为故意杀人罪。信息所有权是可以让渡的,但是这种让渡必须具备严格的门槛,例如,必须是与信息主体具备血缘关系,并或是经过严格公证的授权文书,立法精神必须强调这种让渡的风险与负担。信息的让渡,其实也是对自我利益的让渡,在契约自由的社会,让渡信息要承担并付出风险与代价,风险的预测与估量以及赔偿又将成为更多的学术课题,自然人信息权同时又不具备财产那样较强的流转属性。这种流转认可只能是基于信息主体的授权与同意,这就是契约型信息权利生成的意义之所在。非经认可与授权同意的“敏感自然人信息”禁止流通。信息接收者仅有基于自然人授权的临时享有信息占有权、使用权,而非所有权,只要信息尚未删除,信息主体随时可以行使其权利,除非基于契约授权。在《通用数据保护条例》(General Data Protection Regulation,GDPR)的信息权利保护框架下,“同意”必须是清晰的具有完整行为能力的自然人的意思表示,甚至必须是书面的意思表述,如对具体法律条文的勾选。这项权利其实在互联网早期社交论坛就已经被频繁使用,论坛一般会事先将编辑完毕的格式性条款供发帖者遵守,发帖者需要同意才能正式参与论坛的讨论,普通论坛设置不同主题讨论,为了规范管理,发帖者不得发表与讨论区主题不符的文章,版主有权进行移动处理,未经版主同意不得发纯粹广告内容的文章。互联网早期的论坛规则中会注明发帖注意事项,网络隐私条款也是基于契约产生,网站会询问用户是否同意向公众披露个人资料,网站会告知用户是否同意推送产品与服务信息。手机应用的隐私条款的契约属性更明显,当新的应用安装时,会不断询问用户能否读取相关隐私信息。

二、信息契约中的“反悔”

传统的契约之精神理应遵循诚实信用、公平公正,而不提倡反言,只有出现特殊情况才可允许双方宣布契约的无效或撤销。契约里的“承诺”是具备法律强制执行效力的。[1] 在物权契约中(即物权合同中),承诺的撤回都会基于严格的法定条件,在信息类型的契约中,承诺的形式却有了相对多元的变化,尤其是“反悔”这个行为。

“反悔”这个概念,较早出现于《消费者权利保护法》之中,也称为“后悔权”,在欧盟立法之中也被称为“撤销权”,在我国台湾地区被称为“犹豫权”。部分学者不认同使用“后悔”一词,他们认为“后悔”是对消费者行为的一种否定性的道德评价。在消费者权利保护法中,“反悔权”这个权利具有时效特征,它是消费者进行理性消费的“冷静期”,一般为 7 日。在我国的合同法体系中,没有提及“反悔”这个概念,“反悔”具有无条件、任意特征,不符合契约精神,因此合同法使用的是“解除”这个概念,合同法中的“解除”是有法定条件的。合同中的解除分为两大类[2],第一类为约定解除,约定解除需经过双方的“合意”才能完成;第二类为法定解除,又称为“单方解除”,单方解除是法律赋予当事人的选择权,它的特征为当事人基于特定情况拥有单方解除合同权利,如由于不可抗力导致合同无法实现,合同一方标明预期违约或延迟履行债务等。合同法还规定部分特殊合同一方享有任意解除权,它属于法定解除的一种特殊类型,它必须基于

---

〔1〕 [美]杰弗里·费里尔、马克尔·纳文:《美国合同法精解》(第 4 版),陈彦明译,北京大学出版社 2009 年版,第 1 页。

〔2〕 李开国主编:《合同法》,法律出版社 2007 年版,第 136 页。

法律的规定而不能经由双方当事人的约定。法律规定的，一方拥有任意解除权的合同类型有：承揽合同、货运合同、委托合同。任意解除权更接近“反悔”一词的含义。

自然人授权他人使用自己的信息，这个“授权”可以随意撤回还是有限撤回，必须基于信息的性质与信息的用途。私人用途、商业盈利用途，该契约之中的“同意”具备一定“反悔”属性。对于具有商业性质社交软件获取自然人信息的隐私，自然人可以随时撤回存储于运营商服务器上的信息以及被运营商跟踪的信息，这种撤回类似于保管合同中，物品主人可以随时取回寄存物一样。但是物品和信息有较大的物理差异，物品主人取回寄存物可以后顾无忧，但是信息的主人却还有较大的忧虑，信息即使在消费者客户端被删除，运营商的服务器并不一定将其彻底删除，可能继续传播。

特殊用途的信息不得任意撤回。《电子商务法》为了应对线上交易纠纷、司法诉讼，要求服务器必须保存3年之内的商品信息、交易记录。[1] 在其他社交平台，刑侦机关为了提取重要证据，被删除的信息也是有可能被恢复的。对于保险类、金融类契约，这类契约需要自然人提交大量的个人信息，如家庭住址、工作单位、健康状况。但是信息主人不能随意撤回自己的相关个人信息，自然人可以拥有一定的冷静期，在冷静期之后，自然人提交信息具有信息契约的义务属性，这些信息在主合同失效之前不能随意撤回，否则不利于保险公司、金融公司对征信、诚信信息的收集。

三、“私约”不损“公法”

私约不损公法，是契约自治的边界，在强行性立法规则之外，个人可以通过契约出让信息。信息的让渡有严格的边界，并不能违反立法之中的强行性规则。信息的让渡分为有偿让渡与无偿让渡。

信息类契约是以信息交换为特征的，信息交换类型有：

---

〔1〕《电子商务法》(2018年通过)第31条。

1. 自然人无偿让渡相关信息给相关网络运营商或相关机构。网络运营商基于自然人提供的信息提供相应的信息服务，如地图信息服务、外卖信息服务、交通信息服务。如果自然人不授权信息，自然获取的信息服务也将会受到限制。自然人让渡这些信息大部分都是无偿的，从契约公平的角度来看，消费者提供信息，运营商提供信息服务，这并不有失公平。公平地无偿采集隐私必须以"必要"为前提，防止不必要的隐私采集泛滥。

2. 个人信息有偿让渡个人信息。人格信息的经济价值在国际上已经成为共识，例如，自然人有偿许可他人使用自己的姓名、名称、肖像。广告商时常使用这种方式，美国称其为"形象权""公开权"〔1〕；欧洲有"形象代言人"权利；在我国，以信息技术手段为工具的人格权市场经济价值有待学者继续探索。

3. 通过私人机构或个人获取第三者自然人信息。这种类型的信息交易，最典型的表现形式就是私人侦探，这些机构不会直接使用"侦探"等名字，而取名"调查公司""咨询公司"以掩人耳目，这个行业完全依赖于对他人隐秘信息的获取，这样的获取有可能会涉嫌违法。如果当事人的行为情节严重，触犯国家禁止性条款，将被视为无效合同，因合同产生的违约金诉求也不会得到法院的支持。公法强行性规则中有未经授权而出售、泄露信息的惩罚性规则，例如，我国的《刑法》第253条设置了侵犯公民个人信息的罪名，并指出向他人出售或者提供公民个人信息，情节严重的将会被判处有期徒刑。

4. 通过专业信息收集机构获取企业信息、经济信息、市场交易信息等。如期货交易信息、企业工商信息，这些信息交易基于行业规则而产生，这种交易定位是合法的，但是细则有待完善。成熟的大数据信息交易在商业领域越来越受欢迎，这些数据不仅包括原始尚未处理的数据，还包括进行重新编辑、计算的数据，这些数据已经经过身

〔1〕 王利明：《人格利益许可利用规则蕴含五大价值》，载《检察日报》2020年1月13日，第3版。

份脱敏处理，不具备自然人的身份可识别性，信息的类型集中于金融、能源、商品、消费、医疗等领域。我国的第一家大数据信息交易所于2015年4月15日在贵阳成立。马云于2014年10月就表达过"数据是阿里最值钱的财富"[1]的观点，首批交易对象就有腾讯公司、阿里巴巴。

第二节　"自然权利"生成范式与危机

"自然权利"理论是各派权利理论说中，时间最为悠久、流传最为广泛的权利论证范式。不同时期的自然法理论在权利生成论证上有着较大的区别，"自然权利"的概念根源于"自然法"。"自然法"比"自然权利"诞生更早，在柏拉图、斯多葛派为代表的古代自然法学说中"自然权利"被提及得并不多。"自然权利"的提出是古代人与现代人对自由进行重新定义的分水岭，这个分水岭时间是在资产阶级革命时期前后。法国的大革命与美国独立战争两大历史事件均获益于自然权利理论。意大利自然法学家登特列夫认为当时的"自然法"理论其实不是法律的理论而是已经演变为"权利"的理论。[2] 自然权利的属性为：自然性、不受人类法则的约束性、不可剥夺性、不可废除性。国家法中的法定权利以自然法为根基，并不可与之相抵触，国家法不可对自然权利进行减损，自然权利是国家法权利背后的基本原则。自然权利理论在权利生成论证路径上有多种典型的权利论证范式。夏勇曾在《人权概念起源》中总结：权利的推定有超验、经验两种模式。当时使用的是权利"推定"一词，并不是权利"论证"。笔者

[1] 潘旭涛、贺璞薇：《大数据交易：万亿级别大生意》，载《人民日报海外版》2015年4月18日，第8版。

[2] 陈林林：《从自然法到自然权利——历史视野中的西方人权》，载《浙江大学学报（人文社会科学版）》2003年第2期。

认为“论证”较“推定”更为科学,权利的“论证”比“推定”的方法更多、更立体。程关松教授在《自然权利的自明性与证明性——以洛克为中心》一文通过对洛克的学术脉络进行归纳后,总结出自然权利哲学下两种经典的权利论证模式是超验式论证与经验式论证[1]。笔者认为超验式与经验式的权利论证不仅是自然权利论证方法,也是传统宗教哲学、政治哲学对人类社会规则模式的一种论证。其实自然权利理论还强调一种人类的善与终极价值,我们用道德式论证进行概括,因此自然权利论证方法有超验式、经验式、道德式论证三种模式。

一、超验式论证

超验式论证建立在神启、神授的基础之上,这种自然法权利论证理论认为,自然权利是不证自明的,超验模式建立在神之上,这些自然权利通过不证自明与神的启发获得,这个神有两种,第一种神是宗教神,阿奎那认为,人与神为友是人的最终目的,这些无法通过“自然”推理获得,只能通过“天启”与超自然的恩典获得。[2] 即一个人不能仅凭自然的理性来发现神圣的法则;神法的戒律只有通过神的启示才能显现出来。第二种神是自然神,自然权利是符合自然秩序与自然本质的,就如同生命的诞生、繁衍,强调人的权利的自然规律属性,人的自然本性,并强调特定权利与生俱来的属性,凡是具有自然属性的权利,是不依赖于制定法的存在而存在的,属于天赋且天然的。自然权利所蕴含的内容,是不为人所知的。这些权利是人类运用理性思考之后进行确认的。理性是一种人类与生俱来的能力。人类是通过观察和思考来发现这些自然法、自然权利。人的自然属性

[1] 程关松、王文:《自然权利的自明性与证明性——以洛克为中心》,载《东方法学》2011 年第 2 期。

[2] [美]约翰·菲尼斯:《自然法与自然权利》,董娇娇等译,中国政法大学出版社 2005 年版,第 39 页。

有:第一,欲望,欲望这一属性尤其被霍布斯推崇;第二,同情、怜悯;第三,理性,不同的自然法理论的学者,分别强调着不同的自然权利。霍布斯侧重生命与自由权,洛克侧重财产权的自然属性,卢梭更偏爱自由权。

二、经验式论证

自然权利的学者也不排斥使用经验式论证方式,这种论证方式是人在历史实践中进行观察与接触,总结人与客观外部世界的关系,从而推断一种新的自然权利的产生。

尽管超验式论证与道德式论证是自然权利的主要方法,但部分自然法学者也曾使用“经验式论证”方法证明新的类型自然权利的生成过程,认为一些自然权利可以从历史经验中生成。自然法没有预设一个完整的自然权利清单,它在不同历史环境中持续更新,《独立宣言》就创设了一个“追求幸福的权利”。

洛克在论证财产权的时候,他既从超验角度认为财产权的神授属性,同时也从经验的角度论证人类对物的占有、使用、收益的历史演进方式以证明财产权的合理性,人是通过劳动将自己的自然权利从生命转移到物品之中,这样物品被人所占有,财产权自然生成。

思想家,尤其是自然权利思想家对人性的探讨是非常频繁的,论证人的自然权利必须将人的自然属性放在核心地位进行探索与论证。整个自然权利的大厦都是围绕人的自然属性构建起来,只有从人的同一性上进行论证才能为信息私权找到论证的突破口。

三、道德式论证

道德式论证确定自然权利符合人类社会最基础的善,道德式论证模式强调,自然权利应当是符合道德的。最基础的道德就是平等,每个人都应当具有道德的属性,自然本身就是一种善,自然权利是人类理想价值的表达,是道德的化身,人类理性可以认识这些道德观念。自然法代表着人类社会善与恶的理性标准,亚里士多德认为道德科学是缺乏数学的确定性的，普芬道夫认为通过自然法这个媒介可以将不确定的道德稳定下来，并使道德科学成为一种确定的科学，并区分了物理意义的自然与道德意义的自然。自然法学家富勒对道德与法律的关系进行了描述，根据自然法理论，法律概念和道德概念之间并没有明确的界限，国家法律之中的规范是因其道德内容而具有权威性，他认为法律必须服从程序道德。

四、自然权利论证范式的危机与突破

列奥斯特劳斯曾经在《自然权利与历史》中提出，近代的自然权利理论已经进行了转向，“权利”主要由人的意志、欲望所主导[1]。自然权利范式的危机在于它无法为信息确权提供明确、统一的道德尺度。技术革命让人类远离了纯粹的自然，人对自身主体性的反思并不彻底，这既是西方现代性的危机也是西方文明的危机，身处现代文明的人更加关注财富、贸易等事务而很少探讨哲学、美德与信仰。信息技术革命诞生之后，人的本质属性的反思逐渐被不断升级的技术所掩盖，被数理知识的普及所淹没，信息社会人的权利归属，较难从自然权利范式中找寻出路，新兴信息权利这些概念并不是自然形成，它们是人为设计、筹划、创造的产物，并呈现出碎片化特征。信息权利，在自然法权利学说中很少被提及。自然法的先辈们没有论证过人是否有信息属性，也没有论证过究竟是否存在一种信息自然法。显然，用自然法理论对信息权利进行理论论证依然还是有一些薄弱。自然法的黄金时期并没有与信息时代形成重叠。那时人类对信息的理解停留在语言、文字之上。其实，语言的诞生也完全能够证明信息是人在自然状态下的属性之一，自然状态下人也会有基础的符号记载能力以维持人的个体生命与种族的繁衍，这种自然属性其实都是信息权利概念被创造之前所隐藏的“自然法”。“自然法”的精神依

---

[1] [美]列奥·施特劳斯：《自然权利与历史》，彭刚译，三联书店2003年版，第258页。

然有一些闪光的火种继续燃烧，在信息私权理论完善之前，这些隐藏的自然法不会熄灭。即使是科技高度发展的信息时代，完全摒弃自然权利理论是要付出代价的，这些都会促使私权、权利、人权研究陷入一种相对主义泥潭。

自然法思想依然能佐证一部分信息私权的合理性，尤其从经验式论证模式足以证明人类所具备的信息属性。人天生就具备信息的属性，人体既是信息的载体、信息的传递媒介，也是信息的处理系统，信息权利是符合自然道德、自然权利的属性与要求的。人的信息属性特征是多元的，一部分信息的属性是自然赋予的、与生俱来的，但有一部分的信息属性是社会赋予的。自然人的“信息画像”〔1〕其实就是人在社会中的信息痕迹，这种信息痕迹受社会中的政治、文化价值观念所影响。

以自然权利理论同样可以论证一部分信息权利产生的合理性，信息处理能力是人与自然、社会交流的天然属性，也是智能生物最强大的天然属性，洛克认为财产权的合法性来源是劳动，自然人信息的财产价值并非基于自然人的劳动，而是基于自然人信息与自然人人格的紧密依附性。能够基于自然权利论证下的信息私权有：信息控制权、信息获取权、知情同意权、信息财产权，虽然这些信息权利看上去比较新，实际上它们与经典的自然权利有较大的重叠。

经典自然权利理论较难论证具有较强社会功能的那部分权利，如知识产权、人格权等都是国家法高度发展之后的产物。成熟的私权体系构建需要学者对社会与经济运行规律进行总结、论证，如信息控制权（删除权、携带权、跨境权）。作为新时代的法学研究者，从自然权利论证信息权也非常有必要。自然法经历过兴盛与衰败，即使它曾经兴盛于文艺复兴与宗教改革时期，并且它始终是西方权利理论大厦的奠基石，但是其逻辑上并非完全自洽，它难以运用实证经验

---

〔1〕“信息画像”是对自然人的信息进行精准收集和总结，“信息画像”中含有自然人的行为习惯、偏好、经济生活状况、社会交往生活状态。

进行证明与证伪。这也不奇怪哈特为何曾经批判自然法像“娼妓”一般,任由众人所摆布了。[1] 由于自然权利理论自身缺陷较多,自然权利理论必然不会受到学者的全面优待,它逐渐丧失其基础理论的地位。德国强调法权演绎说,康德曾经指出自然权利理论的不足,尤其是对霍布斯式的自然权利进行过批评,《利维坦》强调自然权利是人保全自我天性的一种体现。其中,保全生命是人最强烈的自然权利[2],康德几乎是反对这种自然权利观念的。它认为能够体现这种与生俱来的自然法权特色的事物是“自由”,“自由”也是具体自然法权的衡量标准。[3] 康德的自然法权[4]伦理意义更加深入,人的属性更加强烈,因为传统自然法学说其实将人的地位降低了,使人与其他生物一样服从自然规律,从而使其伦理属性被削弱。康德的自然法权强调人的自由意志下创设的法。这种法,其义务属性较为强烈,法权是为道德而服务的,从权利中最终实现“自律”以及道德实践层面意义上的自由。权利不是个体自我私欲的一种表达,它具有公共理性的属性。

以康德视角看待信息权利,显然这种权利不是为了个体私欲、占有而存在,它是克制的信息权利,康德绝对不会同意那些由于人的欲望、冲动所支配下的行为,作为权利生成的缘由。人体机能产生的欲望一部分可以通过物质进行满足,也离不开丰富多彩的信息。人的许多欲求只能被归类为一种低级的欲求,是具有病理特征的冲动,[5]国家建构的信息权利显然不能作为满足低级欲求的工具。那么作为猎奇式的、反社会风尚的信息,必然会被列为禁止浏览的范

---

[1] H. L. A. Hart, *Essays in Jurisprudence and Philosophy*, New York: Oxford University Press, 1983, p. 163.

[2] [英]霍布斯:《利维坦》,黎思复、黎廷弼译,商务印书馆 1985 版,第 97 页。

[3] 邓晓芒:《康德论道德与法的关系》,载《江苏社会科学》2009 年第 4 期。

[4] “自然法权”的概念也是自然法学说中较为核心的概念之一,它与“自然权利”有一定区别,自然法权意指一种自然“正当性”,它作用于自然状态这个空间之中,参见李猛:《自然社会》,生活·读书·新知三联书店 2015 年版,第 225~228 页。

[5] [德]康德:《纯粹理性批判》,邓晓芒译,人民出版社 2004 年版,第 434 页。

畴,甚至是禁止探讨的范畴,公民只享有获得健康信息的权利,而非暴虐、色情化的信息权,教育、知识类信息才是信息获取权所应当支持的信息类型。如果用康德道德化的视角审视信息私权,这样的信息私权应当更具人性尊严的色彩,这种信息私权唤醒着人的理性精神,从而将人从欲望、猎奇中逃离出来。

第三节　“实证主义”权利生成范式

法律实证主义经由英国奥斯丁等人在传承分析哲学宗旨后发展而来。实证分析者认为,理论法学的研究对象定位于实在法,规范的逻辑法分析方法是实证法学的方法论,这种分析方式也影响至权利生成的论证思维之中。法律实证主义者认为,法律意义上的权利无法在实在法之前诞生。无论是古典实证主义者还是新分析实证代表人,他们均没有深入分析一项具体的新兴的权利如何因为逻辑分析而诞生。奥斯丁强调法律中的“主权”“命令”“权威”等要素。霍菲尔德是实证主义代表人物中对权利论证较为深刻的学者,他创设了一个权利家族体系。他将法律的概念逐渐清晰化,并辨析了权力、权利、义务、责任、豁免、特权、自由等概念的差异。我们认为霍氏的概念辨析有利于我们区分不同类型的信息权力、信息权利、信息义务与信息特权、信息选择权,防止我们将立法、司法实践中的规则都简单地归为“权利”与“义务”,从而造成各类信息权概念混淆的局面。哈特强调法律中的“规则”要素,同时认为授权规则依附于义务性这样的初级规则。“义务”是哈特实证分析学说的核心之一,他在次级规则中提及了“权力”“权利”。哈特理论的优势在于,“规则”模式其实比权利模式更能直接地、实质地影响主体的利益。

在实证主义视野下,权利不仅仅表述的是权利自身,其次还是对规则、义务、责任的描述,权利是对复杂社会关系的一种浓缩且统筹化的表述。早期的实证主义法学家强调国家法的权威地位,“法力说”就是实证主义所倡导的学说,他们在诠释权利概念的时候,突出国家法律的强制力这个要素。实证主义突出了法律的强力、权威这些特质对权利的生成范式是有意义的,因为权利离不开国家强力的支撑,没有国家强力的公力救济,就会形成“无救济则无权利”的局面。

实证主义是一种规则的演绎科学,这种范式无法生成道德理性或自然法,而只能以既定规则之中的“母权利”与“派生权利”为逻辑依托,有时也被学者称为“权利推定”〔1〕。这种权利生成的基础是,通过母权利(基础权利)中推衍一种新的“派生权利”“默示权利”,它们在立法中没有明文规定,即“未列举权利”,未列举权利如果可以从母权利中推定出来,它们自动受到法律的保护。这些新兴的权利是通过语言逻辑,同时综合运用历史解释、价值解释的法律方法衍生、认定而来。例如,自由权作为母权利,其衍生权利有言论自由、行为自由等。但自杀自由就不能被认可为一种派生的自由权,它不符合道德、历史与立法价值。一些学者认为信息权利的母权利是人格权或财产权,认为信息权利是人格权或财产权的派生权利,但是“信息”的范围远远超过“人格”或“财产”。例如,公共场所人口活动轨迹,部分原始信息无法产生经济效益。立法之中哪些被列举的母权利,在信息权利推定过程中必然遭遇逻辑障碍,因此逻辑及分析方法只能是新兴信息权利生成范式的辅助性方法。信息权利与这些列举权利有重叠,但是并非由这些权利派生而来,信息权可以成为独立的权利。

传统分析实证法学经历过发展与修正,制度分析实证主义者麦考密克发现了权利背后的社会价值冲突,个人自由与群体的平等之间存在长期矛盾,这种矛盾也可以称之为:个人权利与社会正义的矛盾。其实信息权利的确权也存在着这种矛盾根基,当信息被确权之时,必然存在信息权利与信息正义的矛盾。信息私权的确立一定会影响信息共享资源的分配程度,对自由市场、经济效率、信息传播效

---

〔1〕 雷磊:《新兴(新型)权利的证成标准》,载《法学论坛》2019年第3期。

率产生阻碍等。这时还有许多问题等待我们回答:信息的正义是否能够通过传统的自由市场来实现?信息正义的实现是否需要国家集体管理这些要件?信息私权与信息公权如何进行合作互补?

第四节　“功利主义”“利益主义”权利生成范式

功利主义原则与自然法所倡导的原则差异较大。功利主义认为:自然法的“天赋人权”观是极其荒谬的,自然权利论证方法并不能辨析不同价值之间的位次与权重,权利的本质根源于人的本能诉求,这些诉求是人类共同拥有,人类社会的权利是国家法律赋予的,权利是国家法律之子,自然权利是没有国家法律作为依靠的。

边沁是功利主义代言人,但是功利主义的基本精髓并非他独创,他吸收了休谟、贝卡利亚的理论,边沁的创新在于对于“苦”“乐”的计算,个体的人既受益于法律,同时也受苦于法律。[1] 功利主义观念下的权利是非理性的,非道德式的。休谟认为正义产生的条件有:人的自私、有限的慷慨、物质的匮乏。人类创设权利和义务是为了创造一种稳定状态,公民在这个状态下,可以和平安全地获取有限资源。虽然追求快乐是人类社会的本能,但是功利主义权利论证遭受的赞誉与责难同时并存,密尔试图对功利主义进行修正来拯救功利主义,他解释了社会功利的意义,是利己与利他的有效结合。

利益问题就是权利的本质,个人权利也是社会正义的本质,权利的对应物就是快乐,义务所对应的就是痛苦,边沁对快乐进行平衡与计算,说明每一个具体的权利是可以量化的。制度实证主义法学家麦考密克,也对权利的利益理论地进行过有力而明确的辩护,他认为

---

[1] [英]杰里米·边沁:《论一般法律》,毛国权译,上海三联书店 2008 年版,第 110 页。

权利的正义性就是对权利所有人利益的保护。在功利主义理论下，权利的分配应以人的满足或利益最大化为目标，现代功利主义者将其解释为经济效率，信息应当发挥其财富的最大化。

自然人的隐私具有剩余价值属性，因此，从功利主义视角来看，法律应该允许信息交易权利的存在。这种模式可以节省企业市场运行的成本。例如，法律可以授权一个企业将客户信息出售给另一家企业。功利主义还强调社会快乐值的最大化，其实过分强调严苛的信息私权将使社会的快乐缩小了，严苛信息权利的确立会成为某部分人群快乐的障碍。隐私权过于严苛，读者们的信息历史猎奇心态无法满足了，因为大家将涉及人格、隐私的信息全面删除，普天之下都是真善美的新闻，人人流芳百世，无人遗臭万年。在功利主义看来，权利是实现功利目标的一种手段与工具，权利不是一种道德意义上的“善”，它们重视社会成员总体所享有的总和效用，具有弱势效用的个体是功利主义最易忽视的群体。[1]

广泛流传于德国的利益法学与功利主义有一定差异，它以耶林为代表。德国的利益法学也批判了具有浓郁道德色彩的主观权利学说，他将利益作为国家法制定的目的，[2]认为法律概念是具有目的性的，由此推断没有无目的权利行为。制定法在创设权利的同时，也在创设义务。利益冲突决定着每一项权利的创设，法定权利就是在利益权衡之中做出的特定选择。权利保护个人信息利益的同时，信息服务企业就需要舍弃个人信息所带来的财产利益。一项具有人格或隐私的信息受到严格保护的同时，作为商业主体的利益必然受到抑制。能够获得立法权利的那一部分利益，是利益主体们在对决过程之中的胜利方。由于信息承载着个体的人格利益，立法以人为根本利益出发点，因此个人信息主体能够在所有冲突的利益中占据一定的优势地位，除非这种优势地位被更强大的利益力量所压制，如资

〔1〕［印］阿马蒂亚·森：《什么样的平等?》，闲云译，载《世界哲学》2002 年第 2 期。
〔2〕［德］菲利普·黑克：《利益法学》，傅广宇译，商务印书馆 2016 年版，第 16 页。

本的力量、公共安全、国家安全。因此在信息利益、信息管理成本的对抗下,个人信息权利的落地与推行并非一帆风顺。

在私法学界,“利益说”与“力量说”是主导中国本土权利学说的两大支柱理论。由利益说与力量说所支撑的理论属于“客观权利”理论,客观权利说明权利是法定的,此时的权利脱离了伦理与道德属性,客观权利理论认为法律所保护的利益是客观的。然而权利仅仅依靠“利益”本身是不能成为真正意义的权利,这个时候需要“力量说”作为“利益说”的支撑,权利必须是由外在的国家权力来保障。[1]无论是功利主义还是利益论,他们都只能诠释与论证信息私权的部分属性。其实,信息私权的特征及其生成的范式必然需要以其他理论进行补充与完善。权利的生成并不必然仅仅以“功利”或“利益”为研究范式。

第五节 以防范“罪与恶”为目的的权利生成范式

以防范“罪与恶”为目的的权利生成范式来自哈佛大学法学院的肖维茨教授的《你的权利从哪里来》。他认为,权利既非是造物主所创设,也并非自然给予,自然规则没有被赋予价值判断,权利也不是在语义、概念、逻辑中被推导出来的,因为权利所依赖的先验预设,人类并没有达成共识。权利的产生是在人类归纳那些与罪恶有关的经验与历史之后而倡导出来的,[2]定义权利需要对罪恶社会的恶行有基本的认识与共识。立法者创设的权利就是减少罪恶。

---

〔1〕 朱庆育:《权利的非伦理化:客观权利理论及其在中国的命运》,载《比较法研究》2001 年第 3 期。

〔2〕 [美]艾伦・德肖维茨:《你的权利从哪里来?》,黄煜文译,北京大学出版社 2014 年版,第 13~83 页。

哈佛大学法学院的肖维茨教授的权利论证方法遭到了华中科技大学法学院成凡教授的反驳,他认为,如果没有正义的价值观念哪有对不义的价值判断呢?笔者认为,这种对“不义”的价值判断,并非一定依赖于人类对“正义”的价值判断,“不义”的价值判断根源于全体人类对死亡威胁、混乱秩序的恐惧与恐慌。基于人的特殊生物属性,创设权利是人类的一种生理本能驱动力下的产物。如果说功利主义的目的是“趋乐避苦”,更强调对幸福与快乐的追逐驱动创设权利,那么肖维茨的权利生成就是对功利主义所主张的“避苦”进行了强化,权利的创设是为了回避罪恶、不幸、痛苦。为何动物也害怕痛苦、灾难,但是它们却无法创设权利呢?这是由于动物与人的认知有较大的区别,而这个区别可以通过认知科学进行解释。动物有感应灾难、痛苦的能力,但是他们没有反思灾难、并合作解决灾难的能力。人类用科学技术抵抗了大自然的威胁与灾难,人同时也创设了“权利”这个概念解决了人类社会自身所带来的风险与灾难。

信息社会的风险是人类社会的特殊产物,创设新的信息权利的重心是为了抵御“人为”所制造的风险与罪恶,个人隐私信息被泄露是其他危机与风险的原因,信息安全会影响财产安全、人身安全。将个体信息置于安全保密状态,可以缓解财产权或人身权遭受伤害或损失,此时有必要在立法之上创设信息相关的防护性权利,装设信息防护设备,防止因信息安全造成的意外或危险。

第六节　认知科学视野下的权利生成范式

认知科学是一种心智与智能的跨学科研究,法律认知科学研究对象之一是人脑神经感知对法律规则创设路径的影响。认知科学将自然科学中脑科学研究与法学进行了结合,权利不仅是社会现象、文化现象而且是一种自然科学现象。人类的公平偏好、权利偏好,都可基于对人脑科学进行研究得出结论。

法律认知科学研究者成凡教授曾经提出了一种认知科学视角的权利生成范式。[1] 认知分为两个阶段,第一个阶段的认知是“感性”,情感、公平、效率是这一阶段认知的具体进程,人的大脑不同部分,分别处理特定种类的认知。感性阶段的三种认知由大脑自我决策,这是一种直觉。第二阶段的认知为“理性”,这个阶段的认知不是自觉导致,而是人对第一阶段认知的反思,需要经历思考与计算,最终决策的过程也较慢。第二阶段的认知有两种,分别被称为“二阶效率认知”与“二阶公平认知”,权利的观念是从二阶认知中诞生的。

成凡教授所论证的其实是一种人对权利的感受,人由感性思维到达权利思维的过程,它描述了权利这个事物在人脑内部生成的完整路径,这是一种较为独特的权利生成范式。他为人类为何具有权利思维提供了一种较为科学的解释路径。

不过对于较为复杂的信息现象而言,仅仅意识到信息属于权利的一种类型是远远不够的。即仅拥有信息权利意识思维是远远不够的,法学家还应当拥有如何拆解权利、运行权利的能力。人脑是否拥有第三阶认知步骤呢?还有待认知法学研究者继续探索与发掘。

第七节　历史唯物主义权利生成范式

马克思的历史唯物主义通过对权利的现象的观察,总结出权利的本质理论。权利的背后是阶级集团之间的关系,权利的属性由特定的经济基础、所有制关系所支配,历史性、社会性、实践性是权利的本质特征,实践反映着权利主体与社会之间的关系。由此,权利的内容不断被丰富、不断在演化。权利不是封闭状态的而永远是开放状

---

〔1〕 成凡:《权利来自哪里——法律和认知的视角》,载《法律和社会科学》2017 年第 2 期。

态的，权利的类型与形式不断在调整，时代的进步，权利也有了新的类型。权利体现了不同时期特定经济与社会结构的特点。

以人权研究为例，人权的类型具有鲜明的时代烙印，学者在总结人权的历史时，常常以历史实践为维度对人权的特征进行描述。这种论证是一种进化、演进型研究思路，这是一种人权的“考证学”“进化论”。“时空”之维的新型人权研究范式详尽地描述了人权诞生到发展的规律，及其在特殊历史时段的独特性。这种人权研究范式最能反映人权诞生的社会、历史、文化成因。当一个新的历史时代到来的时候，人权的内容也会更新。这种研究能够将旧时代人权态进行客观地描述，将每一个被时代烙上特殊印记的人权，重现于后世的研究者面前，研究者通过人权的衍生轨迹可以推测未来新型人权的大致发展方向。人权学者们始终认为：一种新型的人权的诞生是随着历史洪流的推动自然而然生成，然而关键的推动力应该就是经济基础与生产力发展水平。人权研究不能仅仅是对人权历史的客观考证，而更应该考证一个新型人权诞生的缘由。

人权研究大师卡内尔·瓦萨克曾经根据人权在历史中的演进状态，提出了人权演进的三个时代。“三代”人权理论为人权研究者提供了一种较为系统的人权研究范式，我们研究三代人权理论，不仅聚焦于人权类型的前世与今生，更要关注与人权相对立的那些历史。运用肖维茨教授的权利生成方法，我们可以得出以下相对确定的结论：第一代人权来源于公权力的暴行；第二代人权源于市场与社会的危机；第三代人权根源于战争的恶与环境的污染。在“三代”人权理论之后，有大量学者提出了第四阶段的人权发展方向，并已经锁定了“数据人权”〔1〕这个方向，这其实说明以信息为手段的罪恶在横行，以数据为载体的风险在蔓延，由此才有了信息私权。

〔1〕 第四代人权的内容集中在三大领域：(1)安全人权（总体安全权）；(2)环境人权（生态环境权）；(3)数字人权。参见张文显：《新时代人权法理的七大命题》，载《人权》2019年第3期。

第八节　司法途径间接生成范式

笔者在前文中列举的若干种权利生成范式均为“前立法”式权利生成范式,即在国家立法之前对新的信息权利的生成作出一个法理正当性的构建。大陆法系法理学说认为司法过程并不产生权利的创设过程,而是权利的救济过程。英美法院存在大量法官创制新兴权利的先例,在我国大量的司法判决或调解之中,同样也可以发现新兴权利。新兴信息权利同样可以在司法过程中生成,当一个权利没有被立法所确认的时候,法院会根据具体当事人的新的诉讼请求,做出具体的判断。法院可以保护那些当事人应当受到保护的利益,即使该利益并未被立法所承认。虽然主流的权利奉行“无救济则无权利”,这个救济是写在法条之中的救济方式,但是当一个具体的权利未被列入立法的条文之中,只要这些权利符合权利推定的特征,这些权利会以当事人诉讼请求的方式被司法所保护。这就是司法救济在先,立法在后的新兴权利。

那些尚未被列举、漏列举之新兴权利,成为司法能动主义、司法回应主义发挥优势的领域。这些漏列之权利的特征在于,原权利立法概念过于抽象或者模糊。在穷尽法律规则之后,法官依据法律原则,保障当事人的新兴信息权利诉求。通过多元化的司法途径对新兴信息权利进行协调与救济,这种权利的生成模式运行效率高、成本较为低廉,[1] 卡多佐在《司法过程的性质》中指出,法官其实就应当像立法者那样从经验、研究中进行知识的反思。法官与立法者在面对法律现象时,他们对法律现象的价值评估,方法论选择上都是类

---

〔1〕 王庆延:《新兴权利渐进入法的路径探析》,载《法商研究》2018 年第 1 期。

似的。[1]

法官在法律空缺的地带进行了新兴信息权利的填补工作。我国"被遗忘权"第一案,原告在该案之中提出的就是一种新的信息权利诉求;"中国人脸识别第一案",该案将被告行为定性为违约行为,原告主张的内容是个人对生物识别信息的自决权的体现。

〔1〕［美］本杰明·卡多佐:《司法过程的性质》,苏力译,商务印书馆1998年版,第71页。

第五章　信息的确权与未确权之辨

第一节　信息是权利的客体

法学不是生物学、物理学，不是宇宙学，不是哲学。生物学研究生物的生理机能与成长过程；物理学仅仅研究物质的构成与运动规律；宇宙学研究宏观时空的演进与模式；哲学擅长对世界万物进行划分，对知识进行归类。法学并不能代替这些基础科学重新定义世界的构成，法学并不擅长定义与划分宇宙的存在形态或人的物质构成，但是法学擅长去发现人与物的关系、人与人之间的关系、人与意识之间的关系、人与信息之间的联系，法学家要将人类的各种存在形态串联起来，在法学家看来，人类的物质、能量、信息、意志四种形态时时刻刻都处于交叉状态之中，人类存在的状态同时也与宇宙万物的各种形态交织在一起，人类的社会关系不能通过物质、意识、能量分别进行描述，人类的社会关系、法律关系是超越物理学、宇宙学的一种关系，它需要法律人去界分、去定义。在法律人的视野下人与信息形成了一种法律关系。

大陆法系国家通说认为，法律关系的客体与权利的客体是相同的，权利的客体有很多学说，有“纯粹物说”“纯粹行为说”“利益说”“财产说”“对象说”“权利指向对象说”，最后一种学说在我国占据主流学术地位，即权利的客体是权利所指向的对象，也是权利主体所能支配的对象。权利所指向的对象类型是多样的，在早期一般只限制在“物”的范畴，后来增加了“行为”“智力成果”。信息权利所能支配这个对象就是信息，由信息这个客体又可以衍生出与信息有关的行为,因此信息权利所指向的对象既有信息本身也有信息行为,其中信息行为有传输行为、通信行为、储存行为等。

在绝对权利关系中,权利的主体支配着信息,绝对权也被称为"对世权""排他权"。"对世权"拥有对任何人都有效力义务主体信息绝对权对抗的是不特定的人,不特定的人不能侵犯该项信息权利,义务人无需实施积极的特定行为,义务人行使的是一种消极义务最典型的信息绝对权就是自然人隐私信息权。再如肖像权,肖像其实就是对个人面部形象的二维平面图像化,这种图像也属于信息的一种类型。

相对权被称为"对人权"。如果是在相对信息权利中,信息主体行使权利的时候有信息受领行为、信息请求行为,或者获取信息利益。例如,自然人应当有权获取自我生活轨迹信息的权利,如购物记录、听歌的歌单,行为痕迹,但是自然人并不能向所有的人获取,只能向特定的义务主体获取,在信息权利的类型中,绝对权利与相对权利是同时存在的。

第二节 已被"局部确权"的信息

所谓已被确权的信息,说明人与这些信息所形成的法律关系,已经通过成文立法以权利规则体现出来,在这些特定的规则中,权利与义务双方主体所指向的对象覆盖了此类信息。这类权利不一定精确地被称为"信息权利",即许多权利的客体包括信息,但是它们并不以"信息权"三字命名,而以别的权利名称而存在。这些权利可以直接或间接地保护私人的特定信息处于安全、不被篡改的状态,这些权利同样能够发挥保护特定信息的功能。

在"信息权"三个字诞生之前,各国就早已通过立法对特定信息进行了保护,"信息权"这三个字更多是概念、文字上的创新,在立法体系之中,这种权利并不算是一种颠覆式的权利创新,而是一部分新的信息诉求与利益需要重新被定义与总结。新的信息权利集中体现在公共信息、脱敏信息的所有权归属，信息所产生的财产利益以及信息控制行为的界定与划分问题之上。

笔者使用“局部确权”这几个字，是为了强调信息之上并非只有现行立法所规定的权利，在这些信息之上还可增设其他类型的权利。在权利的类型尚未列举完毕之前，我们都只能称之为“局部确权”。立法已经确定的那些权利并不能完整表达个人对信息的所有诉求，只能表达个人对于信息的局部诉求。这些权利并无法实现无死角地对信息主人的各种信息主张、行为进行全面保护。信息虽然早已存在，但是他们在权利规则体系中并没有被重点提及，或者即使提及也过于模糊且抽象。

现有立法权利所指向的信息类型，以及权利所保护的个体利益都具有以下特征：(1)这类权利的确权边界非常模糊，因此它们在表达上不能是完整的信息确权。(2)信息的命名方式比较乱，我们对不同类型信息、数据、命名规则不同，许多概念是信息的同义词或另一种表达。邮件、信件、情报、通知、新闻、机密、智慧成果都是信息的另一种表达。法学上对信息的分类，不是以物理学、数学、通信学、生物学为视角。法学视角对信息的分类是建立在人对信息的支配性、人与信息关系属性基础上，信息作为一种私权利它需要与其他类型私权进行区分，那些没有以“信息”二字进行命名的信息，但私人对这些信息享有特定权利的有如下几类。

一、通信信息

在我国《宪法》第40条中，早已创设公民有通信自由以及通信内容保密的权利。[1] 宪法意义上的对个人信息进行局部确权的权利

[1] 《宪法》第40条规定，中华人民共和国公民的通信自由和通信秘密受法律的保护。除因国家安全或者追查刑事犯罪的需要，由公安机关或者检察机关依照法律规定的程序对通信进行检查外，任何组织或者个人不得以任何理由侵犯公民的通信自由和通信秘密。

是通信自由与保密权。通信自由并不能与信息自决权行为画上等号,通信保密也不能完全与隐私权相互重叠。《宪法》所表述的权利概念与民法中的权利概念相比有一定的交叉、错位。通信信息属于个人的部分信息,在个人的通信信息之上还可创设更多的信息权利。目前,信息自决行为已经逐渐被纳入新的立法体系,信息自决行为比通信自由保护的方式更加具体、广泛。隐私权相较于通信保密权更加注重以人格为核心对人的信息进行秘密保护,隐私权的保护范围不局限于信息,还有物理空间内的隐私活动。我国《宪法》关注的焦点是权利主体有主动自由发送和收取他人传送信息的权利,并且有权利对通信内容进行保密。宪法条文相较于部门法的条文更加抽象化、原则化,其修法的速率也是缓慢的,因此宪法条文的规则并没有涉及公民通信和保密的方方面面。"通信"这个概念是纸质载体时代的名词,网络时代会使用移动通信这些概念,即使信息的载体在变化,信息的命名更加具体化。国家宪法对个人通信自由与保密的基本权利本质没有改变。

通信具有广泛的含义,通信自由和保密权利还可以延伸很多其他通信自由与保密的子权利,相关研究显然还不够全面。例如,国内外就很少有学者研究权利主体有拒绝接收信息的权利,随着移动网络的发展,个人获取的每日接收的信息数量呈现井喷趋势,这些信息中包括骚扰电话,垃圾短信等。这也意味着,通信自由权会侵犯到其他信息权利主体的利益,通信自由有权利边界和限度。而这个边界就是不能对他人生活造成干扰,而成为一种信息"噪音",个人应当拥有不接收信息的权利。

二、人格信息

人格信息属于个人信息的一种重要类型,在个人信息的海洋之中,人格信息占据了相当大的比例,人格信息的特征是,涉及人格尊严、社会地位,人的智慧、人的隐私,如姓名、肖像,这些属于强人格信息,较弱的人格信息有购物记录、浏览记录等。

人格信息其实是一个人在社会生活中留下痕迹的具体描述，这些信息中有人的社会身份、家庭身份，这些信息关乎人的隐私、尊严、名誉、荣誉、偏好、精神心理状态。在纸质媒体诞生之前，个人的这些信息是较难被其他人知晓的，但是媒体的发展，让这些信息传播至大众手中，因此人格信息对人的尊严的影响越来越巨大。为了维护人的尊严，在所有类型的信息中，人格信息是首要被确权的信息。在"信息权"这个概念诞生之前，是姓名权、名誉权、荣誉权、隐私权这些具体人格权对信息主体的人格利益进行保护。

人格信息产生于生命诞生的那一刻，并非出生的那一刻，胎儿的个体信息与母亲的信息能否视为同一信息呢？这个问题目前还没有法学家回应，根据现代的法学理论，立法会采取较为保守的做法，即在自然人出生之后才理所应当可以对其出生前的信息拥有信息权。在出生之前，由父母支配信息。这是由于人在胎儿阶段的信息基本都是生物医学信息，没有社会属性，但这些信息却有着较强的科研价值，如果是巨大的生物信息汇聚在一起，对人类胚胎研究、种族繁衍研究有着重大的价值，因此自然人生物信息的公法属性也许更加强烈。

自从基因编辑胚胎事件诞生之后，科学家是否有权编辑改写人的基因结构，成为人类的伦理困境。人对基因的改写不同于对人的外形所做的整容手术，整容手术结束之后人的五官比例有所更改，这种比例之间的结构美学信息能够给观察者以美的愉悦感受，这种改变只影响被整容者，风险由被整容者所承担。整容后的形象不能向下一代遗传，基因具有信息属性，具有复制性、传递性，改写基因具备改写后代遗传密码的风险。人类还没有足够的心理能力承受基因信息在人类数代编辑后能够产生的风险，人类科学的局限还不足以使人预测尚未发生的事情，人类科学知识也没有穷尽对人类身体所有的秘密。人格权虽然对人格信息进行了全面的保护，但是人格权保护模式依然存在不足，例如，无法保护信息的财产利益，无法保护个人对信息的全面控制行为等。

三、智慧成果信息

(一)“智慧成果信息”的特殊性

智慧成果最终也会展示成信息,它们是通过人的大脑意志进行加工创作过的信息,与1709年通过的《英国安娜法》是世界上第一部版权法,从广义信息定义上来看,这也属于一种特殊形式的信息立法。“知识产权”本为舶来法律词汇,英文为“intellectual property”。“知识产权”是中文翻译词汇,这样的翻译容易让人误解为知识产权保护的对象是“知识”。“知识”是人类的发现与总结,知识中包含着智慧,知识产权不仅有知识,还有其他有创意的作品、创作、发明……

无论是“智慧”还是“知识”,它们最终呈现形式都是信息,这又会导致信息产权与知识产权难以区分。曾经有的知识产权管理机构的名称就是以“信息产权”而冠名的。IP的全称是Intellectual Property,也是Information Property。〔1〕

我国学者将“Intellectual Property”翻译为“智慧产权”,使用“智慧”产权更能体现权利的本质内涵,这样才能将“智慧”与“知识”、“信息”相区分开来。这也说明信息权与知识产权保护的对象范围是不同的,前者保护信息所有者对信息的全面控制;后者侧重保护人在创意劳动成果之上的人身与财产利益,信息只是智慧成果的外在表现形式。

一旦个人“信息权”保护模式构建起来,我们就不能用最广义的信息概念来界定“信息权”中的“信息”,而是要根据具体情形进行分析,广义的“信息权”中的“信息”包括了“智慧成果”信息,那么这会导致信息权利必然会覆盖知识产权所保护的智慧成果信息,这必然导致智慧信息受到两套权利体系的重叠保护,只是保护的方式将有所不同,这种重叠保护是不符合经济效益与立法成本的。

我们在文中界定的“信息权”中的“信息”不包含“智慧成果”信

---

〔1〕 郑成思:《知识产权与信息产权》,载《工业产权》1988年第3期。

息,为了避免"信息权"与知识产权保护产生交叉重叠,信息权的侧重点必须与知识产权不同。信息权与知识产权将会是两支独立的权利系统,尽可能保持两套权利理论体系的并行不悖,使信息权与知识产权权利体系不重叠、不冲突。

"信息权"保护模式中的"信息"只是一种特定个人、组织的"自生成信息","自生成信息"是人或者是万物在生命运动、物质运动、社会生活中产生的。"自生成信息"不是人类大脑发挥独创能力的智慧成果,"自生成"与人的价值选择有关,但并非具有进行创意的智慧劳动所产生的信息。

(二)"知识产权"与"信息权"的相似之处

即使信息不包括"智慧成果"信息,与信息有关的权利在保护方式上也与知识产权依然有相似之处。具有身份可识别信息保护与知识产权相似之处体现在:

1. 都会建立独立的权利保护体系。一旦某种确权信息成为权利规则保护的对象,某一种独立的信息权利体系可能建立起来并独立于民法体系中其他类型私权,其他类型私权有物权、债权、人格权,而独立的信息权利有知情权、通信权等。

2. 两种权利体系都会建立相似的保护手段。它们都需要对所呈现的信息进行完整的保护,保护特定信息不受毁损、不受随意篡改。

3. 两种权利体系都对会赋予权利主体占有、支配、使用、交易的权利。

4. 无论是信息权保护模式还是知识产权保护模式,都需要人们对信息进行辨识。例如,知识产权的必须以信息作为重要存在形态,人们通过对信息所展示的具体形态,以区分、辨识不同的创意,通过对信息的辨认以确定信息产生之源。

5. 两种权利体系保护模式能体现自然人的人格属性、专属性、排他性。信息权保护模式全面保护了属于个人的人格信息。在知识产权中,作者发表、署名、修改权等一系列人身权也具有人格属性。

（三）“知识产权”与“信息权”的差异

“知识产权”与“信息权”的差异主要体现在以下多个方面：

1. 信息内容的差异。信息权保护模式下的信息主要是指，没有经过大脑处理加工而又具有人格属性的“自生成”信息，也被称为“自在信息”，自在信息没有人脑价值观的判断，没有人脑意志的参与、加工，它是物质在运动之中自我产生的信息。个人“决策信息”，这部分信息存在人的价值观判断，但是没有人发挥智慧创意，这些信息较多是人类社会活动之中诞生的信息，这些信息没有创新、创造属性，具有社会交往属性、经济人属性。知识产权中的信息是人脑智力的成果，是对“自生成”信息的加工改造，这些信息具有独立创造性，知识产权最终不是对信息的保护，而是对人脑创造力的一种保护，知识产权是为激发人类想象力与创意而存在，是对脑力劳动的一种尊重，纯粹的信息权并不一定能激发人的创新能力。

2. 权能的差异。具有人格属性的“自身成”信息与“决策信息”，没有区分人身权、财产权等各种权能。知识产权有区分各种权能，有人身权、财产权、邻接权。知识产权保护人类的创造与创新，同时它必须通过信息才能表现出来，创造者不能通过占有具有物理属性的物质获得这种权利。

3. 从混合的智慧成果信息中分辨出不同的信息与确权类型。在智慧成果信息中，有一部分信息取材于自然人的“自身成”信息，这些信息被人工进行了再次编辑与处理，这种再次编辑与处理的技术，包含了信息编辑人自由意志的创造力，称为“信息汇编”。这时的信息已经转换了属性，并具有了双重属性，首先它还是具有自身成信息的特征，因为这些改编之后的信息是以自身成信息为原材料的；同时，它们还具有创新意义与独创意义。我们要分辨且分离两种信息才能确定权利的属性，信息权保护的是原始信息。如果要获取原始信息，这时需要通过技术进行原始信息还原。信息过滤技术、信息编辑技术本身并不被信息权所保护，它们是人脑设计的一种对信息进行处理的计算方法,这些信息过滤技术与编辑技术通常会被描述为"算法",基于算法完成的汇编作品属于知识产权,我国学者赞同通过专利模式对算法进行保护[1]。发明人就必须在专利申请过程中提供算法具体操作流程,此外,我们对算法还可以通过商业秘密模式进行保护。

4. 两种权利保护模式的信息保护时效不同。信息权中的信息理论上是没有时间限制的,知识产权却有时间限制,它不是永恒权利。[2] 超越法定保护期,它可以被人类广泛传播,称为人类的共同财富。信息所有权不受时间的限制,只要该信息还存在,没有彻底灭失,它就应当受到信息权法的保护。

5. 侵权形式不同。相同或相类似的"自生成"信息的不会涉及知识产权纠纷。信息持有者对他人信息进行泄露、售卖、篡改会涉及对隐私权、人格权的侵犯。知识产权信息侵权形式表现为抄袭、假冒他人智慧作品,其根本是对创意的窃取,而非对信息本身的窃取。

6. 两类权利中的信息存在形态与使用方式有差异。信息权中的信息是可以切割、分解、过滤的,当隐私信息被剔除之后,自然人贡献信息有益于经济的发展,例如,信息使用者,只提取自然人的住址信息,不提取姓名信息。知识产权中的信息不允许被删减、篡改、盗用、剽窃。

四、商业秘密信息

商业秘密信息包括经营信息、商业者的决策信息,其中决策信息有一部分属于智力成果的一种类型。商业秘密信息属于市场之中最具经济价值的信息之一。根据我国《反不正当竞争法》的界定,商业秘密具有以下特征:(1)公众无法知晓的信息;(2)这些信息采取了

---

〔1〕 吴汉东:《中国知识产权法律变迁的基本面向》,载《中国社会科学》2018 年第 8 期。

〔2〕 吴汉东主编:《知识产权法学》,北京大学出版社 2000 年版,第 9 页。

特殊的秘密技术；(3)信息具有经济价值或商业价值；(4)信息的类型有技术信息、经营信息等。[1] 在商业秘密类型的信息中，技术信息是企业的命脉，如家喻户晓的经典技术机密信息就是可口可乐的配方。并非所有类型的技术信息最后均由知识产权框架下的专利法进行调整，除了技术信息，企业的经营信息占据着商业秘密信息较大范围，这些信息有往来的客户信息、销售渠道信息、货物来源的具体渠道信息、销售计划、企业经营的措施与策略，这些信息如果公开将对秘密持有企业造成较大的危害。

商业秘密属于特定的信息，其必然也可以成为权利的客体，它与普通信息相比，其流通性、复制性都受严格控制。与商业秘密有关的法律，保护目的是商业秘密所有者对信息的保密权利，并且保密性不容被侵犯。商业秘密的所有者所拥有的不公开权限是任何其他与信息有关的权利都无法比拟的。隐私信息、通信信息的保密强度都不及商业秘密信息。

商业秘密信息保护贯穿至生产流通的各个环节，以及公权力行使权力的各个环节。它的保护模式是特定的，其他类型的确权保护都不能取代与商业秘密有关的法律。商业秘密不能被专利权所保护，专利需要公开，专利权具有时间限制。商业秘密的所有者不是特定的，他人有可能通过自己的努力在生产生活中研究出相同的商业秘密，此时原商业秘密所有者并不能阻止新的发明者使用相同的商业秘密，由此可见，商业秘密的排他属性与绝对属性非常弱。商业秘密可以被多个权利主体共同使用或分别使用，但这些商业秘密并不能进行份额分配。商业秘密的侵犯受到国家强制性法律所规制，按照侵权行为进行处理。从以上论证可以得出，与商业秘密有关的权利并不是一个常规性的权利。

---

〔1〕《反不正当竞争法》(2019年修正)第9条。

第三节　新兴待确权的信息现象分析

待确权是一种有关信息确权的混沌状态,它的表现形式为:首先,特定领域的信息我们无法确定权利归属主体(如公共空间信息),或者特定类型的信息面临权利缺位难题(如脱敏信息);其次,无法界定信息自由行为的明确界限(公共展示自由限制);再次,信息所产生经济利益尚未因为市场经济的成熟而形成统一的规则体系;最后,立法体系不成熟不完善,相关研究还在探索阶段。这些类型的信息以及信息行为、信息利益在法学理论体系中,定位模糊,归类存在争议,国内外立法对待相类似情形的权利模式差异较大,同样的信息行为在不同立法体系中表达和措辞都不统一。

一、信息类型

(一)公共空间信息

1. 公共物理空间

空间属于物质存在的一种形式,它与时间的性质不同,时间可以表达物体的历史,而空间是静止的,我们用空间来表达不同物体在位置上的差异。公共的内涵有"共有""平均"之意。物理意义上的公共空间根源于公共生活实践,在古希腊,公共生活使人的生活被赋予了意义,公共空间的特征是公有,在古希腊,雅典的城邦就属于公民共同拥有,即公共空间的土地在权属上属于城邦公有。土地私有制确立之后,私家花园广场的公开化也是公共空间形成的方式。公共生活有政治意义上的,如集会、议事;有宗教意义上的,如礼拜仪式;也有文化意义上的,如音乐节。更常见的公共空间有街道、公路等。人可以自由进出,并进行相关交流活动。

国家为了公共管理的需要会在重要的物理公共空间领域内设置监控系统,强制自然人公示个人信息,例如,车、船、飞机等候车区域设置安检进出口;在公共交通要道设置电子摄像头监控。除了以上公共空间,小区监控系统也逐渐常态化,这些监控信息个人不能随意调取,它存储于国家安保系统信息库或社区物业安保信息库之中。即使是自己被拍摄了,也不能随意将这些监控信息进行复制、存储,这就是公共监控信息的确权困境之所在。

2. 公共信息空间

在信息时代繁荣之后,除了物理空间还有信息空间,信息空间是一种虚拟空间,不由长、宽、高等计量单位进行度量,电子信息空间的最小单位是比特。信息空间可以将上述物理公共生活发生的经济、政治现象进行记录,由三维降为二维。早期人类用符号、文字并以石头、甲骨为载体记录三维世界的物质、人文的历史轨迹,如今录像技术发达了,我们通过视频录像仪器记录三维世界的光影并将其转换为可视化影像。

信息空间离不开对现实物理空间事物的模拟、捕捉、联想,并且是对物理空间的辅助与推动。信息空间中大部分信息并非凭空创设,几乎都是对物理空间的转换,纯粹描述虚拟空间的信息所占比例较少,如网络游戏环境。在信息空间中我们无法还原物质空间中具体物体三维实体的质料,电脑网络信息空间具有可视化特征,缺少可触化特征,即使增添可触感受,如四维电影,但也是模拟触觉,不是真实物质带来的触觉。

信息空间与物理空间之间的交互联系是非常密切的,并且在信息空间中也有公共与隐私的差异,如社区论坛、QQ 群聊,都属于公共信息空间。私密的线上日记、网络硬盘中的资料、购物车中的商品,就属于非公共信息空间。

在早期的公共网络信息空间中,其实大家都是“蒙面”状态,个体身份可识别度较低,也正是由于匿名的特征,使公民有相对完整的表达需求,能够使全民政治权利公平实现,在这个空间中辩论、争吵是常态,这是思想与观点汇聚的竞技场。这样的信息网络空间才足以称得上哈贝马斯笔下的“公共领域”[1],这个领域再也不是以18世纪中的咖啡馆、俱乐部、沙龙、博物馆了。

在公共信息空间产生的信息有两大类型:

第一类是比较容易找到确权归属的信息。具有独创价值的言论、文章、图片、视频,这些信息可以根据知识产权进行规范,含有个人真实姓名、真实事件、涉及名誉、隐私的信息也容易进行信息确权。这类信息可以通过人格权进行调整。

第二类信息特征是非独创性的、非人格属性信息。这类信息的特征就是匿名状态,匿名的点评、匿名的点赞、匿名的推送、匿名地推广。匿名的头像、昵称、爱好、特长,这些信息无人格特征,无法通过人格权进行规范。由于网络公共信息空间大量匿名化和集体信息的汇聚状态,引发公共信息空间的各种信息侵权行为,侵权救济存在技术性障碍。许多国家采取了网络后台实名制方案,确权纠纷有溯源的依据,但是后台实名制度也会在一定程度上影响个体的表达自由,这就是匿名与实名的悖论与冲突。

3. 反信息控制

在公共信息空间内,网络暴力、谣言、虚假舆论非常容易被迅速传播。强势个体、资本方利用信息进行蛊惑、煽动必然影响公民对事实的正确判断,这些非信息的外力会促使信息空间的公众失去中立的判断能力,这种现象在非网络信息的纸媒体时代同样存在。在那时,统领纸载信息内容的是大众电视、报刊,这些现象都是物理公共空间与信息空间的竞技场属性削弱的体现。信息控制比物理控制更加无形、更加潜移默化,它使群众失去认识世界的能力。个体较难与这些外力形成对抗,立法上也不存在一种反控制舆论信息的权利,国家只能出台临时性政策规范或限制诱导性的宣传、流量营销行为并对自媒体进行限期整改,停止上架等措施。反信息控制的权利还有

---

[1] [德]哈贝马斯:《公共领域的结构转型》,曹卫东等译,学林出版社1999年版,第3页。

漫长的研究空间。

2020年6月，国家互联网信息办公室，针对某知名电商总裁运用资本控制舆论的实践，责令新浪微博在传播秩序等方面进行问题整改，反对被资本所裹挟下的舆论，抵制自媒体成为"舆论的卖场"。这一次的责令行动，是政府还"舆"于"民"的一次示范。国家也在网络环境中设置信息监控系统，实行IP可追踪，后台须实名制。这些方案可以有效地追溯信息控制、信息暴力产生的根源，将不断被压缩的"公共领域"重新恢复其言论自由与良性的竞技场属性。

4. 公共空间的个人信息展示

在特殊治安时期、治安领域、特定公共空间，公民是否有义务展示个体信息存在较大争议。2019年10月4日，我国香港特别行政区公布了《禁止蒙面规例》，并宣布次日生效，这是香港特别行政区在治安特殊时期的一部"重典"，"反蒙面"的相关立法并非香港特别行政区首创，其早已有先例。2014年12月10日，我国乌鲁木齐市人大常委会通过了《公共场所禁止穿戴蒙面罩袍的规定》，美国的若干州、法国、俄罗斯、加拿大等一些城市都有"反蒙面"的相关规则。2019年11月27日，我国香港特别行政区的《禁止蒙面规例》[1]被香港特别行政区高级法院判决其"违反宪法"，该规例被认为与比例原则的精神相违背，也不符合《香港人权法案条例》之初衷，但在终审裁决中，香港特别行政区政府胜诉，该法已经实施。

2021年3月7日，瑞士公投通过了"罩袍禁令"，该法令禁止个人在公共场所(街道、餐厅、商店等)遮住面部。例外情况为特殊节日风俗、健康与安全原因。2019年，美国旧金山通过人脸识别禁令，提高人脸识别技术使用门槛，连警察使用人脸数据都受到极大的限制，旧金山市的多数议员们希望政府部门在使用人脸识别技术的权力被削

---

〔1〕 香港特别行政区《禁止蒙面规例》于2019年10月5日生效，该法根据《紧急情况规例条例》制定，其立法目的是保障公共社会秩序，要求公民在公共场所进行集会、游行活动时不得蒙面。

弱,同时也限制商业主体运用摄像头监控消费者。[1]

这部分信息其实属于信息公权与信息私权对抗的领域,笔者将会在信息公权篇进行详尽地展开。国家采集个体信息的行为是可以通过民主协商进行探讨,但是,商业组织、个人在公共空间采集信息行为还较普遍,且在法律规则边缘游走。对此,各国立法者立场迥异。

在中国,许多商事主体,机关、事业单位经常运用人脸识别技术记录考勤、门防,这些信息采集行为暂时没有触犯国家规则。在我国商品房销售场所,包含人脸识别技术的售楼接待系统专利已经发明并投入使用,这些系统通过对顾客人脸的识别,确认客户到访销售场所的频率、次数。系统会将客户与特定楼层特定门号相关联,导购员直接将客户送至指定楼层避免交易失败,提高购房成功率。[2]

但是在欧洲这种技术的实用有侵权风险,2019 年 8 月 21 日,一所位于欧洲瑞典 Skellefteå 市的 Anderstorps 中学,学校相关人员在教室中安装了人脸识别仪器进行科学实验,这个实验的目的是观察人脸识别仪器是否影响学生出勤状况,然而这种行为违反了 GDPR 的第 5 条规定。该条认为,数据的处理应该是适当、相关且必要,然而这所学校并没有符合"必要"性原则。

在我国,曾有大学安装人脸识别仪器监测学生上课时的表情、神态,有人认为是隐私,也有一些人表示教室属于公共空间,不属于隐私。除了强制公示的信息之外,个体自愿公示的信息,权利主体是否丧失其对信息的控制权也存在争议。个体在公共道路、公共走廊上的动作、言语都不具备私密特征,被他人抓拍一个背影也不能构成侵犯隐私权或肖像权。如果是真实发生的行为,个人也不能起诉拍摄

---

〔1〕 Gregory Barber, *San Francisco Bans Agency Use of Facial – Recognition Tech*, Wired(May. 14,2019), https://www. wired. com/story/san – francisco – bans – use – facial – recognition – tech/.

〔2〕 姚海军:《一种基于人脸识别的售楼管理方法》,申请号:CN201710241004. 2,申请日:2017 – 04 – 13,公开号:CN106927324A,公开日:2017 – 07 – 07。

者侵犯其权利。城市摄影师经常抓拍街道上的流光掠影，其中也有往来的人群。美国联邦最高法院裁判的观点认为，个体如果已经进入了公共空间，并自愿将信息开放给他人，那么该信息就丧失其私密属性。[1]

那些具有公共秩序价值的信息，政府并没有因为隐私权就对相关人格化信息进行隐藏，如失信被执行人名单、刑事判决信息。这部分信息受国家信用体系所调整，自然人可以通过免费或收费的公共系统查询到个人和企业的征信信息内容。这也是个人信息确权时应当进行的公共秩序保留空间，保留的界限有待我们继续进行规范化的确认。

（二）脱敏信息

脱敏信息实质是匿名化（anonymization）、去身份化（de - identification）、假名化（pseudonymous）之后的信息，脱敏信息的特征表现在：

1. 它们不具备自然人或其他类型主体身份的可识别属性。例如，一段没有姓名的行为轨迹信息，没有消费者的购物记录，没有说明上网者的搜索引擎记录。一些无社会属性的信息，如自然人毛发的生长、细胞的新陈代谢信息。脱敏信息并不一定只在自然人中才产生。组织、法人、机关、单位产生的信息也会被进行匿名化处理，从这些信息中无法识别组织、法人、单位的身份，例如，无署名医院的医疗设备的购买数量，企业、事业单位总编制人数，福利院被捐赠数额，股票市场成交量数据。

2. 脱敏信息不被私权利体系所确认。这些信息没有确定的权利主体，法律也较难对这类信息进行权利类型的划归。这些信息与原始信息所有人已经脱离了关系，这些信息已经与信息原始所有者形成了隔断，这类信息尚未被赋予权利客体地位的属性，自然也无法确

---

〔1〕 美国判例：United State v. Miller et al. ,425U. S435（1976）.

定权利主体。

3. 脱敏信息仍然具备信息价值与经济价值。脱敏信息是一种集体聚合信息，原始信息主体的数量越庞大。脱敏信息的经济价值就越可观。脱敏信息往往成为数据交易场所买卖的对象。

与脱敏信息相对的概念就是敏感信息。敏感信息是人类社会生产、生活过程中产生的社会交际信息或者是偏好信息、行为轨迹信息等。一条具有敏感属性的信息，其特征是通过信息可以追溯到自然人身份、隐私。那些可识别的敏感信息包括姓名、出身日期、生物信息、住址、电话号码等，立法承认并重点保护的信息类型属于敏感信息。自生成信息如果具有人的身份识别属性即具有了人格属性，它有可能成为抽象人格权或具体人格权所保护的对象，隐私权、名誉权就是典型。由于这些信息身份识别度较高，一旦被人利用在不法行为之上，后果会非常严重。敏感信息的存在导致权利主体的生活状态易被跟踪，并易被利用在非法交易中（如冒领信用卡）。容易被地下信息网络进行买卖，形成新型诈骗工具之一。这些信息是各个国家信息法律保护的重点领域，欧洲国家和组织在信息保护方面一直在时间上领先于各国。瑞典在 1973 年制定了《数据法和信贷信息法》；1980 年欧洲理事会通过了《资料保护公约》；1995 年欧盟出台《个人数据保护指令》对个人信息的保护标准与模式都进行了更新；2018 年欧盟颁布的 GDPR 正式生效，其地域管辖范围越来越广，其所列举的敏感信息类型非常多元化，并包含一些不太常见的新型个人信息，这些敏感信息类型分为：（1）种族或民族出身；（2）政治观点；（3）宗教/哲学信仰；（4）工会成员身份；（5）涉及健康、性生活或性取向的数据；（6）基因数据（新）；（7）经处理可识别特定个人的生物识别数据（新）等 7 大类型。

在信息的巨大海洋中，敏感信息与非敏感确权信息是交织、混合在一起的，既有纯粹的物质信息也含有可识别身份信息，同时也包含公共空间信息、决策、立法等信息。过滤敏感信息提取非敏感信息并非易事。例如，王小明开着一辆红色的法拉利轿车行驶在橙色的吊桥上，天空是蓝色的，王小明与行人张小明相撞，车辆的实际车主是赵小明，该事件被公安机关立案，并被检察院提起公诉，法官最后运用了《刑法》×条×款进行了判决，相关法学专家李小明对判决中的量刑进行学术点评。其实这段信息放在平时，这就是一个非常普通的事实新闻报道。这段信息既有纯粹的物质信息（红色的法拉利、天空颜色），也有物权信息（车辆权属信息，即车辆属于赵小明），同样也有自然人身份信息（肇事者王小明与被害人张小明），还包括著作权信息（法学专家李小明的学术点评）。信息过滤技术将生活中种种混合信息片段进行信息脱敏化处理，并且转化为一条非敏感信息。

顺丰快递公司在 2019 年 11 月的购物节，使用了一种新型买方数据脱敏技术，在货物包裹的发件端，用智能数据安检系统，并辅助以人工筛查，对不同类型、不同体积的快递进行筛查，保障发出后的信息安全。在快递接收方使用“脱敏呼叫”功能，凡是所有接触过快递的工作人员，看不到用户完整的电话信息和地址信息，但又可以通过系统联系到消费者本人。这是物流业第一次运用数据脱敏技术。

脱敏信息的私权确权问题存在较大争议，有学者指出信息收集机构可以享有脱敏信息的所有权，这个所有权问题在理论上的合法性论证还不充分。脱敏信息也是信息主人曾经让渡自己权利而授权给信息控制者的信息，因此即使是脱敏信息，也有必要进行原始信息的所有权追溯。大量的信息控制者是免费获取敏感信息的，在免费获取的过程中并没有明显说明是否进行脱敏技术，并进行市场运用。信息收集机构应当告知信息原始所有者是否愿意使用脱敏技术，也应当告知信息原始所有者使用过怎样的脱敏技术并将信息运用在何处，脱敏信息的处理方不是环境保护回收站。治理环境污染，抛弃物的所有者可以不知道抛弃物的去向，但是脱敏信息并不是信息主人的抛弃品。

信息脱敏技术的最终目的是维护原始信息所有人的人格利益（隐私、荣誉、名誉等）。但是脱敏技术并非一种强制性技术，信息在传播、存储、交易过程中是否被脱敏很难被监控、被跟踪。信息交易往往都是非公开的，在交易过程中使用脱敏技术成本高昂，信息交易双方几乎会放弃和回避这种技术，因为脱敏之后的数据不利于商业的精准营销和定点推送。信息脱敏技术往往适用于公共场所，即有可能被信息原始人知晓的领域。

二、信息行为

（一）信息知情

对特定信息知情是一种私人权利，我们称为“知情权”。狭义的“知情权”是国家公民对一国公共事件、公共卫生、国家安全、市场行情了解知晓的权利，它是一种政治权利，其所知信息具有公共属性，英文表述为“right to access information”。狭义知情权的义务主体主要针对的是公共机构，包括国家政府、企业。“知情权”的创设，可追溯至美国新闻编辑肯特·库柏。这个权利的初衷在于突破政府的“保密”围栏，让公民了解国家政府管理类信息。1948 年联合国《世界人权宣言》正式确认了知情权的地位，将其作为公民的民主政治权利被各国立法所保护。[1] 这种属性的知情权是对国家公共权力的一种监督，公民通过“知情”能够实现高效率参政议政、权力监督。

随着福利国家制度在发达国家逐渐完善，国家对公民生命权的保护不限于物质的供应，许多国家已经超过温饱水平，甚至开始逐渐减少食物的摄取量。个人除了对抗疾病与意外，更需要获取对抗疾病与意外的信息。在远古时代维持生命的技能由家庭或个人承担，很多人由于缺乏基本的疾病卫生常识信息而命丧九泉。我们可以依据重要性程度将国家公共信息分为不同等级，对国家公民生命权产生较大影响的是第一等级的信息。公民既可以自由使用该信息，也可以复制、传播该信息。它与“生命权”紧密攸关。早期生命权在确立之后，国家对公民的保护方式是防止外力对自身身体造成侵害。

〔1〕 林爱珺：《知情权的法律保障》，复旦大学出版社 2010 年版，第 2 页。

现在是和平非战争年代,我们大部分时间不是在抵抗物理的外力,而是利用信息回避危险源,如回避瘟疫的传播、回避不健康的生活习惯、回避自然灾害高发区域、及时预测自然灾害。阿玛蒂亚·森曾经揭示贫困地区的穷人贫困的根源在于缺少获得实物的信息。[1] 维持生命需要信息指引,人失去信息指引,仅仅凭借体力、知觉、感觉、个体的生活经验,较难顺利地生存,人必须拥有生存信息指引,人为了维持身体机能的运转需要了解普通的生存常识,这些常识信息获取方式有:家庭成员的教导、自己通过阅读经历获得、自己通过人生经验获得、社会公共机构的传播与教育。社会公共机构的传播与教育的效果应当是最佳的,这些知识较为理性、科学,没有认识局限与偏见。第二等级的信息是公民经济与文化发展信息。例如,以市场为主导型的国家容易发生公民失业情形,失业公民有权获取紧急缺口岗位信息。虽然商业性质的猎头招聘网络公司已经非常普及,但是出于私人利益的驱使,这些公司的初衷并非对雇佣与受雇方进行精准匹对,也容易造成大海捞针、费时费力的效果。政府可以将合适的就业发展信息进行精确定位。

广义的知情权不局限于对政府公共信息的知晓权,还包括自然人公民对社会、市场以及自我领域信息的知晓权。我们需要对知情权的类型进行分类,公民对自我私人域范围内信息的"知情权"与公民对国家、社会、市场的公共信息的"知情权",均是两种相互独立的知情权利。不同类别的知情权在属性、义务主体上都不统一。知情权的"情"必须重新进行归类,其内涵也必然得到延伸。在社会、经济市场领域内应当被公众知晓的信息有:股票交易信息、期货贸易信息、上市公司的公告、征信信息、商品货物买卖方向购买方提供的信息。交易信息具有定时、定期属性,公示信息的义务主体是企业、交易平台。这些规则并不一定以"知情权"模式展开,属于强制披露的

---

〔1〕 Amartya Sen, *Ingredients of Famine Analysis: Availability and Entitlements*, The Quarterly Journal of Economics, Vol. 96:3, p. 433 – 464(1981).

信息，相关规则会以强行性“义务”的形式体现出来，如《证券法》《公司法》等。非强制公示的信息由市场交易主体通过协商、行业惯例方式进行。

个人有权知晓自我私人领域内的信息状态，具有告知义务的主体是相关网络运营商或者其他信息收集机构。这种类别的知情权有一部分可以被人格权所兼容，如姓名权、隐私权，但是这种兼容效果较弱。知情权所包含的权利诉求较多，个人有权利知晓自我信息是否被采集，个人有权决定是否同意被采集，也有权知道这些信息是否与第三方机构进行共享，也有权知道信息是否运用于营业性质的企业规划。那些不能被人格权所兼容的信息知情行为就需要建立“个人信息权”保护模式，这种模式一旦成立，那么“知情权”就属于“个人信息权”的“子权利”之一。调整私人领域的“知情权”应运用“个人信息权”模式进行调整。

（二）信息自决

1. 信息自决的特征

“自决”行为，即为人类基于意志对属于自己的事务进行决定的行为。人类自决的范围是非常广泛的，例如，教育、生育、工作、宗教、兴趣爱好等。经典的人类自决行为特征为：人的意志与人的行为能够浑然一体。所谓信息自决，其含义是人类基于意志对属于自己的信息进行决定的行为。信息自决性行为包含着许多信息控制行为。德国联邦宪法法院在1983年人口普查案例中创立了“信息自决权”这一概念[1]。当时德国信息技术并不发达，政府大量收集实名信息，致使大众产生疑惑与恐惧，德国联邦宪法法院认为信息自决权包含在了《德意志联邦共和国宪法》的第一条所提及的“人性尊严”，以及第二条之中的“人格权”中。从权利的位阶来看，信息自决权还是

---

〔1〕 张源泉：《德国之信息自决权》，2009年10月1日第四届全国公法学博士生论坛论文集。

属于抽象人格权(一般人格权)的分支。德国信息自决权的判例是为了限制国家滥用公共权力对公民信息进行采集,其本质还是私权利对公共权力的一种限制,随着信息技术的发达,能够获取自然人信息的不仅包括公权力机关,还有各种商事组织、机构等等。因而信息自决权的义务主体的范围越来越广。

信息自决权的出现根源在于:(1)信息自决的本质是人的尊严与人格的延续,是权利主体永恒的法益;(2)信息传播技术的发达致使人的自我决定行为转向了信息空间。信息自决行为与普通自决行为相比有一定差异与难度,因为人所产生的信息与人的身体、意识在空间维度上截然分离的。个人信息在较多情况下,虽显现于即时网络之上,但最终存储于远程物理存储介质之中。保护信息自决权利需要对信息的实际处理者设定权利与义务边界,并且这项权利的行使将耗费更多时间、技术与经济成本。

"信息自决权"并不在全世界各国通行。美国通过隐私权保护个人信息,这种保护模式与自决权有重叠,隐私权的地位在美国就像"一般人格权",它是集多项法益为一起的集合权利。隐私权是一个绝对权,凡涉及隐私权益的行为都受到隐私权调整。由于文化精神与法理语境的差异,美国并未创设一种独立的信息自决权类型,美国的权利创设灵感并非概念、语言、逻辑而是源于司法经验。在司法上美国通过民事侵权诉讼对个人的信息自决权进行保护,同时保留对《美国宪法》第四修正案的解释空间。《美国宪法》第四修正案规定禁止政府无理由对公民进行搜查〔1〕,搜查范围可以延伸至个人信息。发生在1967年的卡兹诉美国案中,当时的联邦最高法院将第四修正案进行了扩充式的解释,将保护范围扩充到个人隐私。

我国"信息自决"行为还没形成完善的理论体系。《民法典》并没有对"自决行为"进行界定。但是《民法典》在规则上承认了一部

〔1〕 The Constitution of the United States: Amendment 4 – Search and Seizure. Ratified 12/15/1791.

分可以归属为“自决”属性的信息行为，这些行为有：查阅、复制、提出异议、请求更正、根据法理约定请求处理或删除信息[1]。《个人信息保护法》的第四章第44条已经确认了个人享有“决定权”，但并没有对“决定权”的定义进行详尽描述，但是第四章整个章节其实都在列举已经授权个人的多种具体信息决定行为。第四章是多种自决权行为共同结合而形成的“权利束”章节。信息所有者在信息流通过程中各个环节享有多种信息决定权利。这些权利有复制、查阅、转移、更正、补充、删除等。现行立法列举了这些行为，但是并没有穷尽所有信息自决行为，信息自决权的范围还可以根据时代的需要继续扩展。在下文中，我们重点描述两种比较重要的自决行为类型。

2. 信息自决行为的分支

(1)信息删除行为

GDPR与我国的《个人信息保护法》都承认了删除行为是信息所有者在信息处理过程之中享有的权利，删除权在GDPR中称为“被遗忘权”(right to be forgotten)和“擦除权”(right to erasure)。我国没有单独表达为“删除权”，而是将删除行为纳入进《个人信息保护法》的第四章“个人在个人信息处理活动中的权利”之中。

中国诗句“事了拂衣去，深藏身与名”[2]很好地诠释了信息删除行为的意境。“历史将会铭记”“互联网有记忆”的传统将会破灭，人不会被过去的信息所束缚，不必在信息的控制中无所遁形，人更容易获取新生活的幸福感。2014年谷歌西班牙案，让“信息删除权”“被遗忘权”等新型权利进入了大众视野之中。也正是该案让信息删除行为陷入争论的波涛之中。

信息删除行为上升为一项个人信息权利，其优势在于：自然人对自身信息控制与决断的范围扩大了，这说明要求互联网企业删除信息不是一个商业交易行为，而是互联网企业作为信息处理方的法定

---

〔1〕 参见《民法典》第1037条。

〔2〕 李白：《侠客行》。

义务,从而消解了自然人与具有支配地位的信息收集者之间不平等地位。在以往的历史中,由于信息收集者具有一定的信息支配地位,信息主体需要购买相关服务才能实现删除行为。

信息删除行为其实还与其他公共行为、传统权利产生了一定的冲突,使其权利的绝对性始终遭遇质疑。因此我们将"信息删除行为"纳入"新兴待确权的信息现象"这个章节,说明该信息行为与其他信息自决行为有差异,其权利边界还有待进一步进行如下明确:

第一,删除行为受言论自由的限制[1]。这个理由解释了"被遗忘权"在欧洲国家备受追捧,但在美国却遭遇冷遇的原因。因为它与《美国宪法》第一修正案的"不得剥夺言论自由"的精神相违背。但是美国并未将被遗忘权完全隔离,他们给未成年人开放了"被遗忘权"的大门,《2011 年儿童防追踪法案》(Do Not Track Kids Act of 2011),第七章建立了"橡皮檫"(eraser button)制度。2013 年美国加州通过第 568 号法案,将未成年被遗忘权规则体系稳定下来。美国联邦最高法院认为:只要信息控制者合法取得了信息,公权力就不能制定相关立法限制媒体传播该信息,否则会践踏言论权,即使这条信息在广为流传之后,会对信息所有者造成尴尬局面。

第二,信息删除行为妨碍了信息的正常流动与传播,搜索者有权获取相关信息。出版者、博客作者、记者等有权传递信息。信息阅览者有权利获取相关人物、事件的权利,如果历史被删除,新闻作者、评论家较难找到素材评价一个历史事件,也无法对事件进行详尽来龙去脉的报道。

第三,信息删除行为所保护的"被遗忘"利益,不是随历史而自然遗忘,而是技术化地被删除,罪恶的印记被迅速抹去。这种瞬时的删除信息,不利于建立与公共利益相关的信息公开制度,人类较难从历

---

〔1〕 Kulk, Stefan & F. Z. Borgesius, *Privacy, Freedom of Expression, and the Right to be Forgotten in Europe*, Cambridge Handbook of Consumer Privacy, Cambridge University Press, 2017, p. 6.

史的记忆中吸取深刻的教训。历史将无法给人类上课。

在我国，除了涉及名誉、荣誉、肖像、姓名、隐私的侵犯人格权益的信息，《民法典》将删除行为与“更正”行为合并在同一个条文中，并将删除行为限制在信息处理者在违法与违约的前提下进行。国内首例“被遗忘权”案件以原告败诉而告终，该案涉及的信息是原告工作信息，原告的诉讼请求是要求百度搜索引擎删除其“工作”信息，该案的法官认为原告所提出的诉讼主张中所涉及的工作经历信息，并非时效已过的信息，也并非不相关信息，特定公众群体对这种信息享有合理的知情权。[1] 我国《民法典》将删除权限纳入人格权保护框架之中，并作为隐私权的衔接与补充。这说明我国人格权定义中间接包含了权利主体的被遗忘需求。我国《民法典》与《网络安全法》对个人信息的删除权限较为谨慎，认为当信息处理者违反强制型法律规则或约定时，或者信息出现错误时，授权个人“删除权”[2]。《个人信息保护法》授权给个人的权限更广泛，对删除信息的范围有更详细的说明。其授权个人删除信息的条件有：信息处理目的已经实现、信息服务已停止、信息存储期限届满、个人撤回同意、信息处理违反相关法规或约定等。这些规则与 GDPR 的条款非常接近。差异之处在于 GDPR 在条款的结尾处增加了对被遗忘权的限制条件。这些立法对个人删除权限的规定其实还是比较宽泛，也给予了法官较大的自由裁量的空间，也有删除请求被驳回的案例，如匿名信息的删除等，这也说明部分信息删除行为还是处于一种不稳定的确权状态。

(2)信息携带行为

所谓信息携带，即信息主体可以将与自己密切相关的信息从一

---

〔1〕 参见王融：《被遗忘权很美？——国内首例“被遗忘权”案》，载《中国信息安全》2016 年第 8 期。

〔2〕 《网络安全法》第 43 条规定，个人发现网络运营者违反法律、行政法规的规定或者双方的约定收集、使用其个人信息的，有权要求网络运营者删除其个人信息；发现网络运营者收集、存储的其个人信息有错误的，有权要求网络运营者予以更正。网络运营者应当采取措施予以删除或者更正。

个信息服务商存储终端转移至另一信息服务商存储终端的权利(包括聊天信息的迁移、电商购物、搜藏信息的迁移等),其赋予了自然人对自我信息或社交、行为痕迹信息自由传送、存储的权利。欧盟的GDPR第20条正式称其为“数据可携带权”[1],这个主张可以追溯至2007年的一份文件《网络社交用户的权利法案》[2]。这项权利不仅赋予自然人存储数据、下载数据、转移数据的权利,它还可以有效防止数据控制者之间的不正当竞争,防止数据垄断的产生,facebook、谷歌等大型社交网络企业都加入了数据可携带项目(data portability project)。[3] 承认数据可携带权对任何国家的立法者来说都是巨大的挑战,这项权利存在技术与权利边界难题,会触及其他权利。

第一,可携带信息的范围不统一。携带信息容易泄露隐私,在大量电子信息搬移的过程中,或者移至另一个服务器时,都会存在隐私风险。个人的社交信息中其实还包括多方信息主体的言论信息、通讯信息、图片信息,这些信息的迁移会触犯他们的言论自由权、信息自决权或隐私权。我国《信息安全技术个人信息安全规范》在可携带信息的类型上限制较大,可以传输给第三方的副本信息仅有本人基本资料与本人健康生理信息。[4]

第二,个人可以携带的信息边界存在技术辨认难题。有些信息属于信息服务商经过算法加工后的信息,这些信息背后的算法具有知识产权属性。此外,用户浏览过的一些视频,其知识产权本属于原

---

[1] 李蕾:《数据可携带权:结构、归类与属性》,载《中国科技论坛》2018年第6期。

[2] Joseph Smarr, Marc Canter, Robert Scoble, Michael Arrington andothers, *A Bill of Rights for Users of the Social Web*, Template. org (Sept. 4, 2007), http://www.template. org/? page_id = 599.

[3] Duncan Riley, *Facebook, Google and Plaxo Join the Data Portability Workgroup*, Techcrunch (Jan. 8, 2008), http://techcrunch. com/2008/01/08/this - day - will-be - remembered - facebook - google - and - plaxo - join - the - dataportability - workgroup/.

[4] 国家市场监督管理总局、国家标准化管理委员会:《信息安全技术 个人信息安全规范》,第8条,第8.6款,2020年3月6日发布,2020年10月1日实施。

视频网站所有，浏览历史不等于用户所有，用户如果将这些浏览视频缓存携带至另一个平台必然产生知识产权纠纷，可携带的信息只能是浏览记录。

第三，缺乏全面的信息携带、迁移技术服务。许多个人信息存储于互联网企业的服务器中，这种携带必须通过电子技术才能实现。多数互联网运营商并不提供将某一公司旗下软件的个人信息转移至另一公司软件中这种服务。例如，很难将微信的信息记录搬移至facebook（脸书）上，也很难将淘宝信息搬移至亚马逊上。个体的步行信息、心跳信息也存在一定的传输阻碍。目前比较容易迁移的信息有互联网收藏夹、移动设备联系人名片的导入与导出。

第四，互联网企业害怕失去市场竞争优势。许多互联网电商是根据用户的浏览过的网页判断用户的习惯、偏好进行产品预算与设计的，但是用户将这些信息转移之后，原电商平台将会与新的电商平台产生竞争而失去原本的利润。一旦信息可携权强制实施，那么互联网电商对用户习惯、偏好的数据计算就没有优势可言。

第五，多元立法对携带信息行为的合并规制。我国《个人信息保护法》没有使用“信息携带”一词，只是授权个人有“转移”信息权限，没有明确提供转移信息的具体技术途径。我国的信息转移权与GDPR规则下的“信息可携带权”有较大差异。GDPR 保护下的信息可携带权可以和被遗忘权合并使用。《个人信息保护法》没有明确信息携带的过程中是否可以进行信息删除。相关规则认为个人需携带信息时只能获得信息副本，这相当于一种信息复制权，并非一种实质意义的信息携带行为。

（三）信息使用与分析行为

1. 信息使用

本节所描述信息使用行为，是指非信息所有人对他人信息的使用。在文学创作、科学研究、实时报道之中我们会大量引用真实的信息作为文章的点缀与论证依据，有些引用使用了假名、化名，有些引用使用了真实的姓名。虽然,《民法典》第 999 条规定了人格信息的合理使用规则,即为了实现公共利益的新闻报道、舆论监督等行为可以合理使用人格信息。但是,相关规则对使用这些信息是否隐名还是实名并不详尽。也未确定知情、同意事项。实现公共利益的行为并不局限于新闻、舆论,还有科学研究,政府、企业、事业实现信息管理权。

信息使用权并非立法列举的权利,这项权利是通过信息主体授权、权利推理、"概括性权利条款"、立法原则等推导出来。属于防御型权利、消极权利范围。以他人不干涉领域、不侵犯他人权益边界为自由行使范围。这项权利与绝对的个人信息保护权产生了冲突。尤其是公众人物、政治人物,他们就丧失了个人信息保护的绝对性。基于公共利益为目的行为公开特定人物的信息是否已经具备充足的免责理由?合理使用信息如何受到信息所有权人的限制,这项权利将如何受到抑制仍然都有值得探索的空间。

2. 信息分析与计算

信息分析行为,是指信息技术人员对信息进行研究、解析,发现信息的内在规律并获取总结性、论述性、预测性、可视化的结论。信息分析行为是一种专业行为,这种行为能够构成一个独立的行业。其分析的结果,运算过程是一种特殊的知识产权。原始信息所有者并不享有分析、运算等知识产权,只享有信息之上的人格权。这就意味着分析完备并且不具人格属性的数据并不归属于原始信息所有者,由于信息分析者付出了劳动,信息所有者获得分析结果之后甚至要付出额外的报酬。

在信息分析之后,还有一种行为称为"算法"行为,信息分析与算法密不可分。信息分析是算法的前提,算法既蕴含信息分析行为,同时还囊括自动化决策行为。这些新型信息技术行为,技术门槛较高,隐藏性较强,普通人难以发现其行为的无序性。各国均草拟了对算法进行规制的法案。尤其在"有害偏见"上进行严格控制。这也说明对高技术信息行为的规制需要更多专业性的人才加入。

(四)信息之上的财产利益

个人信息具有财产属性是不言而喻的,在信息汪洋大海中,有一部分信息属于独创性的信息,它们属于知识产权保护的领域。虽然大部分信息并不具备知识产权所保护的独创性,但是它们依然具有财产属性。这些信息的财产属性其实也与其隐私和机密属性高度重合,包括消费者的银行账户信息、抵押贷款信息、机动车登记、电话记录、信息退休基金信息、医疗信息,家庭住址、购物信息、旅行信息、爱好、性取向、宗教和政治立场信息。这些信息被企业利用作为跟踪消费者偏好和寻找精准客户群体的方式。信息私密程度越高,信息的财产属性价值也越高,因为大家并不会对已经公开且免费的信息进行交易。

法学界专家从数字资产、财产权客体、邻接权客体等多元视角证明,信息是财产权所调整的对象。专家们也从债权、物权、知识产权角度将不同信息的财产利益进行分类,但是依旧没有在理论层面达成一致的意见。自“十三五”规划以来,我国信息激励政策给予了信息交易宽松的环境,信息交易量逐年递增,但是相关依据和规则,并不是立法机关制定,而多是政府的指导性文件。指导性文件对信息交易的范围、标准都规定不明确。以贵阳大数据交易所的公约为例,并没有涉及对隐私数据、国家机密数据、脱敏数据进行严格的等级、类型划分,也不涉及交易质量与交易价格的评价标准问题。如果信息网络公司破产清算,该企业所存储的用户信息是否可以作为清算的财产之一呢?一旦公开售卖,绝对会侵犯个人的隐私权。信息网络公司与个人的隐私协议中,不会告知个人信息被用来实现哪种具体商业目的,个人信息利益与商业秘密发生了冲突,信息之上的财产利益如何确权、如何进行价格衡量等都有待我们继续探索。

第四节　未纳入私权保护的“信息”

所谓未纳入私权保护的“信息”，即尚未进行私权利客体认定的信息类型，这类信息缺少与权利主体的关联性，因此这些信息缺少个人利益主张，也缺少个人权利诉求，未纳入私权保护体系，但是这部分信息也被人所支配。它们也有可能成为潜在的独立信息权所保护的对象，也有可能成为公共权力所保护的对象，未纳入私权保护的信息有以下几种类型。

一、物的部分信息

（一）“物”与“信息”的对应性

有物体的地方就会有信息，物与物的信息是对称的事物。有的信息是无形的，如宇宙中的磁场。有的信息是有形的，如闪电、阳光。人类社会可以接触到的物大部分都已经被确权，称为“物权”。物权中的“物”并非指万物的“物”，万物的“物”大于物权的“物”，万物的“物”是物理科学意义上的“物”。经典物理学中的“物”是指占据一定空间，由一定质料构成的存在，它们一般由原子、分子等粒子构成，经典形态有液态、气态、固态、等离子态、超固态、中子态。此外还有一些特殊物质以场的形式存在，如光、电磁场。自古代哲学家德谟克利特开始，人对物质的关注比信息长久且深入。

无论物是否确权，物都会产生信息，有的信息被文字、影像记录了，有的信息在瞬间就已经消失了。在物权理论占据主流的时代，信息也容易被误认为是“物”，当信息具有特定物质载体时，它便转换成为有形的物权。画、书籍、软件都可以被视为拥有物权的物品。当数字存储技术发达之后，人类创造了足够的存储空间独立储存信息，信息与物质在人的意识里从此被视为两种存在，它们逐渐分离。

物体的确权不是物的信息确权，物所产生的信息归属于谁，有待本节继续探讨。有科研价值的物的信息会被知识产权所管理，如对地震、风、水流、阳光、雷电的科研观察记录，实验室的观察记录。这些信息经常被科学研究人员进行收集来探索前沿问题。还有一部分已经纳入法律保护范围的物的信息有商品的地理标志信息、原产地名称信息、货源标识信息。

有一部分特殊的信息跟随物权交易过程而产生。理论上，与物权有关的信息，应当归属于原物所有者或受让人，物权登记机关对这些信息有管理权力。人类摆脱农牧生活，进入商品社会后，必须进行物质的交换，人对物的支配是非常重要的生产、生活方式，这种方式需要一个稳定的秩序加以规范。物权理论专门针对物的归属、支配、利用问题孕育而生。物权理论显然比与信息权有关的理论发展时间早，体系也较为成熟。物权理论源自古代罗马法。罗马法中的物，包括空气、海洋、山川，甚至还有奴隶、继承权、债权，罗马法中的物的范围不仅指占据空间、拥有质量、由一定质料构成有形物，还包括具有经济价值的利益型权利，如继承权、债权、相邻权等。[1] 现代民法中的物权集中于有形的物。从物所占据的物理空间来看，数量较少、体积较小的物，其被支配性较强，因为它们容易被清晰地量化。当物的数量较大、体积较大时，这种支配就必须形成一种法律意义上的支配，这种支配必须以官方认证过的信息进行公示。有物权必然存在物权信息，因为权利需要通过信息才能完成最终的确认，包括物品的数量、质量、体积等。没有经过信息进行认证的物权，物权将无法成立。无论是语言认证还是口头认证，最终都是通过信息体现出来。为了发挥物的最高经济生产效率，不同类型的“他物权”相继诞生，他人对物的支配都是通过信息来表述的，否则“权利”无法在物上形成印记。这些权利有基于土地再使用的地役权，还有基于对债权进行保护的抵押权等。

---

〔1〕 江平、米健：《罗马法基础》，中国政法大学出版社 1991 年版，第 122 页。

（二）“物权”与“信息”的分离

“物”的信息沿着时间轴线不断变化。一个物不可能一成不变，随着时间的推移，它由内而外不断发生变化。水果会腐烂，汽车会折旧，房屋会破坏。一个物体就是一段兴衰历史。传统物权在大部分交易中将物视为了一个静止的事物，一个物体并非凭空而产生，它经过机床的加工，零件的组合过程，但是在交易时我们将它视为静止状态，忽略了物之前的历史信息，有时忽略这些信息并不会妨碍物继续被交易、交换以实现它的经济效益。

有些物的交易次数较为频繁，这时物的历史信息显得格外重要，如二手的汽车、房屋、字画、古董，越为详细的信息对物的继受方越为有利。物体本身是三维的，但是物的历史信息告诉人们，物其实还有第四维度，物的历史信息将物的第四维状态进行了描述。人在物的交易中，往往比较重视物的三维属性，三维的物加上物的历史信息，才是完整的四维度的物。

物与信息是对称的，但是物的历史信息与其所有权是分离的，物在所有权转移之前所产生的信息并不能自动生成并属于转移之后的所有者。如果是普通物体，那么物体的所有权确定之后，所有人对该物产生的信息也应当具有所有权。经典民法哲学论证了物的所有权取得的缘由：(1)继受取得，必须经过原来所有权人转移给新的人，这种取得方式必须经过法律调整，如遗产的继承、赠与、买卖等，商品社会中的物权较多是基于继受取得产生，继受取得是自然人获得物权的最直接最重要的渠道；(2)原始取得，这种所有权的取得，不需要他人的参与，通过劳动获得。[1] 物的所有权转移比信息的转移较为清晰。动产物的所有权自交付后转移，不动产物权通过登记转移。物的信息的所有权不足以原始取得与继受取得来概括，情况相对要复

〔1〕［德］M. 沃尔夫：《物权法》（第20版），吴越、李大雪译，法律出版社2004年版，第22页。

杂很多。信息与物的属性有较大区别,一个物体随着时间的推移,与其有关的信息会越来越多,但是物体并不随时间的推移越来越大,或者越来越重。物在多次交接之后,最终受让者能够看到的信息量并不是物的全部信息。被交接的物和它曾经所产生的信息已经在不同时间和空间存在了。

我们将葡萄作为例子分析信息所有权的原始取得,种植者对该葡萄从种植到收割过程的信息获取是一种原始取得,这些信息往往是比较珍贵却容易被人忽视,如葡萄种子的类型、入土时间、发芽时间、发芽温度,生长周期,采摘日期等。这些信息的所有权应当归种植者所有。当葡萄被采摘之后,成为商品被卖出,这些种植过程信息并没有随葡萄的所有权进行转移。购买方是否能够拥有整个葡萄生长周期的信息所有权呢?实践中,购买方应当具有一定的知情权但非全部,其中必然涉及葡萄种植的科技专利和商业机密等信息,消费者也有一定知情权,但无法获取全部信息。《消费者权益法》虽然从利益均衡角度更偏向消费者,消费者也更乐意看到更多的产品信息,但不意味着消费者可以获得所有信息。购买者、消费者获得的葡萄信息不能完全覆盖葡萄种植者所拥有的所有信息,它们几乎不可能知道葡萄种植的某一天降水量是多少毫升,葡萄某一天的果实体积增加了多少。交易者与消费者获取的是与葡萄质量最密切相关的重点信息。不同的商品需要提供给交易者或消费者的信息是完全不同的,这些信息可以通过行业协会规则进行规定,也可以通过合同进行约定。有些国家的法规会强制标注特定信息,如意大利政府规定,凡其国内生产的初榨橄榄油必须注明采摘地信息和加工地信息。

物的所有权的交接与转移可以通过一部统一的"物权法"规则进行调整。物的信息权,却无法用一部物的信息权法律进行调整。特定物通过交易转移了所有权,但是完整信息却并没有实现移交,物的原始所有者其实还保存该物交易前的所有信息,该物交易之前的信息,并不随着物权的移交而被转移,信息被复制给了新的物权所有者,但复制信息并不能取代信息的所有权转移,原物所有人还保留物的信息。信息在物的交易过程中出现了滞留现象。

（三）“物权”与“信息权”的不均衡

物与信息既是对应的又是分离的。一个已经确权的物对应两种性质的权利，物权和信息权。理论上，确权的物与其对应信息应当具有权利对称性，但每一个被确权的物体的背后存在大量“未确权”的信息。物的权利主体拥有物权，并非拥有物上所有的信息权。房屋是确权的物，汽车也是确权的物，但没有任何规则认为汽车、房屋曾经的历史记录信息属于现在的物权主体。汽车、房屋曾经的历史信息涉及旧主人的隐私。虽然物没有“人格”属性，但人可以改变物的状态。当物与“人”“人格”产生关联时，物的信息也就具备了人格属性，具备人格属性的物的信息不可以随物权进行转移。常见的快递寄出方信息有个人姓名、电话、家庭住址，这些都属于人格信息，这些信息不属于快递接收方。同样，快递到达方的信息也不属于快递寄出方所有。在不动产交易中，经常会出现购房者不小心买到“凶宅”的新闻，《消费者权益保护法》虽然赋予了消费者“知情权”，但这个“情”是否包括所有与房屋有关的全部信息？房屋所有者甲将自己居住过的房屋卖给乙，甲在房屋内发生的全部故事乙是没有权利知晓的，乙仅有知晓重大信息的权利。除了恶性凶杀案件，旧屋主人对房间的一些细节改动属于自然人社会生活隐私，这些信息的所有权不能通过房屋的转移而转移。乙仅有权利知晓房屋建筑结构信息、建筑材料信息、房屋面积信息以及与房屋有关的重大事件信息。房屋里面出现了三种性质的信息：纯粹的房屋信息、自然人的信息、自然人与房屋之间产生信息。所谓购房者的“知情权”，其知情范围应当仅仅局限于物（房屋）之上的现存信息以及自然人与物之间的重大信息。

物之上的信息，其形式是多样化的，分为两种展现形式，第一种是人为记载型信息，第二种是自我呈现型信息。前者是人利用仪器，对物体的性状、大小、重量、运动轨迹进行记录，并通过符号、文字、录音、影像等方式将这些信息表现出来,后者是物体自我承载的信息,如物体表面的痕迹、附着物、凹凸、印记。仅凭物体某一刻自身承载的信息,很难还原物体过去的历史状态,只能看到物体当时的状态。

在物的运输、流转过程中,只有那些具有价值的信息才足够引起人的关注。所谓价值,即客体对于主体的有效性,无经济价值、无精神价值的物的信息,最容易被忽略,也没有人记录,更没有人存储它们,它们必然随着历史消散在空气之中,也不会有人去探讨这些信息的确权问题。那些具有经济价值的信息有快递物流信息、销售量信息、销售类型信息、商品价格信息,这些信息自然而然成为商品交易者手中的资源,这些信息能够为商品交易者提供预期,具有较大的指引性,这部分信息是非常具有经济价值的。但这些信息依然并没有被赋权,与物权产生对称、均衡性。此类信息的交易与流通并不通过独立的确权系统进行规范,而是通过强制性规则或合同法进行规范。

还有一种纯粹物的信息,是没有人类参与活动的信息。此时的物包括有生命的物与无生命的物,例如,某个星球状态的纯粹描述,大自然的蝉鸣、鸟叫、溪流信息,地质、地理信息等。当然纯粹物的信息中也有两种类型,有标识的物与无标识的物。所谓有标识的物,是大家通过物的信息可以识别,这些物有人为其命名,如泰山、西湖。这些大家熟知的景点信息,如果以单纯的文字形式被展示出来并没有涉及私人权利归属问题。无标识的物的信息,人类只将这些物的信息进行了大体门类的归类,并没有对某个具体的物进行个体的命名,如岩石、水流、树叶、风、雨、雷、电、宇宙等自然信息、野生生物信息。例如,熊猫是动物门类的名称,但是熊猫盼盼就是个体的命名,这些信息与私人权利没有任何关系,它们不属于信息私权范畴,人类为这些物质进行命名之后,这些名称的使用可归于人类共同拥有,人类之所以有丰富的语言,这些信息功不可没。

部分物的信息还没有确立私权归属,暂时未纳入私权保护的范畴。"物"从诞生那一刻起,都有它的历史轨迹,这些历史如果没有被记录下来,那么这些信息必然会被忽视与遗忘,现代信息技术还没有发达到实时对每一个物的采掘、加工,复合,混合,工业处理、组合,包装、形成商品、进入流通、交易、报废进行详尽的记录。这些历史信息还没有纳入私人权利保护范围。“物联网”是基于物的流通痕迹而诞生的理念,这是一种人与万物完全互相联通的理想状态。如果完整的全息“物联网”全面生成,那么这部分物的信息不是私权,有可能是公共信息或公共产品。届时,法学的理论与实践将出现重大的革新,立法活动将具有较大的可预测性。在法庭上,案件的大部分事实就是物的真实历史信息,我们需要采取不同学理、规则对案件进行陈述。所有的证据锁链都将无处遁形。如果每一个物体都能追踪其全部轨迹,这似乎有着信息乌托邦的色彩,刑事法庭几乎没有悬案。然而实现这样的网络信息工程,国家在物的传感器上投入的财政支出成本是巨大的。如果记载这些信息的成本超过了这些信息能够创造的经济价值,那么这部分信息就会被忽视,最后只有那些具有较高经济价值的信息被保留下来。

二、公共决策、立法、司法等信息

公共决策指公共部门处理事情的一种办法、方式、方案,它是一个复杂的人脑思维过程。国家机关是公共决策信息的重要主体之一,如政府作出的针对社会公众的行政措施的命令、决策、指导意见。立法信息是由国家权力机关、地方立法机构所颁布的行为规范。广义的立法信息还有国务院的行政法规、部门规章、政府规章、司法解释等。司法信息是审判机关在正当裁判程序中产生的信息。

公共决策、立法、司法信息不是知识产权保护的对象,除司法信息中当事人人格信息、国家秘密信息、商业秘密信息之外。公共决策、立法、司法信息也都不是人格权或个人信息权利所要保护的对象,这些信息的特征是集体商议、讨论或国家机关工作人员代表特定权力机关而作出的信息,虽然这类决策发挥了人脑的创造性思维,但它们不属于私人权利调整的范围,他们具有一定的公共资源属性。如果是自然人的决策信息,就具有较强的人格化色彩,如果附上自然人的人身信息,这部分信息就属于人格权保护的对象,或隐私权所调整的领域。如果是企业的决策、章程信息,就具有独立法人人格的色彩。

立法、司法信息是国家意志的体现,自法律颁布起,立法、司法文件就属于全人类的财产,没有产权的界限也没有国界的限制。《史记·张释之冯唐列传》记载:“法者天子所与天下公共也。”2020 年 4 月 27 日,美国最高法院审理了一起有关著作权的案件,该案件的原告美国佐治亚州起诉某非营利组织。案件的争议焦点是,佐治亚州是否拥有其州法典注释的著作权。最高法院的裁判结论是法典属于公共领域内的文献资料,并且州法典并没有具体的作者,佐治亚州并不享有其著作权。法典注释的开放对公众来说无疑是重大的福利,有趣的是该判决是以 5∶4 这个极具争议的法官数量比例结案的。未纳入私权保护并不是说这些信息无人管理、处置。国家对这些信息的管理不属于私权,而属于公共信息管理权力,笔者将在本书的第三篇,国家、社会、权力篇中详细论证。

三、单纯事实消息

单纯的事实消息,是指信息的内容仅仅包含一件事情发生的经过,只涉及时间、地点、原因、事件等要素,这些信息中没有具体的人名,或者使用的是化名,具体的人名也许会涉及名誉权或姓名权的争议,也会涉及个人信息权问题。事实消息通常以抽象的人、无标识的人进行表述,例如,一件自然灾害发生的时间、死伤人数、死伤的性别,也并不表达具体的人物观点,仅包括群体的人的观念,如湖南人喜欢吃辣椒。单纯的事实消息其实和脱敏信息有类似的特征,在这些信息中无法找到具有人格属性的敏感信息。单纯的事实消息并不是新闻,单纯的事实消息是对新闻中事实部分的信息进行的提炼,需要过滤新闻文章中的具有独立创作性的文字信息。新闻独创性的表现形式是多种多样的,如作者在新闻报道中使用修辞性语言,或者作者对特定事件进行评论,该评论有作者主观价值判断与文学建构;再如作者对相关事件的历史进行梳理汇编、新闻报道中的摄影作品和视频作品等。独创性文字并非单独存在，读者最终阅读到的新闻作品是独创性部分与单纯事实消息进行交汇结合的成果。凡具备独创性质的信息就属于著作权作品，只有单纯事实消息部分不具备独创性，这些消息不具备权利客体的特征。

四、人类公共智慧遗产信息

人类智慧遗产主要包括祖先们总结的万物规律、公理，或者人类根据数学、数字逻辑的规律所总结的通用公式。这些信息具有非常久远的历史，创造它们的作者并非一个人。他们已经不是一种具有独创性的作品，是人类对自然规律的一种常规性总结。例如，表现万物规律的人类智慧遗产有历法、公式以及人类对自然、地理常规现象的总结。人们在生产工作中设计并且经常使用的通用数表、通用表格等。他们的特征是具有常规性、通用性，如果某种历法的推演过程与通用历法不同，公式的推理过程具有创新性，某种表格的设计色彩与排版具有新颖性，某种自然规律的发现具有填补空白性，那么这些信息依然具有知识产权信息的特征，是能够确权的信息。

第六章 新型信息权利的确权困境

第一节 “权利泛化”与“权利本位”质疑

“权利的泛化”并不是“权利的滥用”，前者是指为了将新的个体利益主张合法化，或者为了平衡新的争端，将希望寄托在立法中创设一种或多种新的权利之上。“权利的滥用”是主体越过权利的边界对社会造成危害，立法之中的权利数量并没有增加。权利的泛化造成权利的主体越来越多、权利的种类越来越多，权利的使用与逻辑界定越来越不严谨，权利成为一种解决争议困境的万能词汇。

新的社会现象产生之后，学者必然首先会陷入新的权利论证的旋涡之中。新兴权利诞生之后又会形成多种权利对峙局面即使创设了新的权利，失范、失序的状况依然不可避免。这使与权利有关的衍生范式遭遇责难，“权利本位”范式就是其中之一。我国学者提出的“权利本位”范式的历史地位不断受到挑战，这便导致当代理论法学对“权利”的研究进入了危险期，陷入了理论论证的相对主义与虚无主义。权利泛化的责难不仅出现在中国，国外对权利的质疑之声也早已存在，玛丽·安·格伦顿在《权利话语》中就认为权利是一种政治修辞手段。现代自然法、权利理论已经无法从先验式的自然权利哲学中寻找新兴权利论证根基。义务、权力是与权利同时形成的共生物，积极权利尤其依赖国家的积极义务，霍尔姆斯·桑斯坦在《权利的成本》中认为，许多新兴权利是否真正得到运行，其实真正最终考验的是政府的财政能力，因此“本位”的提法已不合时宜，我们应该从“权利本位”转为“权利科学”。

权利本位范式,为立法体系创设了多种多样的新型权利,其中也包括信息权利。民法体系中的物权、人格权、知识产权等私法思维或多或少都是受“权利本位”范式影响较深的。权利本位在回应权利的创设问题上发挥了宣言式的优势。我们并不缺少创设某种新型信息权利的学者,而是缺少如何对信息权利进行成因分析、结构解析的学者;缺少如何均衡各种信息权利主体之间利益博弈的学者;更缺少能够利用信息科学对新型权利诞生之后产生的技术难题进行应对、控制的学者。个人信息权利数量的不断增加,维护权利的时间成本、经济成本都在增加。刻板的个人信息权利模式会限制信息在市场的流动频率,减少了大众共享信息的机会。2018 年,欧盟新型信息权——“被遗忘权”正式从立法层面走向司法适用阶段[1],以谷歌的数据隐私权案件为标志。权利的背后是一系列技术、经济成本与实践难题,低效的信息技术、低财政预算都是无法保障这些新型信息权利的运行。在众多信息权利的背后,是国家信息管理与监控技术的重新构建。如果信息权利全面推开,表达自由将会发生变革,互联网的整体技术运行模式也将会发生较大变革。

第二节　权利类型的膨胀、扩充与整合

权利的膨胀表现为权利的烦冗,在一些学术文献之中也会被表达为“权利的泛化”[2]。其含义是不同种类的权利的数量正在急剧膨胀,在权利烦冗的情况下,几乎一个细微的法律行为都有可能被赋予一种新的权利称呼。权利的烦冗会导致权利的冲突次数增多,调整权利冲突的成本增加,这些成本包括法律条文数量的膨胀、立法数

[1] 杨开湘:《“被遗忘权”的司法确立——重探谷歌数据隐私案》,载《经济法论丛》2018 年第 1 期。

[2] 陈景辉:《回应“权利泛化”的挑战》,载《法商研究》2019 年第 3 期。

量的增加、立法名称的繁多、司法适用条文的复杂化。义务主体的注意义务风险增加。

法学家曾归纳过权利的构成形态，一个独立的权利包含着五个方面的属性（要素），具体表现为“利益”“主张”“资格”“权能”“自由”，以任何一种属性（要素）为权利下定义都不为错，关键看具体的权利强调哪一方面的属性。[1] 作为信息权利，以上所列举的各种权利要素，它都已经完全具备，目前我们需要进行的工作是如何证明信息权利是一种新型的权利，在创设信息私权的同时如何避免权利的烦冗与重叠，信息私权中一旦被视为一种新型权利，那么这些权利之中必然有一定数量被归类于传统基础权利之外。这说明，这些新型信息权利既不属于物权、不属于人格权，也不属于知识产权范围。

当一种新型利益无法被现有权利规则所涵盖的时候，法学家会对原有权利的定义进行外延的扩张。我们会对每一种权利进行概念上的内涵界定，这个内涵是该权利概念所反映的权利主体所有诉求本质属性的总和，同时我们也要对权利概念的外延进行列举，指出那些具备原权利本质属性的一切类型的权利诉求、利益。特定权利概念的外延在其诞生之初，并没有穷尽未来权利主体所有的主张与诉求。自然人对信息主张权利诉求，是一种新的诉求，经典权利无法答复这些新的诉求。将新兴利益或诉求进行合法化的途径之一，就需要对原有权利的概念的外延进行扩张。由于原有的权利概念具有高度的抽象性与概括性，新的权利诉求被纳入原有的权利概念的结构之中，使原有权利概念的外延得到扩展，新的权利获得了逻辑上的正当性意义。

权利本身其实是一种抽象的概念、符号。概念、符号本身并不是一种自然存在的物，它是人创造的，人利用它们来标注外在世界的特定事物，人的观念如果改变了，特定概念所表达的事物范围也会有所变化。特定概念会随着时间的推移变化，表达不同类型的事物。“人

---

[1] 夏勇：《人权概念起源》，中国政法大学出版社 1992 年版，第 42 ~44 页。

格权”其实早已不局限于人对姓名、肖像和身份的支配，个人信息本身就是一种人造事物，人对自我人格信息的支配、控制也是一种人格权。这便导致特定权利概念变得可以伸缩，像一张口袋，可以兼容更多利益与诉求。抽象人格权就是这样一种可以伸缩的概念，然而信息的非人格属性（财产属性、交易属性、被管理属性、资源再开发属性）使信息在确权定位上不被传统抽象权利所兼容。我们对单个权利概念进行扩充之后的效果并不理想。学者便将两种权利名词组合在一起，形成一个新的权利名词。例如，将人格权与财产权组合为“人格财产权”，以解决肖像、姓名产生商业利用之后的法律问题。在美国，这个权利被称为“公开权”，但是“人格财产权”这个概念还不完全能够被主流学术界接纳，传统权利概念的整合和扩充遭遇了失败。

第三节　权利是否有终点

一、决定论视角

决定论，也称为拉普拉斯信条，是一种哲学理论，认为所有的事件，包括道德选择，都完全由先前存在的原因所决定。拉普拉斯侯爵在18世纪提出了“决定论”这一经典理论，他认为假设知晓宇宙中某一具体时刻每一个粒子的位置与运动情况，那么我们就掌握了所有的必要信息，从而能够计算宇宙的过去与未来。波斯诗人奥马尔·伽亚谟在他的一首绝句的结尾部分表达了类似的决定论观点：创世的第一个早晨写的是最后一个清算的黎明应该读什么。决定论曾经统治了世界科学界两个世纪，世界的运动由确定的规律所决定。尤其是基于牛顿力学的推算理论，可以精确地预测未来将要发生的事情。物理科学中的决定论后来成为其他科学领域探讨的主题，历史决定论、宗教决定论、伦理决定论都相继出现。他们都强调因果的必然性与社会的反作用。

决定论视角下，新兴权利的发生是必然的，它们均是由先前人类的历史条件所造成的，我们知道了历史就应当可以推算出未来的新兴权利类型。决定论下的权利哲学，削弱了人的自由意志，权利的创设完全是具有规律性的。哲学家德谟克里特认为，万事皆有因，一切事情发生都是必然。决定论就是一个关于世界因果规律的观念，在因与果的关系之中，人类的过去与将来的事件都会被计算出来。这也是牛顿所推崇的机械论，如果权利理论是在决定论的支配下运行，那么权利的类型与种类应当是永恒且固定的，每一个权利都可以通过逻辑从已知的母权利之中推导出来，或者可以通过已知的社会关系推导出来。有些权利其实早已存在，只是暂时我们没有发现他们，或者没有在我们的计算范围之中。

二、非决定论视角

在物理学史上，爱因斯坦推翻了 19 世纪之前科学界认同的两个绝对物：第一个为绝对的时间，绝对时间意味着所有钟表对时间测量的度数都是相等的，在相对论视野下观察者自身都有独立的时间测度。第二个是绝对静止，相对论视角下的空间与物体都是相对静止地处于某一固定的坐标体系上[1]。这种观点推翻了机械式的唯物主义科学，万事万物都是相对的。那么是否存在绝对的道德、法律、权利内容呢?

20 世纪人类对微观粒子的重新观察与解释，推翻了决定论的假设。海森堡是量子力学的创始人之一，它通过观察发现微观世界具有不确定性。所谓“不确定”，就是粒子的位置与动量不可同时被确定，位置的不确定性越小，则动量的不确定性越大，反之亦然。这个不确定性原理并非完全的空想，它被物理实验证实过，这是微观粒子内秉的量子性质，反映了世界不确定的本质。其实人类无法预测未

---

〔1〕［美］史蒂芬·霍金：《果壳中的宇宙》，吴忠超译，湖南科学技术出版社 2002 年版，第 11 页。

来的道德法律形态究竟为何种形态。

爱因斯坦和玻尔就宇宙产生以及发展演进曾经争论过，爱因斯坦质疑量子力学主要有三个方面：确定性、实在性、局域性。这三者都与“概率之来源”有关。这种争论显然与道德、法律、权利的确定性与否有着异曲同工之处，但是很显然权利的数量与种类朝向了人类难以预测的方向发展。我们似乎无法提前知道未来一个新型权利的名称究竟是什么。如果道德、法律、人权是静止且绝对的，那么我们可以通过自然科学的实验数据来分析人脑意识产生的规律，人的行为的固定规律，从而推导出统一的道德、法律与人权条款。美国法理学家弗兰克认为，法律的确定性显然是一个“神话”。非决定论下的权利的研究也许会让法学家们感到不安，权利不但没有终点并且它无法预测，但是它让未来的权利研究充满着奥秘与惊喜。

波普尔曾经在《历史决定论的贫困》中以自由主义、相对主义视角对历史决定论进行了反思，他反对理念、观念的绝对化，认为社会的未来不能预测。人类的历史始终朝着线性时间轴的方向不断前进，历史有时会有相似性，但是历史从来却没有相同性与重叠性，权利作为一种历史长河中的产物，它会始终处于不断流变状态之中，权利的数量和类型从来不是静止不变的。权利的类别会受到同时代的物质与非物质要素的影响，每一个新的历史时期的人类社会始终会面临崭新的权利问题。

本书认为决定论与非决定论都有自身的优势和缺陷，我们可以在权利的论证、生成、发展中兼容性地利用两种理论的优势。在决定论视角下，万物的自然规律、人类文明演进的历史规律、人的属性是有稳定性的，它们共同决定了权利的属性以及其生成的共同根基，但仅有稳定的规律还无法对未来权利方向作出全面的预测。人的生活方式始终在不断改变，人类会出现新的习俗、秩序，没有永恒不变的立法，权利的形态也将跟随社会的演变进行调整。非决定论的优势在于承认人的自由意志与万物的混沌与随机现象，权利的未来依然是难以精确预测的。其不足在于没有说明自由意志的限度，世界并没有绝对彻底的自由意志,这些现象同时受相对稳定的自然与历史规律的影响,也受其他社会主体意志的影响。我们最终应该成熟运用马克思唯物辩证法思维将“决定论”与“非决定论”转化为“必然性”与“偶然性”的相互关系,辩证、统一地理解信息权利的产生与演进规律。

三、超越于人的新型权利

塞缪尔·莫恩(Samuel Moyn)将人权描述为“最后的乌托邦”(The Last Utopia),他声称,人权取代了所有其他跨国政治乌托邦,成为全球正义的共同词汇。未来的权利也许超越了人,权利的最终状态我们依然无法预言。

传统的权利理论以“人”作为一项新型权利诞生的起点,人是万物的尺度,人是目的。权利也是人的最终的寄托。在经典权利理论中,唯有人才能成为权利的主体,当“非人类成为权利主体”作为主题被人提出时,必然遭遇权利理论的质疑。

未来新型权利发展的方向之一就是,权利从“人”这个主体之中跳离出来,关注地球上、宇宙中的其他物质,并对他们进行保护。地球上的其他物质、物种都是陪伴人类而存在的,人类的感官系统可以感受到他们的存在、诞生、发展。当这些物质与物种渐渐发生改变并走向灭亡时,人类能够感觉到一种沮丧的气氛与悲凉的进程,这些现象自然会影响人类本身作为地球生物存在的意义,这些意义包括了对美丽自然的追求,对生机蓬勃的向往。

根据美国调查数据显示,还有1/3的人群认同动物也应当享有一定的权利,应该得到与人相同的权利,它们的生命与健康不应遭遇人类的伤害与剥夺,1/4的美国人认为猎杀动物应当通过立法被禁止。[1]有学术文献表示动物也有财产权。

伴随人类的物质除了大自然中的山川、河流、森林、矿产,还有其

---

〔1〕 Yon Soo Park, Benjamin Valentino, *Animals are People Too: Explaining Variation in Respect for Animal Rights*, Human Rights Quarterly, Vol. 41:1, p. 39–65(2019).

他的物种,它们让人的生活环境更具有生命力,虽然我们已经提出了新型“环境权”主张,那是因为环境与人的生命、健康权有较多时空的重叠,环境权没有跳出人作为权利主体的框架,环境权强调对地球生态的保护,强调物种繁衍的多样性,但并非强调对“人”之外的生命体的健康保护。“人”之外事物作为权利的主体,基于人类的同情心与善意,这体现在人类对其他物种产生了同理心。这种“同理心”如同人类的道德规则一样,始终处于持续变化之中。

第七章　确权模式的选择与创设

第一节　确权模式的选择

信息面临多种确权模式的选择，我们不能使用单一的权利模式或逻辑话语对信息相关权利进行归类。在个人信息之上可以分解出多种复杂的法益。即使使用“信息权”这样的抽象概念，也无法涵盖所有的信息纷争。我们对信息权利的本质界定的难度已经超过了对物权的本质的界定。虽然最近十年以“信息权”为主题的论文与专著都出现井喷的局面〔1〕，但同时也陷入了“信息权”自身的权利逻辑选择困境之中。

我国《民法典》将公民“信息”作为立法保护的对象，但《民法典》对“信息权”这个词的使用是谨慎的，第110条并未将“个人信息”之后加上“权利”二字，只是间接地归类为一种民事权利利益。这项权利兼具“财产权”“人格权”等传统民事权利等属性。信息所涉及的权利类属与性质较难归类，学者的界定也是似是而非的。为了回避个人信息权属问题的争议，有学者统一将于个人信息的使用、删除、获取、拒绝、同意收集的权利统一称为“个人信息控制权”〔2〕。我国的学术研究对信息权利的具体结构、类属、性质定位是非常不统一

---

〔1〕《法学研究》等权威期刊2017～2018年也重点采集了以“信息”为研究主题的论文研究成果。民法学界的先驱者们，如王利明、刘德良、张新宝等著名法学家都没有回避“信息权”这个主题。

〔2〕高富平：《个人信息保护：从个人控制到社会控制》，载《法学研究》2018年第3期。

的。为了防止权利名称的不统一,权利类型的泛化、权利数量的"通货膨胀",我们对信息之上的合法利益与行为,以既有权利的兼并、吸收、选择等技术途径进行调整,通过已经创设的抽象权利对特定信息利益进行保护,对新兴的权利概念进行最小限度地创设。

第二节 "人格权"兼并保护模式

一、人格权与个人信息

"人格"(personality)一词源于拉丁文的"persona",该词的本源意思为"面具"。这说明人的特征有内在与外在之分,人内在的心理动机以及该动机对外在行为模式的影响是心理学热衷的领域,因此心理学与法学在人格研究领域的侧重点有非常大的区别。心理学的人格科学研究注重人的行为动机的根源,既注重对人的共性特征研究,更注重对具体的人的内在个性特征的研究。法学的角度有所不同,注重对人的整体人格利益的归纳,并从人格利益出发将人格权进行了归类。人格权在我国民法典草案中的分类为生命权、身体权、健康权、姓名权、名称权、肖像权、名誉权、荣誉权、隐私权。多数国家的民事立法模式承袭着传统民法典的体例,很少将人格权作为独立权利体系,因此以独立系统论证人格权的理论也较为少见,例如,《法国民法典》对人格权不作具体规定,《德国民法典》将人格权依附于侵权行为法中,只有《瑞士民法典》开创了独立人格权体系的先河,此外加拿大《魁北克民法典》也承认了人格权的独立权利地位。[1]

人格权不研究人的心理动机,其目的在于确定与保护人的自身物质利益与非物质的尊严利益。人格权的诞生晚于物权,它的诞生在于维护人作为人的一种尊严,人在社会中的价值感与意义感,它与

---

〔1〕 杨立新:《人格权法》,中国法制出版社2006年版,第3页。

自然人不能分离,其权利具有独占属性、对世属性。它不同于财产权,财产权是人对客观存在物的支配,人格权是人对于人自身的一种支配。正因为如此,有关人格权的争论也较多,德国学者塞维尼等人就否定人格权的存在,他们认为权利的客体不能是人格利益,这样容易造成权利主体与客体的混淆。[1] 根据现代法治精神,我们已经无法回避人格利益作为权利客体的现实,人格权的范围也越来越广泛。

人格权既保护人的身体物质利益,也保护人的非物质化的尊严利益,因此这种划分方式就是"物质人格权"与"精神人格权"二分法学说。前者包含着人的生命权、人的身体行动自由;后者包含着人的大脑的思想、意志自由,人的姓名、肖像、名誉、荣誉、隐私。具体的人格权有时不能立刻与时代的变化相衔接,不能涵盖新的人格利益,因此人格权还被划分为一般人格权与具体人格权[2],前者是对所有类型人格权的总体概括,后者是各国民法典中列明的具体人格权,包括名誉权、隐私权、肖像权、姓名权等。当一种新的权利出现,这种权利保护着人的精神利益,或影响着个体的尊严时,但其又不属于某一种具体人格权类型时,这些类型的人格权就具有一般人格权的特征。目前许多新型精神类人格权其实也可以归类为一种信息权利,如知情同意权,它诞生的时候立法中并没有相关的权利条款,但是很多国家就认为它具备一般人格权的特质。

二、"个人信息"承载着"人格"特质

精神人格权的实现,需要两个要素:其一是人的精神自由意志,其二是信息。人的姓名是通过信息符号表达的,人的肖像是通过信息图像传递的,人的名誉是通过信息语言传播的,人的隐私必须通过信息进行转换,信息是人的精神世界与外在世界的桥梁,保护了人的

---

〔1〕 王利明:《人格权法研究》,中国人民大学出版社 2005 年版,第 10 页。

〔2〕 [日]五十岚清:《人格权法》,[日]铃木贤、葛敏译,北京大学出版社 2009 年版,第 7 页。

信息,就保护了人的精神人格权。人必须通过控制信息实现"知情同意权",通过自我决定实现"信息自决权"。

具有人格意义的信息大部分都被包容进了人格权体系之中。人格权中的大部分具体人格权均是以信息为工具实现的,例如,姓名权与名称权、肖像权、名誉权与荣誉权、隐私权。但是人格权的保护还不够立体,其保护方式也不适应信息技术的发展,人格权保护的方式必须遵循信息生成以及传播的规律。人格权的权能远不及物权权能那样具体。

自然人的人格其实是被信息所塑造的,脱离了物质、能量之后的人,我们认识、识别一个人是通过个体的记忆信息、历史信息、社会信息、智慧成果信息。除了亲人、朋友,我们了解一位不熟悉的自然人人格特质,几乎无法通过感官、经验直接感受,我们只能通过信息进行了解,这些信息有语言交谈信息、有文字记录信息,这些信息将一位自然人重新塑造出来。当我们要查询一个人的时候,我们调取的是他们已经被转换为档案的信息,具体的人其人格是被档案信息所重新塑造的。网络词语"人设"很符合信息对人的重新塑造的特征。其实"人设"就是将自然人的信息进行整合,塑造成一种可以信息化识别的人格特征,这种特征我们可以称其为信息化之后的人格,简称"信息人格"。信息人格与真实人格可以重叠,也可以不一致。记忆信息、历史信息、社会信息、智慧成果信息这些信息碎片等共同构成了"信息人格"。

当人逝世之后,其信息人格不会轻易消失。当一位伟大的历史人物生命已经终结,但我们依然可以从久远的信息中认识他们,物质人的死亡并不是信息状态的人的死亡。人的最终死亡其实是"信息人""信息人格"的死亡。"信息人"的死亡,意味着世界上再无这个人的任何信息,他最终会被活着的所有人遗忘。

三、人格权与自然人信息利益的重叠

立法规则中所列举的基本权利无法穷尽一切可能潜在的权利或

新兴权利,这时在法律明文规定的权利(明示权利)之外,还存在大量的"默示权利"(漏列权利)[1],能够从已有基础性权利之中推导的那些权利也被称为"权利推定""默示权利""空白权利"。

如果自然人信息权被确认为独立的合法的私权,理论上必然发生两种类型的权利的重叠保护效果。自然人信息权与非物质人格权(或称精神人格权)在权利保护的结果与效果来看是重叠的,当自然人的人格信息被保护时也就同时保护了自然人人格利益。

一般人格权是具体人格权的母权利、弹性权利、具有创新能力的权利,也是多种具体人格权利交融在一起的权利集合体,同时也是一种"权利束"。人格权随着历史的演进,其类型与种类不断繁衍、更新。具体人格利益在被确认为权利之前,需要一般人格权的确认与解释。[2] 目前,作为新型信息权利的被遗忘权、信息知情同意,都未上升为立法所确定的具体人格权,但它均可能被纳入一般人格权的理论框架之中,这种做法就如同德国的信息自决权,实际上是学者对联邦基本法中人格与人格权概念的扩充。在德国,信息自决权是基于宪法的人性尊严而产生,它并非一个新兴权利,它具有宪法与公法价值高度,并不是从私法价值维度被诠释。

具体精神人格权与自然人信息利益发生了较大重叠,但即使发生了重叠,权利实现的目的还是有不同的侧重。精神人格权注重保护人精神、尊严、名誉等利益,自然人信息利益旨在对信息进行决定、支配。虽然两种权利保护法益的方法、目的不同,但取得的效果有时是相似的,对精神利益的保护实质就是防止外来事物对人格尊严的入侵与打击,这种入侵与打击的工具有很大一部分来自信息。诸如"人肉搜索""网络暴力"等行为。如果控制了信息,可以减少信息对人的精神侵害,同时也就保护了人格权的法益。随着学者们对人格

[1] 郭道晖:《论权利推定》,载《中国社会科学》1991 年第 4 期。

[2] 杨立新:《一般人格权最主要的作用是什么》,载《北京日报》2017 年 6 月 19 日,第 14 版。

更加细致地研究,人格权的划分类型也更加细腻,有学者将人格权进行了更为详尽的分类,这种分类更有利于我们研究人格与信息之间的密切联系,这种分类将人格权分为:物质性人格权、标表性人格权、评价性人格权[1]、自由性人格权。标表性人格权与评价性人格权几乎都是以信息作为工具而实现的,以姓名、名称、肖像、形象、声音方式呈现的是标表性人格权,以名誉、信用、荣誉方式呈现的是评价性人格权,自由性人格权中包含了隐私权。承载这些人格利益的信息均具有自然人身份的可识别性,如果从信息中不能识别出自然人的身份,那么就无所谓的人格属性。

我国《民法典》将个人信息划归至人格权保护框架之中,《民法典》中所载明的具体人格权的顺序是从物质属性人格权到精神人格权进行排列的,分别为生命权、身体权、健康权、姓名权、名称权、肖像权、名誉权、隐私权,个人"信息权"并没有拥有"权利"这个正式称呼。这说明即使信息写入了第四篇的人格权篇中,但是在第990条人格权的定义中,个人信息利益并非一个具体人格权类型,它属于权益、权能或利益的范畴。在我国,权利、权益、权能、利益这些概念均指向不同的事物,只有"权利"才是较为清晰、正式的立法素语概念。权利是立法机关通过正式的法律程序确定下来的。一项法定权利的背后是一系列国家权利救济配套机制,包括行政执法系统、审判系统。权益指向的是权利和利益,相关文献对这个概念的界定并不多,但经常出现在法规的标题上,或者一些经济社会文献上,使用权益这个词也不科学,最后我们只能用利益这个词,因为利益是还未上升至"权利"的潜在权利,它不是真正的权利,它只是一种诉求、一种主张。民事基础权利——人格权,只能保护一部分的个人信息所产生的合法利益,我们可以通过对《民法典》具体分析观察个人信息在《民法典》体系中的定位,以及人格权保护哪些个人信息利益。

首先,《民法典》对个人信息的总体定位较为模糊。《民法典》在

[1] 杨立新:《人格权法》,法律出版社2015年版,第149~280页。

多处提及了个人信息,但是否肯定个人信息利益是一项权利却含糊其词。《民法典》第一编总则,将个人信息列入总则第五章“民事权利的范围”,没有直接宣告“自然人信息权”是一项民事权利,仅仅将“个人信息”置于与生命权、身体权、健康权同等保护的地位上。

其次,《民法典》分篇对个人信息的保护方式并没有突破性的创新。《民法典》试图用一般人格权这个概念保护那些没有划归到具体人格权的个人信息利益。《民法典》第四篇——人格权篇将大量自然人信息利益进行了保护,其实我国与美国在自然人信息利益保护上有相似的思维,在美国立法通过隐私权对自然信息利益进行保护。我们采取了更为细腻的处理方案,将个人信息利益与隐私权重合的领域,采取隐私权保护方式,没有与隐私权重合的,采取独立于姓名权、肖像权、荣誉权的保护方式。《民法典》将“个人信息”与“隐私权”并列置于第四篇人格权篇的第六章,但是“个人信息”四个字后面并没有“权”这个字。无论是总则还是分篇立法者对“权利”这个词使用得都非常谨慎。也许是考虑到了个人信息与其他传统人格权利的高度重叠,立法者也害怕触碰传统的具体人格权,其实姓名、肖像也是个人信息的重要形式,但是《民法典》分别将它们置于人格权编的第三章、第四章以具体人格权(姓名权、肖像权)的方式分别进行了保护。

立法者不仅试图将个人信息权包容进一般人格权之中,还将其与隐私权进行互为补充。其实大量的自然人敏感信息是完全可以被隐私权所包容的,隐私权不仅保护私密活动、私密空间,还保护“私密信息”。这样的权利配置有一定谨慎性与合理性,但是仅仅依靠目前的一般人格权与个人隐私权理论体系,并不能完整保护处于信息传输各个环节的个体信息利益。但是如果对信息利益的范围进行扩充,那么人格权的概念与定义必然有所扩充,将会挑战传统民法概念的根基。

最后,《民法典》个人信息的合理使用与免责使用规则涵盖领域较窄。人格权篇的第一章“一般规定”第999条,人格权的合理使用条款中，将个人信息与姓名、名称、肖像等其他人格权可以并列进行合理使用。从法条表达来看，合理使用的范围限制在新闻报道、舆论监督等领域。其实个人信息的合理使用范围非常广泛，如日常社交、执行公务、交易活动、金融机构的信息录入、征信系统信息采集、教育机构处理招录信息等。《民法典》并没有像著作权那样明确合理使用的具体范围，属于法不禁止的权利推定阶段，第六章第1036条的免责范围内的信息主要是知情同意信息、公开信息，维护公共利益或合法权益信息，其实在合理使用、免责范围内还存在较大的规则空缺地带。

《民法典》的人格权保护模式的优势也是存在的，它能在新的《个人信息保护法》立法之前提供一个新规则适应的缓冲方案，防止了立法体系的烦冗化，尽量将规则精炼化，不是每一种利益都必然都能上升为一种基本权利。它也为人格权理论体系创造了开放的空间，其保护幅度更加广泛。

四、以信息为媒介的人格权请求权

姓名、名称、肖像、名誉、荣誉、隐私等精神类人格利益都不能通过物质直接体现出来，但是却能够通过信息展示出来，信息展示人格的方式有语言、文字、声音、视频。控制了信息其实也就是控制了相应的人格利益，由于人格权已经成为我国民法典重要的篇章之一，它可以成为信息“权利束”中的重要一束，其通过保护人格利益的方式，从而规范了人格信息的使用与传播。

当人格侵权发生时，权利人可以通过侵权请求权维护自身利益。当人格侵权行为尚未发生时，自然人通过行使人格请求权对混乱使用人格信息的行为进行制约。这项请求权包括排除并停止侵权信息的传播。人格请求权不受到诉讼时效的限制。学术界探讨人格请求权的文献并不多，认为侵权请求权可以涵盖人格请求，我国学者杨立新教授是人格请求权的支持者。笔者认为独立人格请求权的确立，具有防护和预防的效果，它赋予了自然人对人各类信息的更多控制权限。在非侵权的常态下，以及尚未发生人格信息危险的情况下个人也可以提前发现危机并随时行使请求权。人格利益被侵害之后常常是难以治愈，恢复较为困难，如果仅通过侵权请求权难以对自然人的人格创伤进行修补。在大陆法系国家，人格请求权在越南、阿尔及利亚、瑞士等国家民法规则中被提及，但在我国并未形成统一的通说教义。无论是侵权请求权还是人格请求权，它们并非人格权本身，是保护纯粹人格权一种手段型权利，是信息权利束中的重要环节。

五、人格权不能全面兼并个人信息利益、行为

即使通过人格权兼并吸收自然人信息利益或者继续扩充具体人格权的权能类型，人格权还不能全面覆盖个人信息权益。究竟哪些信息利益或信息权益是人格权无法涵盖的呢？这些无法被人格权所包含的信息利益属于溢出型利益，我们将这些溢出的信息利益或信息行为归纳为下列几种情况：

1. 人格权不能全面保护个人信息在传播过程中的信息决定或控制行为。信息的自由存储、下载、使用、删除、携带使用都是个体应当享有的信息控制行为。人格权篇中第五章名誉权和荣誉权，其实涵盖了有待确认的信息权利，《民法典》第1028条，名誉权补救措施中，其实涵盖了信息主体删除请求权，但是这两个条款都是针对事实报道的补救，如果信息主体请求删除的不是侵害名誉的信息而是真实却过了时效的信息，《民法典》的名誉权条款是无法进行保护的。在欧盟GDPR条款中就是“遗忘权”。自然人对人格信息的控制其实还有具有“自由权”的属性，传统自由权是一个较为宽泛的权利，多为行为意义上的自由，如言论自由、集会自由，人不仅拥有对自我身体控制的自由、语言表达的自由，也应包括对自身所产生的信息、涉及自我人格信息的控制自由，除此之外信息所有者还有对人格信息进行采集、编辑、运用的权利。

2. 人格权较难成熟地调整多种人格信息获利行为。在人格信息获利行为中，以自然人通过人格要素获利的行为起点。自然人尤其

是公众人物通过售卖多种人格要素获得经济利益，该行为兼具人格与财产属性，我国借鉴了德国的一元化“人格权”保护模式，这种模式并不能成熟应对多元人格要素所产生的经济利益，经济收益局限于姓名、名称、肖像等特定类型。人格信息所产生的财产利益是不稳定的、随机的，一元化人格权模式较为单一，显然不适应纷繁多变的信息市场经济。

如果全面发挥个人信息的财富效能，信息市场还存在更为复杂的人格信息获利行为，获利的主体并不局限于信息的所有者，还有信息处理者、信息接收者等。人格权缺乏对特定信息处理行为的授权模式、交易方式、利润流转方式的规范，例如，信息处理者运用特定算法对个人用户进行信息画像之后获取个体行为偏好。或者信息处理者通过大数据运算获得群体消费偏好。这些数据结论引导企业进行生产经营，也为信息运算企业带来客观利润，这就是信息处理者、信息购买者通过分析信息之后的获利行为。人格权在这些情况下缺乏对信息所有者、信息处理者、信息接收者权利与义务分配模式的构思。

3. 人格权无法调整匿名信息、公共信息、知情权等权利。匿名信息无法确定权利的归属人，匿名信息之上无法确定具体的人格利益，但是并不意味着匿名信息完全是开放、共享、无权利状态。公共信息是一种集体信息，是多数个体在公共空间聚集产生的信息，公共信息可以识别到具体的人，但是人在公共信息中处于何种地位，并没有明确的定位，个人基于公共秩序有义务在安全监控系统面前展示个人信息和这项权利的边界。狭义的知情权是对政府信息的知情权，该权利是公民对国家的一种权利诉求，它属于公法所保护的范围，人格权无法进行调整。

4. 人格权保护模式忽视积极义务。人格权的保护方式较为单薄，因为人格权而产生的义务类型是一种消极义务，消极义务以“不妨碍”“不作为”“不侵犯”为特征。人格权保护方式会忽视信息在传播环节中特定信息控制主体的积极义务。国家机关、企事业单位、互联网运营商基于对公民、人事档案、用户的管理功能而获取信息，是一种长久占有信息状态，这些信息占有主体的信息安保义务尚未以人格权模式进行规制，大量的基于契约或合意而产生信息管理义务也尚未被人格权所保护的利益涵盖。为了维护纯粹信息在传播过程之中的规范化、科学化，相关主体对信息进行临时使用，应当进行安全管理，这同时也与自然人的人格利益密切相关。这些主体的积极义务并未体现在人格权体系之中。

第三节　“财产权”独立保护模式

一、信息的“商品”意义

“商品”是经济学上常用的概念，马克思认为，“经济学所研究的不是物，而是人和人之间的关系，归根到底是阶级和阶级之间的关系”〔1〕。“商品”的范围要比财产的范围更加广泛，只要可以交易，可以消费的事物，既可以是“无形”的，也可以是“有形”的。

法学界却不擅长使用“商品”等概念，而使用物权和财产权，经济学与法学思考方式的不同在于，经济学将所有权制度放入市场经济环境之中进行解析，这种动态的解析，是法学所无法企及的。法学与经济学有关所有权的概念具有较大的差异。不同法系对待所有权也有较大差异，英美法系注重用个体权利表达财产权这个概念，并用“财产权”这一概念表达了物权关系、债权关系与合同关系。大陆法系则坚持精细的概念划分，确定物与人的二元分离模式，从而也形成了相对复杂的所有权理论体系，某一项权利的行使也许会从一个民法系统跳跃到另一个系统，例如，对财产的救济权，就从物权法跳跃到了侵权法领域。由于经济学中的“产权”理论延续了英美法系的财

〔1〕 马克思、恩格斯：《马克思恩格斯全集》（第1版 第13卷），中央编译局译，人民出版社1974年版，第533页。

产权概念的思路,它们都着重于主体对某项具体权利的支配,而非对物的占有,甚至直接略过所有权问题探讨权利本身。它是一系列权利的集合体,包括了占有权、使用权、出借权、转让权、用尽权、消费权和其他与财产有关的权利,这种界定相对于大陆法系而言更加简洁、明了。

对信息工作者来说单个个体的自然人信息尚不足以形成一种商品价值,但是巨大的人类信息,并经过数据提炼收集之后就具有商品交易属性,它们已经无法用传统财产权理论去界定,但是它们却毋庸置疑被视为一种能够产生巨大经济价值的事物,尤其是对于经济的价值。这必然使信息私权与传统财产权理论发生较大的重叠与冲突。

由于信息侵权事件较多发生在自然人领域,信息私权研究的关注焦点并不在对普通物品的信息、市场交易信息之上,而是重点聚焦于自然人的信息,信息设备对自然人的信息获取相较于纯粹的物质要相对容易,自然人是社交动物,平均每个人都配备一台手机,但是并不是每个物体都配备一个信息传导装置,由于手机在人类社会的普及,人的行踪相较于其他生物更容易被捕捉、记录。手机软件也恰恰运用了这个功能,从后台记录个人生活信息、社交信息、位置信息、喜好等。自然人信息产生方式与物有所不同,自然人的出生信息、住址信息、社会活动信息,都是社会活动之中自身自发生成的信息,这些信息不是工厂制造出来的,它们的存在需要信息计算机终端进行存储、传输、记录。

目前以信息为资产的商业模式非常普遍,这些被交易的信息不局限在个人信息上。常见的交易模式是租售信息模式,这种模式是直接出售或者出租原始数据。[1] 最有含金量的信息是金融交易信息,它们无疑是直接指向了利润与金钱。决定市场走向的金融交易信息往往是保密的。那些公开的信息并不能为人们提供准确的指

---

〔1〕 杨绪宾、刘洋编著:《大数据真相:谁动了我的数据?》,华南理工大学出版社 2018 年版,第 153 页。

引，在金融领域出现了一些有偿交易信息，如股票的 Level－2 行情。在中国 Level－2 是一种金融交易信息，它于 2006 年 9 月 1 日正式对外售卖，它由上海证券交易所提供，交易产品在上海证券交易所上市。上海证券交易所再将这些信息授权给一定资质的金融资讯公司，这些公司有大智慧、WIND 资讯、金融界网站等。普通民众购买了这个交易信息可以看到股票交易的详细数据，这种信息无疑是宝贵的。征信信息模式也是信息商品化的表现，企业需要审查甲乙方的资质情况，需要获得企业信息，这种信息有收费也有免费。利用正信息最大化激发市场活力的国家是美国。美国的征信机构是具有营利性质的，它们擅长收集个人与企业的信用信息，也擅长加工这些信息，它们都是商品可以进行买卖。对比来看，欧洲的法国、德国、意大利等国，是中央银行信贷系统为中心征信机构，营利性质的私有征信机构虽然存在，但并不是主流，亚洲的日本采用行业协会式的信用平台，会员互相交换信息，可以获取其他个人与企业的信息，它们不以营利为目的。〔1〕

二、信息的“财产”属性

财产权的定义标准有很多，法国学者认为财产满足人类的需要，表现为一种“利益”〔2〕，德国学界认为，能转换为货币价值才能视为财产权〔3〕。马克思认为，当产品出现了剩余，私有制慢慢诞生，这是私有财产权诞生的经济基础。〔4〕 私有财产权是历史必然的规律。古希腊先贤们对财产权是“公权”还是“私权”属性有过争议，苏格拉底与柏拉图认为财产权是城邦所有，财产权是公权。亚里士多德同

---

〔1〕 郑磊：《国外征信体系模式》，载《金融博览》2013 年第 2 期。

〔2〕 尹田：《法国物权法》，法律出版社 1998 年版，第 12～13 页。

〔3〕 ［德］卡尔·拉伦茨：《德国民法通论》，王晓晔等译，法律出版社 2003 年版，第 410 页。

〔4〕 马克思、恩格斯：《马克思恩格斯全集》（第 1 版第 46 卷上册），中央编译局译，人民出版社 1974 年版，第 104 页。

时看到财产私有与公有的共同价值，他考虑到由于城邦成员的差异性，他提出产权私有使用公有，不过此时的财产权还不是完整的“私有财产权”，只能是部分的私有财产权。直至古罗马的财产权诞生，才出现了正式的私有财产权，它基于契约而诞生，国家通过立法正式确立了财产权。财产权对具有经济价值的物品进行了边界的划分，人会获得一个安全的利益，每个个体必然会将自我物品的经济效益最大化，他们会寻找让物品增值的机会，社会的经济体系结构更向前推进了一步。财产权无疑是人类追求幸福生活必不可少的途径。信息一旦具有经济效用，其私有财产属性是不言而喻的，这种属性是无法回避的。

较早提出将信息作为财产的学者是劳伦斯·莱斯格，他在20世纪初提出可以赋予信息所有者拥有其信息的财产权利，该财产权赋予了信息所有者的议价能力，通过放弃因私利益而获取信息中的财产利益。[1] 财产权的确可以回应大量隐私处于僵化状态的难题，财产权保护模式具有契约性、预见性、计划性、安全性。

并非所有的信息必然立刻产生经济效用并产生“利益”，并非所有信息都有交易价值，分散、零碎的信息并不一定具备财产属性，信息的财产属性是通过技术开发而获得，并在市场流通才具有交换属性。要实现信息的财产属性，必须让信息在市场中流动起来。个人信息经常被运用到电商精准营销领域，这些电商看上了个体偏好和行为踪迹，这些信息告诉他们怎样跟踪用户的偏好并生产最受欢迎的产品。这就是个人隐私信息的剩余价值。

三、信息财产权保护框架的缺失

在我国物权立法的进程中，曾经进行过一次立法模式的抉择：我们应该采取“物权”立法模式还是“财产权”立法模式。物权理论曾

---

〔1〕［美］劳伦斯·莱斯格：《代码 2.0》，李旭、沈伟伟译，清华大学出版社 2018 年版，第11页。

经一度出现过“见物不见人”的局面而被批判[1]，最终我们还是跟随了德国民法典的物权模式。物权概念可以明晰突出物权的对世属性，物权相对于债权的优先属性。当年物权立法进程中的选择难题，如今延续到了“信息权”这里，我们又面临了“信息权”保护模式还是“信息财产权”保护模式的关键选择。

财产权是英美法普遍使用的概念，它们的财产权的范围较为广泛，物、有价证券、知识产权、债权、补贴、特许权都可以归为财产权的范围。我国的宪法与民法体系都兼容了“财产权”的理论，虽然理论上财产权涵盖了物权、以信息为形式的资产，但我国并未建构一个独立的“财产权”立法体系，财产权在我国《民法典》各编，或各个部门法中分别表达为“财产关系”“财产权利”“财产权益”等概念。有形财产是我国立法的焦点，无形财产是我国立法体系所忽视的。我国《宪法》第 13 条规定公民的合法的“私有财产”不受侵犯。我国《宪法》并不会把财产权的具体类型分别列举出来。从宪法立法者的立场来看，物权应当属于私有财产的一种类型，其中还有知识产权等其他权利，但法学界并未一致认同信息权是财产权，否则它就可以包含于《宪法》的第 13 条之中。这样也可以避免宪法条文的冗长与重复。《民法典》第一编总则第五章民事权利之第 113 条规定财产权利是受法律平等保护的。宪法条文与《民法典》总则编条文是一种原则性保护，不同类型的财产权由不同类属的部门法分别进行保护，我国的《知识产权法》《公司法》《证券法》《继承法》等均从不同角度保护除物权之外其他类型的财产权利。

财产权保护模式的优势不言而喻。它可以防止信息采集方基于采集权限，吞并了信息之上的财产利益，但是各国都没采取独立财产权保护模式对信息的财产利益进行保护。如果全面承认信息的财产属性，那么它就可以交易、继承、出租、出借、反复变卖。美国采取以人格权保护为主，侵权法、财产契约保护为辅。欧盟采取信息权保护

---

[1] 王利明：《物权概念的再探讨》，载《浙江社会科学》2002 年第 2 期。

模式。[1] 由于我国是有形财产理论占据核心地位的国家，信息之上的财产利益较难通过现有法律体系进行全面保护。将信息中的财产利益单独进行保护会面临法律体系重新整合的难题，独立的信息财产权保护模式会割裂信息与信息所有者之间的人格联系。

虽然我们没有形成独立的信息财产权保护体系，但是在市场经济实践中信息已经成为一种特殊商品被交易。尤其是在电子商务时代，信息的商品交易属性完全与其财产属性发生了重叠，信息已经成为合同的客体，因此人格权、商品合同债权模式和信息权利束模式相较于独立、抽象的“财产权”体系更加科学、合理，不用颠覆已经建立的立法体系，从而也可以将信息与水权、土地权、物权、知识产权区分开来。

第四节 “债权”调整模式

债权是一种民事法律关系，债有多种类型：契约之债、无因管理之债、不当得利之债、侵权行为之债，债的共性就是特定当事人请求一定给付的法律关系。债权中的部分权利可以基于立法产生，称为法定之债；也可以基于契约、单独行为而产生，称为意定之债。[2]

传统的大陆法系五编制的民法典都有“债”篇，如德国。我国《民法典》为七编制体例，没有将“债”纳入独立体系之中。债法体系起源于古罗马，我国基于立法技术的考量，将债权体系进行了解构，拆分为多个条文穿插在多篇章节之中，例如，将债融合进合同篇与侵权责任中，并将人格权篇作为侵权责任篇的补充进行关联，将无因管理、不当得利之债均融合在了民法典的合同篇之中。这种解构必将造成法典体系的外部逻辑强度减弱，并造成学理辨析的困境，同时给

[1] 刘德良：《个人信息的财产权保护》，载《法学研究》2007 年第 3 期。

[2] 王泽鉴：《债法原理》，北京大学出版社 2009 年版，第 5 页。

法律的适用造成影响。债权不具备物权那样的支配权属性,债权建立在当事人平等与自由的根基之上,债务人并非受制于债权人的绝对支配,债权人所能支配只能是债权人特定给付行为,给付行为与债务人的人格相分离。债的意义在于保护了给付人的自由意志,人的自由不能成为他人支配的客体。[1] 债权也并非对标的信息的直接支配。债权旨在让债务人作出一定行为,如立刻消除信息危险、赔礼道歉。债的发生发展过程中还会产生附随义务,例如,基于劳动合同一方的雇主,应有对受雇者信息妥善保存、保密的义务;私立学校[2]教务部门以及专业教师人员对学生学籍信息、报考信息有保密、防止泄露的义务。如果我国的自然人信息采取债权保护模式,事实上要将民法典合同篇、侵权责任篇、人格权篇三大部分规则进行有机综合运用,法律适用难度陡然增加。虽然民法典没有"债权篇",但是对信息权益完整的构建来说,债权关系贯穿始终。

信息作为法律关系的客体,它可以出现在契约之债中,契约之债也即合同之债。例如,信息所有者与信息存储者、发布者约定双方的权利与义务,约定的方式有口头、书面等多种形式,约定的内容多样化,如约定是否公布自己的全部个人简历,是否自愿让他人帮助披露隐私信息。契约之债的保护意义比较重大,它意味着信息所有者可以基于合意自愿出让自己的隐私换取利益。契约之债除了保护信息所有者的人格、隐私,更保护信息所有者对信息之上产生的财产利益的议价控制权。

信息所有者信息也可以出现在无因管理之债中,相应的法律情景为,帮助他人保护即将或正在遭遇泄露的信息。信息在不当得利

---

〔1〕 王泽鉴:《债法原理》,北京大学出版社 2009 年版,第 7 页。

〔2〕 本书在此用私立学校举例在于,私立学校与学生的关系基本受制于私法调整,公立学校与学生的法律关系不是单纯民事法律关系,在我国,公立学校被界定为事业单位法人,公立学校同时与教育行政机关有特别授权关系,行使部分行政权利,因此公立学校的信息侵权不能用私权规范进行调整,而适用教育行政部门规章或学校内部管理规则。

之债中的表现情形为:占有他人信息获取了相应利益形成了不当得利之债。信息在侵权行为之债的表现情形为:利用他人信息侵犯他人相关权利。如果信息中包含人格权益,还应当将侵权法与人格权法结合适用。信息是独立于物的存在,信息权的创设显然也将独立于物权。民法典固有的物、债分离体系会演化为物、债、人格、信息多维体系,但同时这多维体系互相融合,相互辅助。物权债权化的现象早已出现,信息权也同样出现债权化状态。

第五节 信息"权利束"保护模式

一、"权利束"的意义

所谓"权利束"(bundle of rights),或者称为"权利群",意为一项抽象权利是由多项权能组合而成。它最初被用来形容财产权。财产权(Property Right)不是一个权利或单项权利,也不是绝对权利,这是制度经济学家的共识。[1] 它是一束权利,这些权利可以分配给不同主体,有些是属于个人的、有些属于社会,有些属于国家、有些是属于公众的,有些是隐秘不公开的。

"权利束"的提出是在民主和集体主义扩张的时代流行起来的。大约在1900年,崛起的集体主义文化需要推翻它的对手古典自由主义文化。在早期,权利束这个词多用来表达财产权的各种权能,它能够区分有些财产权属于部分财产权,有些属于完全财产权。[2] 这使

〔1〕 罗伯特·考特和托马斯认为:"财产是一组权利。"波斯纳认为:"我们可能将对某一物的财产权看作一组独立的而性质不同的权利。转引自明磊:《产权概念的经济学分析和现实法理思考》,载黄少安主编:《制度经济学研究》(第2辑),经济科学出版社2003年版,第86页。由上可以看出,将财产权定位为一个权利束是当代制度经济学家的共识。

〔2〕 Klein, Daniel B., J. Robinson, *Property: A Bundle of Rights? Prologue to the Property Symposium*, Econ journal watch, Vol. 8:3, p. 193 - 204(2011).

私有财产权失去了绝对神圣的地位,私有财产权中的部分权利有可能会被扣除,从全部财产权中扣除的第一项明确权利就是公共征用权。“权利束”的出现,会导致财产权没有一个稳定、确定的涉及财产“本质”的定义,财产的定义会随着环境的变化而变化。将财产定性为一束权利,将使政府对权利进行干预,这样政府的干预具有合法性,而不是被视为对财产权的侵犯。如我国的集体土地制度,所有权、承包权、经营权就属于权利束,土地之上的利益可以分配给不同主体。权利束的优势在于,它将复杂社会财产的权益整合在一起。由于权利的数量不断在膨胀,并逐渐朝向碎片化发展,在一个权利束中,构成它的各种权利可以分配给个人和社会——有些是公有的,有些是私有的,有些是明确的,还有一种是不确定的。

在我国,土地权和水权都具有“权利束”的特征。土地权的权利束结构是三权结构:所有权、经营权〔1〕、承包权。水权“权利束”的结构〔2〕:配置权、提取权和使用权等多项权能。这些权能可以相对划分为两个部分,一部分是公共权力,指配置权,表现为政治权力;另一部分是私人收益,指提取权和使用权,主要表现为经济收益。国家对水行使的政治权力,实际上已经被视为水权权利束的束群分支之一,水权权利束是行政管理权和财产权的重叠,这是由水资源的公共性特点决定的。〔3〕

信息权利是一个“权利束”“权利群”,已有青年学者提出将数据

---

〔1〕“土地经营权”概念在2014年中央一号文件《关于全面深化农村改革加快推进农业现代化的若干意见》中提出,它是从“农村土地承包经营权”中分离出的一项权能。土地流转进入所有权、承包权、经营权“三权分置”时期。

〔2〕水权权利束的划分学说较多,有理论角度的二权说(所有权、使用权)、三权说(使用权、转让权、收益权)、多权说(水资源所有权、水资源使用权、水资源工程所有权和经营权);也有从实践角度的两权说(地表水权和地下水权)与多权说(汲水权、引水权、蓄水权、排水权、航运水权)。参见王克强:《中国农业节水灌溉市场的有效性及政策绩效评价研究》,上海人民出版社2010年版,第35页。

〔3〕王亚华:《水权解释》,上海人民出版社2005年版,第33页。

权利作为一个“权利束”[1]以应对数据权属模糊的困境,这使信息确权研究有了更清晰的突破口。信息“权利束”是一个总量概念。信息权利束本身绝不是抽象的、空泛的概念,而是表现为各种具体范畴内权利的组合。信息之上可以同时存在不同的权利类型,不同的权利主体均存在于这个“束”与“群”之中。

权利束的具体表现形态为多种私人权利与国家权力的集合:首先,信息之上可以设置人格权保护模式,保护信息所承载的人格价值,人格权具有排他性、对世性;其次,信息之上也可以设置财产权,如脱敏信息的可转让性、可分割性、可收益性等;再次,信息之上还可以基于契约约定权利与义务;最后,立法也可以授权特定主体信息采集、信息管理权利。信息其在传播过程中,会遇到不同控制主体,企业、事业单位、行政机关均为信息的管理主体,根据“权利束”的理论,信息所有者必然要让渡其对信息的绝对占有权,让渡的权利只是信息“权利束”中的权利分支,如占有权。信息所有者并没有让渡完整的信息所有权,企业、事业单位、行政机关基于管理的需要,收集征信信息、个人历史档案信息,公共安全、国家安全部门甚至还须收集更具隐私属性的人脸识别信息、指纹信息、电话通讯信息等。公权力在权利束中的地位非常特殊,在国家行使信息管理的过程中,基于国家强制性立法而进行信息采集,信息的所有者不能像对待私权主体那样基于契约随意取回,作为一国的公民,个人有义务提供这些信息,除非个人与国家解除了国籍联系,有权将所有信息进行取回、保密。国家有时可以以普遍福利的名义对公共安全、国家安全的核心信息进行收集,此时国家在信息权利束中的势力范围就不断扩大,需要通过民主立法进行授权。

综上所述,信息权利束又是一个立体的结构,即不同类型权利(权力)束的排列与组合决定个人在信息之上能够获得利益的方式,同一信息主体拥有多种不同类型的权利保护模式,不同主体可以对

[1] 闫立东:《以“权利束”视角探究数据权利》,载《东方法学》2019年第2期。

同一信息同时拥有不同类型的权利。信息权利(权力)束相互交叉互为补充。“信息权利束”不仅包含丰富的权利类型:信息所有权、信息控制权、国家信息监管权,它同时串联起个人与个人、个人与社会、个人与国家等多元法律关系。

二、“权利束”中的信息权利

(一)新型信息“权利束”的拆解

信息“权利束”由一群权利共同构成,除了信息所有权,个人对信息进行决定、保密、查询、更正、封锁、删除(被遗忘)、携带等每一项行为都是新型权利束的分支权利。有些信息权利可以通过普通的“个人信息权利”自动获得,例如,个人信息所有权、使用权、收益权。有些信息权利需要信息获取方采取积极义务的方式才能实现。例如,信息决定权、知情权,信息采集者必须告知信息主体信息是如何被采集,如何被使用的。有的信息权利需要信息主体对特定信息获取者发出请求,信息获取方未收到信息主体的请求时可以暂时不履行这些义务,例如,信息更正、信息封锁、信息删除、信息可携、信息被遗忘等行为。

由于信息传播的复杂性,信息传播行为是零碎且分散的。信息控制行为的命名较多,并且在不同的立法中命名规律也并不统一。因此我们将相似名称的信息权利集结成一个“权利束”,可以通过“权利束”判断不同的分支权利的特征。“权利束”的分支还会根据信息社会的变化继续开枝散叶。

“权利束”可以将信息所有权、信息使用权、信息控制行为、信息自决行为、信息请求等行为进行完整地覆盖。这些信息行为之所以是权利束之中的新型权利分支,是由于这些行为并不仅仅因人格利益、财产利益而设。自然人除了拥有人格利益,财产利益,还应当拥有纯粹的信息利益。一部分个人的信息权利在人格权与财产权的缺席下也可以行使。

经典权利体系无法涵盖一系列全新的信息行为,我们需要借助独立的个人信息立法进行补充。我国《个人信息保护法》已经有了突破性进展,第四章"个人在个人信息处理活动中的权利"对信息主体进行了保护。首次对信息权 "权利束"进行了结构性地拆解,创造了许多类型的具体信息权分支。《个人信息保护法》第 44 ~ 47 条,将自我决定行为作为个人信息权利的分支。《个人信息保护法》所定义的信息自我决定行为应是控制、支配自我信息,并能够有权决定其自我信息是否被收集、处理与利用,也有权决定自我信息通过什么方式、目的、范围被收集、处理与利用。信息的保密、查询、更正、删除是其他类型权利分支。《个人信息保护法》并不以权利束作为单一的保护模式,在其大部分章节不以权利模式进行规则的构建,而是以强制性义务原则或规则约束信息处理者,保护信息主体的利益。

(二)新型信息"权利束"的特征

为了弥补人格权、财产权等模式的不足,我们以新型信息"权利束"对个人信息进行全面的保护。这些权利束包括个人对信息的决定、保密、查询、更正、封锁、删除(被遗忘)、携带行为。这些权利在保护方式和手段上与传统法定权利存在较大差异。

首先,保护时间不同。人格权、财产权的保护时间是人的出生至死亡,自然人信息的保护起点理论上应当从自然人的基因信息复制开始,即从自然人能够产生信息开始计算保护起点。自然人信息权保护的终止点与人格权也不同,这是因为"信息人"的"死亡"与物质人的时间不同,"信息人"自从个体信息在世界彻底被删除之后(或者被遗忘时)才真正"死亡"。知识产权的保护时效超过了自然人的寿命,也证明了这个道理。活着的人依然不能对死亡的人的历史信息进行擅自篡改。自然人的信息并不因自然人的死亡而消失,那么人格信息的保护时效应当延长,甚至是永久。

其次,保护的方式不同。一般人格权注重强调人格的完整性与纯洁性,其在信息技术性与工具性上保护较弱。学者对人格权的权能进行了概括,分别为控制、利用、转让、处分。[1] 信息自决行为关注信息的存储、上传、下载、转移,临时占有、携带的各个环节。2020年《民法典》为了填补了传统人格权概念的不足,将个人信息纳入一般人格权的保护范畴,其中涉及自然人对自我信息的技术化处分,包括对信息的删除。但可被删除的信息只是限制在有错误、有异议、违法信息范围之内。删除错误信息并不是对个人信息利益的最大化保护方式。与欧盟的"被遗忘权"有较大差异。《个人信息保护法》对该部分的信息利益进行了扩充,逐渐接近欧盟国家信息权益的标准,个人能够删除信息的权限更宽泛。

最后,个人对信息的决定、保密、查询、更正、封锁、删除(被遗忘)、携带是否是一种对世权利存在争议。在传统民法通说中,人格权或财产权是一种绝对权、对世权、排他权、不可转让之权利。但是部分新型信息权是相对权,它们可以基于约定产生。那些拥有强大信息收集优势的信息采集者、信息控制者与信息主体签订隐私协议,通过信息采集器获取信息。例如,通过手机 App 获取信息主体信息,较为常见的是获取地理位置信息,从而方便为信息主体提供相应服务,如物流服务、地图服务、外卖服务。信息控制者此时是基于约定而产生的信息采集权与使用权。采集不一定通过电子设备,也可以通过口头询问、书面询问,例如,消费者提供会员卡电话号码、年龄信息。除了提供原本的信息服务,信息采集方还有义务对个人提出的一系列信息查询、更正、删除、下载、转移的要求做出积极义务回应。这些信息权利并不称为人格权也不是财产权。这是一种纯粹的个人对自我信息的控制权限。权利的主体和义务的主体都是相对应的。与人格权、财产权的本质差异较大。这是由于个人信息在传播的过程中大部分时间不在信息主体手中,而在不同信息控制者手中。人格权与财产权都不能回应不同类型的信息控制者具体的权利与义务边界问题。全面保护个人的信息法益,这个时候需要《民法典》《网

---

〔1〕 杨立新:《人格权法》,中国法制出版社 2006 年版,第 27 页。

络安全法》《个人信息保护法》形成严密的权利束与强行性义务规则相互进行辅助与补充。

三、信息"权利束"对物权理论的借鉴

我国学者程关松教授认为,个人信息保护应当从抽象权利立法模式转向确认具体权能为重心的立法模式。[1] 这种模式其实就是物权的"权能"模式。梅仲协认为,物权是直接支配物的权利。姚瑞光认为,物权者不仅支配物,还享受其利益。倪江表与张企泰认为,物权还有排他性。[2] 因此物权的本质属性可以概括为,支配、获利,排他。

信息相较于物,流通性更强,可复制性较强,量化较难,物的复制成本非常高昂,盗窃难度也较大。信息独立于物而存在,信息也具有使用与交换价值,个人也对自我信息也可以进行支配、获利。同时自然人对所属信息享有排他权。非经信息所有者同意,任何人不能侵犯信息所有者信息权益。

物的所有权权能包括:"占有"权能、"使用"权能;"收益"权能;"处分"权能。[3] 这些权能集合在一起也被称为"一束权利"(A Bundle of Rights),或者被称为"权利群"。有学术文献将这些"权能"称为"定限物权",完整的所有权也被称为全面物权或完全物权,定限物权是在一定范围内对物有支配权,限定物权会对所有权造成限制,自然人信息在传导、存储过程中必然会经历"占有""使用""收益"各个环节。信息所有权的权能比物权要更多,更复杂,由于信息所有权在立法体系中的地位不稳定,这便导致这些信息所有权的"权能"被拆分、被肢解,单独作为一种权利被法规所列举出来。例如,GDPR

---

〔1〕 程关松:《个人信息保护的中国权利话语》,载《法学家》2019 年第 5 期。

〔2〕 王泽鉴:《民法物权》(第 1 册通则 · 所有权),中国政法大学出版社 2001 年版,第 38 页。

〔3〕 梁慧星:《物权法》(第 5 版),法律出版社 2010 年版,第 133 页。

中规定了“数据可携带权”,但是,我们对应物权所有权体系,物权中没有“可携带”的观念,物的所有权者理所应当有权利携带动产的权利,除非强制性法规在特定地域进行限制(如飞机、火车、轮船不能携带特定物品,出入国境不能携带特定物品),这样的特殊情况,需要公法加以调整,物权不会单独创设一个独立的“可携带权”权利。物权也更没有“删除权”“遗忘权”,物体一旦被毁坏,其物的价值也就不存在,如同废弃,物权理论中没有所谓的废弃权的概念。物的所有者可以从权利推定中理所应当享有这些权利。但是欧盟法律中的“删除权”“遗忘权”,并非基于所有权框架下推导出来的权利类型,而是列举型权利,如果没有列举,则该权利并不存在。其实当自然人信息所有权成立之后,这些权利会自动生成,并形成一个完整的自然人信息权利谱系。

(一)“信息”与“物”确权的相似与差异

1.“信息”与“物”的相似性

按照罗马法早期的物权理论,其实是可以将信息作为物权保护对象的,罗马法对于所有权的界定并不局限于实体物的范畴,只要具有利益的事物,都可作为“物”来看待,以罗马法的视角来看,信息有时的表现形式其实就是一种“无形之物”“无体之物”[1]。德国民法典确立了学理意义上的物权体系,但却将物权限制为“有体物”的范围。罗马法与法国法曾经主张的“无形物”被删除,其非物质的利益该用怎样的权利模式来表述呢?于是诞生了债权理论。这便导致了信息所有权在现代物权理论体系中不能归为“物权”,也没人将它界定为“债权”,但是它与物权确权具有相似性。(1)自然人信息所有权与物权所有权都具有对世性,任何他者都不能随意侵害该权利,即所有权人所享有的是对抗一切不特定人的权利。(2)人对于物或信

---

〔1〕 罗马法将“有体物”界定为一种客观存在并且可以通过触觉认知的事物,“无体物”是主观的存在,而不能以触觉方式认知。参见陈允、应时:《罗马法》,商务印书馆 1931 年版,第 112 页。

息,都具有物理意义上的支配性,信息必须以物质载体的形式存在才能被记录、被保存。人对于信息支配、人对于物的支配实质上都表现为一种相似的社会关系。人在支配信息的过程中产生的各种信息控制行为与“物权”有一定的共同点,例如,存储、阅览信息与占有物体相似;分析、开发信息与使用物体相似;信息的获益与物的获益的行为,在市场经济核心规则上本质是相似的。

2.“信息”与“物”确权的差异性

信息确权与物的确权也存在差异:(1)个人对于信息的支配、控制方式比对物的支配方式要复杂,使用并发挥信息的效能需要借用复杂的手段和科学技术,信息主人享有的权能数目要比物权多。许多新型权利是物权体系中没有的,如自决权、知情权、阅览权、存储权、删除权(被遗忘权)、携带权等。(2)信息的无限可复制性导致多个主体可以对同一个信息进行使用、获益。信息之上不仅可以存在单个使用权,也可以同时存在多个主体的使用权利,还可以存在公共权力。信息具有抽象的可支配性,显现信息的物质载体经常变化,电脑、U盘、磁盘、手机都是信息的物理载体。物权的物质形状是稳定的、质量变化较小的。(3)个人信息所承载的人格意义比物要大,信息记录着个人的历史过程,它不是静止的,它是流动且变化的。大部分自然人信息具有人格属性,这种人格身份属性不能随意更改,具有自然人人格的信息所有权不能随意转移。物的人格属性较弱,物经过多次流转之后,原始物主人的人格属性对于物来说越来越弱。

在总结信息确权与物的确权的相似与相异之后,我们可以借鉴物权中的相似理论作为信息权利学习与研究的参照。

(二)占有、使用、收益、处分

“占有”是信息所有权行使的基本环节,占有制度在历史的各个时期，在世界的不同国家较难形成一个统一的概念。[1] 德国、日本、韩国将“占有”明确为一种权利，我国《民法典》尚未界定“占有”的具体内涵，信息权可以从中借鉴和吸收一些原理。部分物权法专著将“占有”视为所有权的“权能”之一，并非视其为一项“权利”，将其定义为，所有人对物的管领事实状态，作为所有权权能之一，占有可以与所有权分离。[2]

人在特定情形下可以对自己所拥有的信息可以实现物理性质的占有，表现为：对纸质档案的保存；对电子文档的存储。但是在大部分情况下这些信息是不被自然人以物理状态管领或持有的，自然人主体与其个人信息在物理上经常是分离的。这些信息会被存储于金融企业的档案之中，或者在公共事务管理部门的档案之中。被其他主体占有的核心信息类型有身份信息的表格、报考信息、应聘信息、商品出售信息、物流家庭住址信息……还有很多其他商事主体占有个人信息，例如，在线打车系统占有了出行信息；搜索引擎占有了个人信息偏好信息；社交软件服务器占有了聊天信息；电子邮件商占有邮件信息；网盘空间提供商占有个人存储信息等。这些类型的占有是信息的合法占有，这种“占有”基于合法的规定及约定产生。基于约定而“占有”自然人信息之前，必须有一个严格约定确认程序，大部分手机软件在获取信息之前，需要信息所有者的确认授权。

非基于法律规定及约定的占有就是无权占有，信息所有权者可以享有信息请求权，将该信息获取，或者要求对方删除。“信息占有保护请求权”其实也是基于对物权“占有保护请求权”思维的一种借

---

〔1〕 关于物的“占有”性质，通观世界各国民法典，存在五种学术观点：(1)认为“占有”是一种事实，这种说法起源于古罗马法，多数国家和地区认同这种说法，我国台湾地区也认同占有是一种事实状态，并不能构成一项单独的权利。(2)认为“占有”是一种权利，这种权利基于法律授权，占有受到法律保护，并可以进行救济。(3)混合说，占有具有事实和权利两种性质。(4)我国主张的权能说。我国的物权法效仿了苏联民法的理论。(5)认为“占有”是一种法律关系，以法国学者卡尔波尼埃为代表。

〔2〕 梁慧星：《物权法》(第5版)，法律出版社2010年版，第132页。

鉴。非基于法律规定与约定而占有自然人信息的占有，是一种“无权占有”，无权占有该信息的主体有义务将信息归还给信息所有权人，而不能任意复制、传播该信息。信息占有的类型比物权占有的类型要更为广泛，信息是可以流动、分离、分解、复制，物体不具有这样灵活的性质。自然人的信息几乎是被拆分、被不同的主体所占有的，如果个人信息权领域借鉴他国经验且深刻发展“占有”的概念，有益于市场经济社会的效率及安全。

自然人运用已经存在的信息，指导自己的社会生活，如使用自己的日程表、自己的邮件、自己的账单。自然人作为信息所有权人理所应当发挥自我信息的最高效率。信息是具有效用的，信息的效用与物不同，物的效用直接通过物理现象体现出来，信息要发挥较高的效用需要人发挥较高的智慧水平。

“使用”与“占有”信息不同，“使用”信息需要对信息的含义进行提取，并将信息所传达的含义运用在社会活动之中。信息的使用主体与信息所有权主体可以重合也可以不重合，信息的使用、收益可以通过授权的方式转让给他人，信息的所有人可以选择将其个人信息进行保密，或者出售、许可给他人。所有人需要对信息进行有限的保密的时候其实就可以行使信息权利束之中的“信息控制权”。对信息的许可或控制就类似于物权理论中的“处分”权能。

（三）信息的“用益权”

“用益权”是物权中的概念，“用益物权”是指“对他人之物享有的使用、收益的权利”[1]。这个定义强调了物是他人之物，这个权利是在他人之物上设定的，尤其是土地这样的不动产，如果发挥其较高的经济价值，设置用益物权非常必要。用益物权的核心是“使用”与“收益”。信息具有同样的属性。大量的信息在所有权确权之后不被公开，被闲置是一种资源上的浪费。自然人信息非常具有经济价

---

〔1〕 王利明：《物权法研究》，中国人民大学出版社 2007 年版，第 3 页。

值。非信息所有权人会暂时合法占有自然人的信息,他可以自己使用这个信息并发挥经济效益吗?这种使用方式是非常特殊的,就如同农民在他人的物上种植树木,树木成长的果实可以换取货币。

非信息所有者不能直接将自然人信息进行交易,就如同农民没有权限出卖土地,但是非信息所有者可以分析信息、统计信息、计算信息。许多信息技术运营商擅长于信息"采矿"与"提炼"技术。它们采集、获取信息之后,对信息进行统计、研究,获取内在规律,引导企业作出战略经济规划,进行有目标性的生产、交易行为。我国学者申卫星教授也赞成借鉴"自物权""他物权"的权利分割模式将信息的所有权与用益权分离。实现信息主体与开发信息的商业主体分享信息权益的均衡配置。[1] "益"是多方面的,有经济利益,销售商根据自然人订单数据,判断销售数量,节省备货成本。制造商根据消费者购买偏好,预测受大众青睐的商品数量,预估业绩与销量并回避囤货风险。信息具有科研利益,例如,医院系统掌握大量的自然人临床疗诊数据,科学研究者可以利用这些数据进行前沿医疗研究,将这些数据作为统计分析样本,从而对科学研究的推动作贡献。

信息用益权的主体非常广泛,包括自然人、组织、法人等。如果是国家作为用益权主体出现,这个就属于信息公权探讨的范围。在物权理论中,用益物权都是通过合意与公示的方式而产生,信息权也可以参考这些方法。信息法可以基于商业利益、公共利益的需要在一定层面立法授权一部分信息开发主体从那些"脱敏"[2]类型的信息之上获得经济利益。

(四)"信息"与"担保"

在我国,只有五种形式的法定担保方式:保证、抵押、质押、留置、定金。传统法定的担保方式都是以物作为担保,立法从来没有规定

---

〔1〕 申卫星:《论数据用益权》,载《中国社会科学》2020年第11期。

〔2〕 脱敏信息,经过技术化处理,将那些涉及隐私的信息剔除,如身份信息,通讯信息,银行卡账号。

信息可以用来担保,这样做是创设了一种新型的担保方式,会面临立法不认可的风险。信息担保虽然不是法定的担保方式,但是在电子交易实践中,通过消费者历史信息来判断交易是否安全的行为已经大量存在。

自然人信息背后所构成的大数据,一直被互联网电商所掌握,这些大数据由个人的购买记录、还款记录、活动行踪、人脸识别,通过对这些信息的分析,不仅可以探索到一个人的真实信用等级,还可以预测债权的实现效果。这种担保其实和自然人信用担保原理是一致的,非常依赖真实的个人历史信息。

即使是非信息化的传统社会,将重要身份信息作为一种担保其实也存在。例如,某人购买了商品,尚未支付对应的货币,你需要暂时离开交易地点获取货币,但是他身上并没有贵重的物品,此时他可以将身份证件提供给对方,或者具体地址信息、电话信息给对方。当然,这种担保出售商品者具有支付风险,它们遭遇的最大风险就是虚假信息的风险。如果提供的信息越完整,对方的风险就越小。再如,不少小额贷款公司为了保障资金的安全,还会通过手机软件获取借款人的信息,手机所存储的电话号码簿信息、通话记录,一旦还款出现危机,它们会及时联系电话号码簿上的联系人,并告知这些联系人借款人欠款情况。这种做法立法并没有禁止,这也说明,自然人信息存在可以作为财产担保的可能性。

如果立法对此加以规范,存在一定理论与实践研究空间,被自然人用作担保的信息不能包括所有类型的信息,如果有可能是侵害债务人人格利益的信息,即使在签订债权、债务合同时也不能视为有效合同,如极度隐私的信息。最近10年,普惠金融政策兴起后各种类型的金融平台迅速发展,虽然能够解决中小企业融资困境,但是也陷入个人信息与人格权侵权漩涡之中,“裸贷”就是其一。所谓“裸贷”,是一种非法定贷款类型,借款人需提供自己的裸照或视频信息即可以获得贷款,以此作为“抵押”,这就是纯粹的自然人信息抵押,根据物权法定原则,抵押物不能包括这些有损人格尊严的隐私信息。

被广大中国网民所熟悉的支付宝，其中有一个重要的征信系统称为“芝麻分”，它是一种非国家、非官方的征信系统，通过用户的授权，获取自然人的消费信息、金融信息，只要是涉及能够证明自然人经济信用等级的信息，它都要收集。分数越高，可以享受的商业服务越多，同时可以享受很多免抵押的商业服务，如高于 600 分的自然人用户可以享受免押金租用自行车；免押金租房；享受花呗高借款额度；高于 700 分的自然人用户可以享受少部分国家的签证。

国家、社会、权力篇

第八章　权力理论的重新定位

第一节　权力的新属性

一、权力研究范式的改变

库恩认为,“范式”的意义在于它能从科学研究的各种方法之中脱颖而出,拥有一批坚定的支持者,同时能够解决将要诞生的新问题。[1] 查尔默斯认为构成“范式”成分的还有形而上学原则。[2] 因此,一个完整的学科范式包括了一个领域内被学者所公认的定律、理论、应用,并逐渐形成了成熟的模型。

经典公共权力研究范式大部分都具有人文性、历史性、社会性、政治性、经济性、军事属性。权力的研究范式较少以信息科学为突破口。信息科学具有人文与社会科学之外的属性。信息科学自诞生之日起持续了近八十年,[3]已经形成了相对稳定的研究定律与理论,我们将新的权力研究范式称为:“信息科学权力范式”,即信息科学体系中所包含的本体论、方法论、经典定律与权力范式的结合。这种结合即将回应信息现象之后权力属性、权力定位的疑难问题。

---

〔1〕［美］托马斯·库恩:《科学革命的结构》,金吾伦、胡新和译,北京大学出版社 2003 年版,第 9 页。

〔2〕［英］A. F. 查尔默斯:《科学究竟是什么》,鲁旭东译,商务印书馆 2007 年版,第 135 页。

〔3〕信息科学的崛起及创立是从 20 世纪 40 年代开始,诞生初期的信息科学方法论在与其他学科相互渗透中而产生,这些其他科学包括了分子生物学、通讯科学、工程学、数学等。

信息科学其实是多种学科的综合体，在国家学位授予和人才培养学科目录中，并没有单独设立“信息科学”字样的一级学科，信息科学在国家学科目录中被分解为多门相关学科，它们分别为信息与通信工程、控制科学与工程、计算机科学与技术、图书情报与档案管理[1]。这说明“信息科学范式”并非单一的科学研究体系，他必须借助这些学科的合力而形成。

属于权力研究的支柱信息学科方法论有信息论、控制论、计算机理论、系统论、人工智能等。信息科学权力论的研究建立在信息论、控制论、计算机理论、系统论的研究框架之下，这几大核心的信息科学范式可以弥补公共权力理论研究在信息研究领域的局限。我们将它们与权力的本体论、权力的运行论、权力的价值论进行结合研究，以信息视角补全权力体系的内部构造。通过信息的测量单位、通信系统、数据传输的视角探讨权力的概念、渊源、形式、权力的关系、权力的运行程序、权力的历史与演进；将控制论与权力理论的运行论相结合，探讨在权力的实践过程中，权力的形成以及权力如何通过信息对社会进行有序的控制。

二、权力的信息属性

信息科学范式权力本体论在将向我们揭示，权力作为一种支配力量，将发生重大改变。以往的权力理论研究对象注重的是经济、政治、军事现象。现在的权力理论研究对象是物质与信息两种存在结合生成的权力现象。“物质主义”权力范式的特点是：人类的非物质现象（如人脑意识、意志、人类社会的意识形态）均由物质所决定，非物质现象均是物质现象的附随产物。这种世界观运用在法学理论体系之中会影响我们对权力“元概念”的重新界定。例如，什么是权力的概念、什么是自然人、什么是财产，我们多从物质基础、经济基础去描述一个权力概念。“信息科学”下的权力理论，以信息与物质二元

---

[1] 国务院学位委员会、教育部：《学位授予和人才培养学科目录》（2011 年）。

的视角共同来重新定义权力概念与术语。信息科学下的权力理论并不是对唯物主义权力观念的颠覆或覆盖，它与唯物主义权力理论同时并存，作为唯物主义权力理论的补充。

权力是一个远比私权（权利）更为复杂的概念，仅从公法学视角解读权力这个概念是狭隘的。它在哲学、社会学、经济学、政治学上的所指称的对象是不同的，它在不同学科具有不一样的地位与品质。在政治学看来，权力是政治的一个核心概念。哲学家罗素认为权力是人类的一种欲望，在人类无限的欲望之中，权力和荣誉的欲望是居于首位的，权力又具有多种形式，如财富、军队、行政机关、舆论控制，这些权力的获取方式是完全不同的。〔1〕在社会学意义上，权力不一定为国家所垄断。马克斯·韦伯认为，权力意味着在一种社会关系里哪怕是遇到反对也能贯彻自己意志的任何机会。〔2〕迈克尔·曼认为，权力是通过支配人们的环境以追逐和达到目标的能力。〔3〕约瑟夫·奈认为，还有一种权力称为“软权力”〔4〕，包含了政治价值观、意识形态、文化吸引力。软权力的特征是不强制民众进行改变，而是以权威性的政策、文化吸引民众的改变。如果硬权力从武力、物质财富征服民众，软权力就是从思想、文化来潜移默化地影响民众。

信息社会告诉我们权力的控制类型有了新的模式，那就是特定主体对信息、舆论的控制从而支配人们的经济、社会行为进而获得某种目的，因此我们在界定信息科学视角下“权力”的属性时，视野不能局限于法学范围内公法意义的权力，而应从社会、经济、政治、心理学

---

〔1〕［英］伯特兰·罗素：《权力论》，靳建国译，东方出版社1988年版，第3～5页。

〔2〕［德］马克斯·韦伯：《经济与社会》（上卷），林荣远译，商务印书馆出版1997年版，第81页。

〔3〕［英］迈克尔·曼：《社会权力的来源》（第1卷），刘北成、李少军译，上海人民出版社2002年版，第8页。

〔4〕新自由主义的代表人物之一的约瑟夫奈在2005年发表《硬权力与软权力》一书，提出“软权力”思想。

来思考权力这个概念。权力的特征正在从拥有雄厚物质财富,转向了控制、操纵、并支配着更丰富的信息[1]。

第二节 信息支配力

一、信息支配力的特征

在信息科学视野下,如果主体能够对数据、舆论形成一种新的支配力,这种支配力可以对人的认知、人的思想、人的自由意志形成影响,这种力量也是一种“权力”,这是一种信息支配权力。广义上的信息支配力的主体不局限于国家政府。信息支配力不仅仅存在于信息网络时代,只不过信息控制者在网络时代的支配力最强。在非文字时代,信息是通过口耳相传的,这种形式的信息传送会因为距离的阻碍,内容不稳定,最终导致终端的信息容易失去真实性,当时的信息主体对信息的支配力是非常弱的。当人们用雕刻、绘画,结绳、鸣鼓等方法进行信息传播的时候,信息传播者的支配力才逐渐强大起来。在非网络的纸质媒体时代,特定主体对信息的一种支配形式在远古时代曾经被称为“信号”,如烽火台上的浓烟。信号会促使远古的人类对危险现象有所预警。但是信号持续时间短,传播路径单一,传播范围较窄,文字、符号的发明才使信息具有更加持久广泛的支配力。在近代具有影响力的一类新的信息支配方式被称为“宣传”,宣传不仅仅是将信息传播至人群之中,更需要被宣传者能够接受所宣传信息中所传递的思想。拥有支配力量的宣传需要具备多个要件,若干年后“信号”“宣传”这种信息支配方式逐渐演化并呈现多样化的发展局面,它演变成了“新闻”“舆论”“广告”“热搜”“头条”“小视频”。无论信息的名称如何改头换面,具有支配力的信息都具有以下两种

---

[1] 杨晓东、王伟凯编著:《当代西方政治生活中的权力话语》,天津社会科学院出版社 2015 年版,第 52 页。

特征：

1. 信息传播者与被传播者所关注的事物要保持一致，如人们对物质财富的欲望，人们对灵魂不朽的期许，或是人们对国家富强的愿景，还有人们的猎奇心态等。宗教的信息传播和宣传是非常具有支配力量的，宗教的信息宣传非常符合人们对不朽灵魂的期待以及内心康宁的诉求。虽然当时的信息传播是通过驿马、铁路、车辆等这些笨拙的物体，但是无论信息传播的通道是怎样的，都无法改变影响信息支配力的本质的要素。当电视媒体产生之后，广告成为一种新的具有支配力的视觉信息宣传，广告宣传其实激发了人们内心对物质与对美好生活的欲望。

2. 信息传播主体的差异也决定了信息的支配渗透力。不同地位的主体不知不觉成为信息的支配方与被支配方。语言、文字、声音都是信息，此时的信息是否发挥其支配效能，还取决于发送信息方与信息接收者的地位、身份。政府机关在信息支配上具有优势地位，这种优势源于国家立法的特别授权。例如，法庭上的审判长对整个法庭的审判过程具有信息支配力，警察具有信息支配力，领导者具有信息支配力。这种支配力源于职位的等级。在课堂教学中教师对学生也形成了信息支配，这是身份所决定的信息支配。学者对大众也形成了信息支配，这是知识权威所促成的信息支配关系。在所有具有支配力量的信息之中，最具理性特征的信息应该是知识信息，因为其科学性与智慧特征给予人类更强大的推动力，它是主体创造稳定财富、持续发展的信息。这些知识信息中有大数据，更有各种科技专利。“知识就是力量”这句经典格言告诉我们，只有新知识、新技术才是无惧时代巨变的事物。国家间的综合实力竞争，经历了军事力量竞争、经济财富的竞争，最终演进为最新知识水平的竞争。知识不能陈旧，一旦知识的更新脱离了时代的步伐，任何主体都将在竞争中处于被动地位。这样更加凸显新知识信息的弥足珍贵，财富也会向最新知识技术聚集，创造新兴信息知识技术的群体往往就获得一种强大的支配力，并逐渐形成垄断性的地位，对旧知识体系群体形成一种压制力量。如果这种支配力发生在国与国之间就像殖民扩张一般。

在市场经济时代,资本具备非常强大的信息支配力,资本会直接影响信息的内容和数量。自资本这个事物出现在人类社会以来,它并不会随着人类信息传播方式与速度的变革而消亡。相反,由于网络社会使资本运行的速度更快,资本对信息进行了重新塑造,对传递观念的信息进行投放、放大、强化。当代社会的资本完全卷入了全球的金融信息网络之中。资本家的真实面孔也被隐藏起来,他们是不展露真实面目的集体资本家,他们操纵着金融网络信息。网络研究家帕里泽(Pariser)在其著作《过滤气泡:互联网没有告诉你的事》(*The Filter Bubble*: *What the Internet is Hiding from You*)中指出:互联网已经不再是一个自由、独立的空间,它早已被商业控制,并且不断控制人的生活。互联网将主导我们获取关于世界的新闻和信息的方式,而不是更传统的形式。这种现象的结果是,我们对世界的不同理解依赖于我们的搜索历史。[1] 叶夫根尼·莫罗佐夫在《网络错觉》中提出了互联网的权力和控制问题,尤其是互联网瓦解民主的潜力。

高速发展的信息计算速度让信息传播更加迅速,但是未必能让作为信息接受者的民众更加聪明、理智。民众对庞大信息的接收并不意味着智慧的积累。由于信息接受者的被支配地位,民众无法完全判断其接收的信息真实性、客观性、科学性。如果信息传播主体过于单一,信息的同质化趋向就会越来越明显。那些广泛流通,并被反复报道的信息,都是特定机构或集团专家所提供的,这种信息不一定正确,而且极有可能具有误导性。[2] 此时,国家需要对非真实性信息进行强制干预与监督。

信息支配力也同样会出现垄断和暴力局面,在多个信息支配力

---

〔1〕 Packman C., *Book Review*: *The Filter Bubble*: *What the Internet is Hiding from You*, Policy Perspectives, Vol. 19, p. 131 – 134(2012).

〔2〕 杨剑:《数字边疆的权力与财富》,上海人民出版社2012年版,第52页。

处于竞争的情形下，强势的信息主体就会采取压制其他处于竞争势态的信息来源。占据支配地位的信息传播主体与弱势信息传播者、被动信息接受者都存在一种非对称性、不平等关系。以 2016 年新浪微博热搜榜单中所传播信息类型为例，大部分信息是基于商业运营起来的泛娱乐化信息，关注民生、国家公共政策、科学、教育领域内的新闻比例很小，自由言论不会显示在重要位置。即使是看上去体现表达自由的评论板块也被商业所控制。舆论也是可以被资本所控制的。网络信息企业以贩卖信息为业，以追逐利润为先，而非还原事实，更无对事件前因后果的深度分析。泛娱乐的出现，读者的注意力已经极度分散，网络信息企业早就已经剥离了新闻传媒企业的属性，并不具备独立的新闻价值伦理观念。过度市场化的发展，网络信息新闻媒体不能反应世界的信息全貌，它并不是传播真理的渠道，网络信息新闻媒体也不能完整传播公众的意见、信仰，更不具备马克思在 19 世纪中叶创立《莱茵报》那样钢铁般的斗争精神。“第四权力”究竟为谁服务，信息网络企业都在迷茫之中，那些关于新闻媒体的美丽的赞誉早已日薄西山，如果要抵消信息权力实施主体的支配程度，就需要将信息支配者的权力进行分散，例如，将信息传播的主体所支配的范围或强度进行限制，让信息被支配者获取更多的自由选择权。早期的 bbs 论坛其实是一个很好的分散信息支配力的窗口，人不是被动地接收信息而是主动地选择信息，不同的言论被分配到不同的板块区域，人们可以寻找相同兴趣的族群。当手机 App 技术的普及之后，人们被动接收碎片化信息的机会增多，信息碎片化导致思想、表达浅层化、抽象化。

二、信息支配力与传统权力之间的张力

托夫勒在《未来三部曲》的第三部《权力的转移》中揭示社会的变革会导致新型权力体制的崛起，进而取代昔日工业社会时期的权力格局。信息对传统权力的消解并非只出现在网络大数据时代，其实在纸质媒体发展的时代，传媒就已经对传统权力造成阻力，传媒的

支配力曾经一度被大众称为"第四权力",当网络大数据出现之后,语言、符号的转换更加多维化发展,信息的表现形式不仅仅是文字符号,还有金融符号、算法等。随着超级信息符号经济的出现,传统金融主体支配权力逐渐衰退,电子支付系统对传统银行造成了直接威胁。数字货币的出现改变了传统货币的定义。数字货币是资产,但它们的发行主体不是任何个人或机构,也没有任何权威机构的支持,与普通的商品相比较而言,它不具备任何使用价值。以比特币为例,它是一种高风险资产,它的价格极不稳定,它不像法定货币,没有央行来控制价格波动,这种货币不受银行账户或其他传统价值储存手段的约束,其可信度建立在计算机算法上,由于区块链技术系统,虚拟货币交易缺乏可逆性。中国在 2013 年推出了一项禁令[1],禁止银行与比特币存在任何交易关系。即使在我国内部禁止比特币的流通,在我国数字货币受到严格监控,数字货币也可能对国家的经济稳定构成额外的威胁。金融犯罪者经常将虚拟货币用作资金转移出境的一种工具。

由于信息加密技术的发达,网络中非法交易的行踪更加扑朔迷离,对政府防范非法交易、反洗钱造成巨大威胁。暗网交易就是其中之一。"丝绸之路"(Silk Road)是一个开放的市场网站,在"洋葱网络"(Onion Tor Network)的掩护下或隐藏在网络中运作。媒体经常称它为"暗网中的亚马逊",因为进入该暗网后,上网者几乎可以在那里购买任何东西,包括非法毒品、非法武器、假身份和被盗的信用卡。毒品是"丝绸之路"网的主要商业来源,这也是执法部门最终用来收集起诉证据的途径之一。所有交易都使用比特币,而隐藏网络的性质意味着所有记录的 IP 地址都是匿名的。2013 年,美国联邦调查局(FBI)关闭了该网站。当社交网络发达之后,新闻的传播不再依赖中

---

[1] 中国人民银行、工业和信息化部、原中国银行业监督管理委员会、中国证券监督管理委员会、原中国保险监督管理委员会 2013 年 12 月 5 日联合印发的《关于防范比特币风险的通知》。

央媒体,尤其是自媒体发达之后,人人皆为新闻事件的传播者,纸媒从此沦落为夕阳行业。非法跨国交易的无疆域化特征其实正在消解传统的物理意义上的国家主权边界,因此提出全新的“信息主权”理论迫在眉睫。

三、信息空间下的公民规训

在酷刑存在的时代,刑罚对肉体的惩罚非常残酷。绞刑架、示众柱、断头台这些器物让肉体惩罚成为一种仪式被公众所观摩。随着人类对野蛮的抛弃,肉体和鲜血逐渐隐退,国家物质暴力对肉体的惩罚不断减弱,惩罚转变为对灵魂、思想、意志和欲求的惩罚。[1] 信息社会下最严重的国家惩罚是剥夺人的生命而非肉体。肉体惩罚过程更为隐蔽、理智,国家将重点放在了预防与教育,科学理性地分析案情结构,公开展示案件裁判过程之上,将惩罚与预防犯罪进行了技术化的微观处理。信息技术的发展提升了预防犯罪的效率,这种技术就是信息监控。

福柯曾经把权力的监控方式描绘为对特定空间中个体的监控,如监狱、军营等。福柯在《规训与惩罚中》提及 17 世纪欧洲瘟疫来临时的严密监控技术,将每一个人进行物理空间式隔离并进行严密的监控,那个时代由于电子监控技术的匮乏,需要设计一种全景畅视化的建筑进行物理化无死角监控。这说明监控的本质没有改变,只是监控的手段在信息网络时代发生了转变,被监控的不仅是物理空间中的人,还有在信息网络中留下的痕迹。监视者不需要面对物理实体的人,只需面对录像视频中的人。

监控这个词,意味着权力的无孔不入,它会让公民有着畏惧的心态,监控者与被监控者是一种完全不对等的关系,让人联想起《1984》中的“老大哥”(Big Brother)。在公共空间安装摄像头,在信息网络

---

〔1〕 [法]米歇尔·福柯:《规训与惩罚》,刘北成、杨远婴译,三联书店 2003 年版,第 11 ~ 17 页。

空间中追踪公民行为踪迹。公民在高度信息化的技术监控中,公民处在一个比物理监视更加无形的控制之中。信息化的监控是比全景建筑更加理性、精确的权力机器,具有更广泛的威慑力量。

国家在监控中应当扮演着家长式的角色,国家信息监控意义不应当仅仅是控制和预防,更是对公民的身心健康的关心和关注。在疫情期间国家对公民进行健康跟踪就是一个典型的例子。政府进行密集式的信息监控,其实也是国家应当提供的一种安全服务,国家公共服务部门在推行电子政府措施时,会收集、储存和交换必要的个人资料,以提高公共服务效率和市民社会生活效率。公民其实可以在这种信息安全服务中获得一定的安全感。这样的安全治理模式,将成为每一个信息大国的常态,这种服务可以削减政府安全运行成本。

公民最担心的情形是监控与公民基本权利之间的对抗,害怕监控会压制公民的基本权利,最重要的两项权利。其一是个人隐私,其二是言论表达自由。国家对公民的监控深度和幅度应当保持克制,不能通过监控对公民进行索取、压制。

公民最害怕的是一种未告知的隐蔽的监控,这说明监控并未形成一种规则与程序,监控者是有意识地在行使权力,被监控者却是无意识的。许多国家在国家监控这件技术化的行为上都没有达成一致意见。不同的国家均表现出不同的监控特征,它们分别是不同类型的监控社会。比例原则,将在国家信息监控中面临新的挑战。政府可以将监控后的信息大数据面向大众共享,共享的数据既是公民需要的,同时共享信息中不能克减公民的基本权利。在一个民主的国家,监视的技术应该是双向的,不仅政府可以监视公民,公民也可以监视政府的行为。

第九章　国家信息权力确权论

第一节　公法意义上的国家信息权力的挑战

一、公法视角下的信息权力

在前文的论证里，我们对权力的探讨都是跨学科的，都不局限于法学的学科空间，而是以政治、文化、经济的视角探讨具有权力特征的事物。作为一个法学研究者，法学权力的定义是狭义的，即从法学角度论证权力时，较多是将权力缩小在一定的范围内，从公法学角度来定义权力。权力被冠以“公权力”的称呼。[1]

从公法视角研究权力的优势在于：权力是基本法授权而产生，这些权力进行了纵向与横向地分类、分工，基本法将权力的等级、权力的类型进行了有序的划分。公法有一套稳定的权力运行原则，这些原则包括权力分工、权力监督、民主程序、参政议政等，这些原则有助于国家克服因权力自身所产生的弊端。尤其是公正对待权力与私权利之间的关系。在我国，研究“信息权”的学者并非集中于公法领域，民法学者探讨较多，纯粹的公法学者其实并不擅长对信息确权进行系统分析，目前我国公法学者的研究领域有公共信息采集的合理边界、网络有害信息的治理。研究公共信息的产权属性的学者不太多，已有研究依然建立在传统权力研究的框架之内。

公法下的权力诞生之初，需要论证国家权力的来源，政治哲学的

---

〔1〕 周尚君：《权力概念的法理重释》，载《政法论丛》2012 年第 5 期。

学者在国家权力来源的问题上颇费周章。我们对霍布斯、洛克、卢梭等学者的权力论证进行总结后认为任何类型权力(power)的本源其实还是来自权利(right),权力的初衷就应当是保护权利。自由主义思潮兴起之后,我们从人性中抽象出正当的私人利益,为私权利的抗争获得了较大的胜利。在信息私权领域,全世界的研究者也已经获得了足够大的进步。现在也轮到我们对信息的公法权力进行探索,论证信息在国家领域和公共领域、市场领域中的运行规则。因此理论上我们对信息权力的定义为:国家为了维护本国主权安全、民族团结、公民安全与基本权利,需要被人民授予的一种通过信息技术实现政府职能的权力。这些权力包括信息主权、信息产权、信息管理权、信息治理权。从宪法意义上看,驯服国家信息权力是每个国家的宪制义务,使其不偏离法治规则的轨道,不会沦为牟取私利的器具。严格区分公权与私权本质特征,避免公共权力与个人权利、社会权力混淆在一起。

私法与公法的划分有利于对学者们辨析不同的信息法律行为、信息法律关系、不同类型的信息产权。公法是国家政府进行公共秩序、利益维护的法律。公法的立法技术体现着国家的政治和主权能力。公法涉及宪法、行政法、刑事和国际法的领域,它调整着国家与公民之间的关系。它涉及大量的政治事务,包括各级政府和政府官员的权力、权利、能力、义务、职责。

传统的国家义务有防御、安全与秩序、司法。但是现代国家的义务远远不止这些,信息社会不断为政府创设了更多、更新的义务。公法领域也发生着一场由信息革命主导的改革和变迁。公权力的类型将不断更新,需要更新的第一项公共权力是国家信息管理权,管理权的内容非常广泛,包括信息的存储、采集、监督、市场竞争等各个环节。第二项需要确认的公共权力是公共信息的产权。无论是物权还是信息权,国家产权这个问题,曾经在私法领域进行过热烈的探讨,并且民法学者偏向强调自然人信息权的私法属性,有学者指出应将国家视为公法法人[1]，这种模式其实还是基于对私法法人的一种模仿，这种划分的确有利于缓解国家信息产权模糊性的问题。但这些理论都是基于民法的思路及框架。信息所有权在特定的具有私权性质的侵权与契约领域可以适用民法的规则，但是基于对公共权力的监督与对公共利益的救济上，民法理论还是缺少宪法等公法的思路与视野。目前公法领域信息管理权、治理权、信息主权的论证都比较缺乏。信息公共权力的体系建构还不完备。

公法视角下的信息公权力是制度化之后的权力，属于严格意义的"国家权力"，它被国家所驾驭。它通过一套系统的惩罚或鼓励机制运行，并通过多数人认可的规则体现出来，具有公法意义的信息权力，具有宪制色彩。法学研究者其实不应局限于公法视角研究信息权力，公法视角的权力观念也有局限性，其忽视了其他学科的多元视角，既忽视了社会学意义上的信息支配力，也忽视了经济学意义上强势信息者对弱势信息者形成的支配力。公法视角同时也忽视了一个事实，国家并非信息权力行使的唯一主体。现代社会的权力主体不应当局限于国家，还要对国家和私人领域之间存在的公共领域予以重视。

公法意义的信息权力理论，还需其他权力理论作为支撑与补充，本文所界定的"信息权力"，国家并非其唯一行使主体。其他主体可为人民群众的自治组织等。信息权力的研究还应为其他类型的权力探索创造空间，如社会权力，社会权力源自民间。由人际互动、社会关系而产生的评价系统也是一种权力类型，也被称为评分权力[2]。再如，市场权力，该权力是少部分主体对市场产生垄断力量。信息本

---

〔1〕 我国学者孙宪忠教授是公法法人财产权理论的推崇者，他在2015年出版的《国家所有权的行使与保护研究》中详尽地阐释了公法法人这个概念，并认为这个概念的建构将对现行物权法领域内国家所有权理论缺失的领域进行有效的弥补。

〔2〕 胡凌：《数字社会权力的来源：评分算法与规范的产生》，载《交大法学》2019年第1期。

身也具有支配力，信息技术也有推动力，他们均是权力的类型。超级信息代码、算法、运算规则都具有强大的支配力，更有人提出代码即权力的观点。

二、公法信息权力论证的挑战

信息私权利比信息公权力的定义更为清晰、明确，在法理学上，私权根源于正当的道德利益、自然权利和经济权利。信息的私权的体系以“权能”“权益”“权利”为内容正不断进行扩容。信息私权是对人格、隐私、自由、财产等权利的延展，信息对于个体的人是一种利益、福利，甚至是虚拟生命达到不朽的一种方式。信息私权被赋予平等的主体，信息私权一旦确立，主体享受形式上的信息正义与平等。

但是涉及信息的公共权力是按比例进行分配的，历史对私权的批判之声没有对公权批判之声那样响亮，学者们认为公权力具有天然的“恶”的特征，公权没有私权那样具有形式意义上的均等特征，权力的不均等分配在历史中似乎经常存在，尤其存在于神权国家、军事专制国家、财阀统治的国家。[1] 权力的主体为了获取更多信息支配力，会不断追逐更多的信息公权。信息对于公权力而言是一种治理工具，国家权力对信息的支配不仅只存在于现代社会，从权力的诞生那一刻起，它就离不开信息，最经典的信息支配就是对书籍出版信息的支配、对新闻传播信息的支配、对舆论信息的支配。

公共权力的清单中没有“信息权力”这个概念，它属于一种新兴权力类型，虽然信息权力这个概念没有系统的论证根基，但是其实信息早已与国家权力进行了融合。它既蕴藏于传统国家权力之中，被国家立法权、行政管理权、司法权、监察权、军事权所吸收，同时又具备独立的权力特征。“信息权力”这个概念的提出必然遭遇很多理论与实践层面的挑战。首先，信息权力诞生的前提是什么，它的合法性

---

〔1〕 杨晓东、王伟凯编著：《当代西方政治生活中的权力话语》，天津社会科学院出版社 2015 年版，第 3 页。

基础是什么；其次，信息权力与传统权力之间的关系是什么；再次，信息权力的类型有哪些；最后，信息权力如何被监督，它的使命、边界是什么。信息权力面临的这些挑战将会在后续章节有所回应。

公法所定义的信息权力属于国家权力，或称之为政府权力、公共权力，它同样具备经济权力、军事权力的一些特征。它具备国家权力所具备的强制性特征，与其他类型的信息支配力相比较，公法信息权力的支配力与强制力最为强大。现代公法范畴的信息权力存在的目的并非保护个体权利这个唯一的使命，还有实现暂未实现的公共利益，这些实现公共利益的方式，与强征土地、强征税收之类的权力相似。征用土地、强征税收这些权力都属于物质型公共权力的范畴。从信息科学视角来看，公共权力为了保护个体的权利或公共利益的需要，也可以行使非物质的信息权力，这些权力包括，为了公共安全的需要对公民的信息进行强制采集，在公共场所强行对公民行为轨迹进行监控，这种被授权采集信息的权力就是公法意义上的信息权力。信息在传播过程之中被存储，被转移，被管理。重要的公共信息资源其产权归属国家。我国对国家暴力机关的定义也存在更新，如果从信息科学看待国家暴力，国家暴力机关不一定局限于传统的军队法庭，还可以采取非物质的软暴力，例如，公共摄像头的监控、通报批评、公布失信者名单。

第二节　信息与传统国家权力的关系

一、信息技术优化传统国家权力

现代社会的权力类型在立法、行政、司法权总体结构框架下，分工日趋复杂、精细。一个新的权力分工诞生原因是社会需要为某种新的社会功能而服务。目前，虽然没有独立的“信息权力”一说，但是权力从未离开过信息。权力失去信息是无法正常运行的，政府权力的权威感在信息技术时代其实更加被强化了。一个创新型的政府其信息技术必然是最先进的。信息技术创新有助于巩固、优化现有的国家权力结构,信息并没有颠覆性地改变国家的权力结构。如果信息技术没有和国家权力进行有机地结合,那么政府权力的运行必然是低效的,政府的公信力也将不断弱化。信息可以被不同类型的公共权力所支配。不同类型的公共权力部门都有采集、管理相关信息的权限,信息权力是传统国家权力的衍生权力,是每一个公共权力部门必备的要素,尤其是国家安全机关、公共安全机关、刑事侦查机关等。

信息技术、信息的规模都是提升权力运行效率的重要条件。这就是权力的"竞速学"。国家权力的实现由从过去长时转为现在的短时,即权力到达的即时性,权力的管辖领域不仅在物理空间,更延伸至信息空间之中,时间消灭了空间。[1] 权力正在信息空间高效率地运行。信息使权力走向精确化,此时的信息对公法权力而言是辅助性质的,它并不改变原有权力本身的属性。政府通过通信技术的优势对国家进行密集性、战略性的行政管理,此时的政府权力不仅效率提高,透明度也持续增强,权力运行的质量被改进。我们也把这种形式的政府权力运行模式通俗地称为"电子政务""大数据治理""算法治理"等。

信息技术实现了权力机关内部办公的信息自动化,政府通过网络系统精简办事流程。跨部门之间、上下级政府部门、不同地域的政府部门、不同类型公共权力的政府部门之间实现了信息共享。政府公文,政策信息快捷地在部门内、部门之间传播。例如,在公检法领域,各级司法系统通过共享司法信息改善司法工作效率,这些共享司法信息包括公安机关的刑事犯罪记录、审判机关的审判案例、检察机关检察案例等。政府对公务员管理更加科学严谨。通过信息网络迅速对公务员进行考核、测评并制定详细的工作目标。

---

〔1〕 梁雷雨:《保罗·维利里奥的"竞速学"》,载《天涯》2019年第1期。

信息技术使权力机关面向社会公众执法实现了自动化。政府办公模式从工业化时代转向了信息化时代。公众可以通过互联网进行税务申报、办理各类证照。政府定期将本部门的信息对公众开放，政府为公民提供涉及公共福利的信息，如教育信息、就业信息、医疗服务信息、社会保险服务信息等。信息技术改变了国家权力机关应对经济发展的方式。

二、国家权力机关的信息采集限制

当国家增加一项新权力的时候，这个权力就应当被对应的立法规则所限制。我国的《民法典》《个人信息保护法》，欧盟的 GDPR 对公权力机关的信息访问、存储进行限制的探讨不多。在非互联网信息时代，政府获取信息成本非常高，尤其在信息不发达的古代社会，虽然困难重重，但是治理者可以通过调整法律规则以降低采集信息所需的成本。法律法规对公共权力机关设置的隐私屏障并不严苛，国家机关基于法定职责处理个人信息应当向个人告知，否则就会陷入《1984》中奥威尔设想的一种毫无公民隐私权的反乌托邦社会。

国家部分信息采集行为有些具有保密性质。一些特殊的国家信息采集行为对待隐私权的界限并非“止于屋门”，并非所有国家采集的信息行为均必须经过公民个人同意。如执行国家安全任务、再如执行国家刑事侦查任务，这些任务具有较强的隐秘性，从而导致了公民个人的隐私权、知情权和国家安全、秘密形成了对抗，此时国家基于公共安全与秩序的考量会冲破个人的隐私的界限。“9 · 11 事件”过后，当年恐慌的美国国会就迅速通过了《爱国者法案》，该法案极大拓宽了美国政府对本国公民的秘密监视的权力，以密切防范恐怖行动的发生，法案饱受争议的缘由就是它与公民隐私权的冲突。我们应当建立严格的信息采集不告知规则，实现信息采集权力以告知公民为常态，不告知为例外，从而保护公民、组织与法人的合法信息利益。

国家的信息采集使命在于运用信息实现权力运行的效率与准确度，从整体社会共同体的利益出发采集信息，从而更加保障国家公民各项公共福利的实现。这些信息不局限于自然人信息，更包括国家战略规划范围内的所有信息类型。此时的信息对权力机构而言是资源、财产。信息作为资源的功能超越了其作为权力辅助的功能。我们还要对相关机构跨部门调配、统筹、采集信息资源的权力进行规范。

立法对不同主体信息采集行为的限制有差异，各国对商业主体的信息采集权限普遍严格于国家机关的采集权限。我国现行信息立法所规制的对象大多都是商业性质的信息网络公司。隐私权属于人格权，相较于商业利益而言更具有道德与利益优势。法律、法规也较早针对商业机构的信息采集设置了隐私权屏障，尤其针对具有信息采集垄断地位的公司与机构，这些规制是一种强大的威慑。

三、"去中心"技术对权力的影响

（一）"去中心"技术的诞生

比特币的诞生让分布式分类账技术加密货币背后的技术被世界广为熟悉。这项技术出现在2008年金融危机之后，它已经成为过去十几年中最具潜力的变革技术之一。首篇正式解析区块链原理的论文为《比特币：一种点对点电子现金系统》，作者是日本学者中本聪（Satoshi Nakamoto）。不少研究者建议将这种技术广泛运用于这个时代，区块链技术并非一蹴而就，它的技术起源于P2P网络、加密技术和电子现金技术，其中区块链1.0表现为分布式账本、快链式数据、工作量证明和梅克尔树。到了区块链2.0阶段出现智能合约，去中心化应用等技术。[1]

区块链数字结构是链条式的，这种链条的链接顺序是时间，利用加密技术确保每一块链条不能篡改或伪造。这个技术的最大特征就在于：第一，具有"安全性""分布式""共享性""去中心化""不可篡

〔1〕 工业和信息化部软件服务业司指导、中国区块链技术和产业发展论坛编写：《中国区块链技术和应用发展白皮书》，2016年10月18日发布，第5页。

改”“可追溯”的特征，这是由于该技术加密方式有较大创新可以保证交易的不可篡改不可伪造。第二，它是促进金融交易的创新手段，采取不依赖中心服务器的一种计算方式，即不依赖中央机构，通过在点对点网络中分配权力来分散社会内的权力，这使第三方变得多余。第三，作为一种开源技术，区块链是完全平等主义的，可以相对容易地用来构建变革性的新工具，第一个也是最常见的 DLT 是区块链，它创建的、去中心化的、有时间戳的账本，在对所有参与者公开的对等网络中记录交易。

区块链技术的这些特征尤其受反中心主义者的高度推崇。自由主义推崇者所提倡的交易方式，自由主义者始终主张，以市场为基础的治理方式，在这种方式下，国家只扮演最小的角色。事实上，一些人认为区块链的政治与新自由主义的目标相一致，包括强调个人企业家精神、私有产权和自由市场。因此，一种促进去中心化的自由市场的技术，让个人可以在数字平台上交换商品和服务，是自由主义者能够最接近无国家社会的技术。

很多国家中央银行加入数字货币发行计划的阵营之中，数字货币成为优化货币支付功能的技术，成为新的中央货币政策工具。厄瓜多尔 2018 年率先发行了中央银行数字货币，采用了全新的加密系统，交易全程受到中央银行监督，但由于发行较少而宣告停止。然而全球范围的数字货币发行计划没有停止脚步。2020 年，中国在粤港澳大湾区、京津冀地区开展了数字人民币试点，美国开启了数字美元计划，新加坡开展了银行数字货币跨境交易实验。

（二）技术类型影响权力结构

区块链技术在其他领域更多表现为一个流行词汇，却远远未及保护自然人信息层面，如果自然人信息可以使用区块链技术保护，那么信息的复制粘贴和传播都会在大家共享的网络中留下痕迹，并无法篡改。

许多国家将区块链技术不仅仅应用于加密货币领域，区块链 2.0

也被开发出更多其他的用途，如跟踪商品流动和验证公民身份。公民身份的验证同样也是每一个国家政府需要利用的一种重要技术，公民认证的失败会阻碍政府或金融机构各项工作的有序推进。

区块链技术的特征是高度可靠的，所有的交易记录都是防篡改、不可变的。其“不变性”一直被认为是这项技术最具革命性的方面，政府在公民身份认证上利用该技术增加了对公民身份识别的可靠性。同时，该技术为国家经济运行降低了大量交易成本，之前的交易成本主要花费在金融中介服务商之上，例如，每 10 美元汇往非洲的汇款中就有 1 美元会因金融机构收取费用而损失。区块链技术本身并不能完全实现去“中心化”这个目标，是否对金融权力去中心化，在于这项技术是如何被利用的，广泛适用的是哪一种区块链技术的类型，编码专家将成为重要的参与者。国家或传统金融机构重心地位并不会丧失，它们会加入这个新技术阵营之中。例如，爱沙尼亚在 2008 年向公民提供电子政府服务，证明了即使是小国家也会使用区块链技术作为国家权力的工具，通过利用这种技术，国家重新集中了权力，并使现有的权力结构永久化。

第三节　国家信息权力的使命

一、公共信息共享

公共信息包括了国家权力机关在运行过程中产生，国家采集总体审计数据信息。公共信息与公益性信息有区别，后者是国家公民能够获取合法利益增进社会效益的信息。国家权力机关在运行过程中产生的公共信息与公民的知情权是一个相对应的概念，公民知情权的对象就是指公共信息。

公民获取政府信息的权力可追溯至 1766 年瑞典颁布的第一部信息自由法——《新闻自由和查阅公共记录权利法》，这部法案有着自由主义哲学精神,并受启蒙思想影响较深,废除了对所有印刷出版物的审查制度,同时确立了公开查阅官方记录的法律原则和其他国家公民获取公共信息的权利。时任美国总统约翰逊于 1966 年签署了《信息自由法》,该法案根植于 20 世纪 60 年代的民权和民主运动。它基于政府所有行政部门向公民提供信息的职责,这部法案让政府运作更加透明化。2009 年,我国颁布了《政府信息公开条例》,以实现高效和透明政府的宗旨。2013 年 5 月 9 日,时任美国总统奥巴马签署了一项行政命令公开政府运作的信息,将“www. data. gov”作为美国政府信息全球访问网站。政府权力机关所产生的信息不属于自然人私法权利的范围,它属于国家公共资源,应该归属于全体国民。国家公民不仅可以获取政府权力机关的信息,还可通过该信息对政府权力进行监督。

二、通过信息技术实现公平与正义

要从信息的汪洋大海中寻找公平和正义,需要辨别信息与其他资源的差异,即具有传播性、存储性、共享性、技术性、不可消耗性。信息正义是一种独特的公正类型。海外已有数据正义实验室的建立,如英国卡迪夫大学创设的“数据正义实验室”(Data Justice Lab)。信息公正表现为如下多种形态:

1. 公共开放信息真实、透明。所谓公共开放信息,即国家、企业、组织、个人向公共平台所投放的公开信息。真、伪信息在网络平台是一种不均衡分布、识别度较低的状态,国家要对虚假信息进行打击、抹除,建立反谣言、反诈骗技术平台。

2. 反偏见、反歧视的信息计算技术。由信息技术产生的“算法歧视”已被诟病多年,算法在全世界范围内已经非常普遍,通过算法,我们可以追踪、预测并影响人们在生活的几乎所有方面的行为。在海量数据的驱动下,算法成为社会上新的权力掮客,算法的公平应当成为信息智能技术中深度学习的重要内容。

3. 建立平等、安全的信息隐私与安全屏障。传统的个人安全是物理防护式的,信息安全是对隐私信息的安全保护,虽然我国已有《数据安全法》《网络安全法》两大信息安全规范体系,但是个人信息还需技术化的支持,信息需要一套成熟的技术监管体系。在信息世界,算力才是权力,代码即法律[1],个人信息隐私安全系统应当成为国家的基础设施系统之一,政府可以向技术公司寻求信息隐私保护方案,共同构建国家隐私安保系统保障公民的人身安全。

4. 建立科学、公正的征信评价平台。我国统一的征信平台是中国人民银行、司法裁判系统。互联网电商的发展促使科学的征信平台已经逐渐多元化发展,评分权力不再是一元主导模式。评价权可以属于个人,公民可以通过购物网站、中介平台对消费者和卖方进行有效评价。企业可以通过履约率对公民进行评价,如支付宝的芝麻分等。这是基于信息网络社会而生成的新型社会权力,国家要善于探索新的科学评价机制,并将社会中多种碎片化的评价机制统筹起来。

5. 将信息作为一种特殊财产、福利进行公平的再分配是一种正义。国家公民应当拥有平等获取开放、免费公共信息的机会,也有平等获取合法可交易信息的途径。在信息获取程度上,信息弱势群体大量存在,国家应当保障公共信息、商业信息的有效普及性。尤其是对知识信息的有效普及与传播,防止信息茧房、信息鸿沟、知识鸿沟的产生。

三、通过信息技术提炼民意

民主是政府提炼民意的前提。当代的民主形式有了变化,信息参与了其中,信息与民主的结合催生了一种新兴民主的类型,即信息民主。信息民主的含义是在公民能够获取全面公共信息的前提下,拥有参与、协商、评论、决策公共事件的权利。信息技术化的民主并

---

[1] 美国学者劳伦斯·莱斯格在其专著《代码 2.0》中提出了经典的"代码即法律的观点",主张以互联网安全道德规制思路。

没有改变民主的本质,它改变的只是民主的场景、信息交流方式。公共权力的使命是在信息网络中提炼真实、有效的民意。

语言文字发展之前,人类信息交流是动作、声音。然而,动作和声音并不是最精确的信息,只有符号、文字的发明拓展了民主实现的准确程度。如今,信息交流通过信息技术实现,而信息技术让民主更具有广泛性、透明性。信息民主应当强化并放大传统民主的优势。乔万尼·萨托利将民主分为了选举式民主、参与式民主、公决式民主,这些类型的民主在非网络信息时代也能够实现。信息网络的作用是将这些传统民主的实现程序更加公开化、透明化。例如,选举本身是一种初级民主行为,人民的权利其实一直处于休眠期,[1]它是一个短暂的民主行为。但是通过信息网络,这个选举的酝酿过程更加漫长,因为选民获得候选人信息更加广泛、丰富。在经典的民主类型中还有一种民主成为"协商民主"(deliberative democracy),这个概念是约瑟夫·毕赛特所提出,他认为公众的表达是不能被间接代表的,而是在公共领域进行自由讨论而产生,这种24小时都"在场的"直接民主,只有通过高效的信息网络才能实现。信息网络对协商民主的效果是非常明显的。电子问政,已经成为全球的民主政治潮流。信息其实是协商民主的一种非物理化的延伸。协商、讨论并非需要真实地面对面,只需面对文字、网络事实,它们让政客们能够实时沟通,并参与更多参与性决策。

信息网络现状对民主也有负面影响,这种负面的影响却正被群众所忽视。互联网上信息过于丰富会导致信息过载。在信息世界,多种观念的汇合相交。各种流行的、经典的信念或观点常发生冲突。人们的心理防御系统试图避免认知失调,这导致个人发展出一种心理保护机制。这些机制催生了一种称为信息茧房(information cocoons)的事物,例如,人们将信息搜索限制在我们感到舒适的特定区

[1] [美]乔万尼·萨托利:《民主新论》,冯克利、闫克文译,上海人民出版社2009年版,第102页。

域，这可以通过使用诸如 RSS 提要或书签、收藏夹等信息过滤器将大部分信息进行排除。这种将自我困在信息茧中的行为对公共政策的制定造成了问题，它最终将威胁信息网络的协商民主。因为公民需要接受其信息环境中的变化，才能触发他们支持一个新的政策。互联网诞生初期早已有信息技术人员预测，未来会出现一种“the daily me”的新闻日报，这个日报之中读者只会看到与其兴趣个性密切相关的新闻，[1]这种方式获取信息极易造成低效、无用的民主。信息茧房对于决策者而言，将使他们难以作出全局式的判断。

信息技术虽然加速了信息的传播效率，但同时也会戏剧化地夸大一些被扭曲的信息，在前文中我们探讨过信息支配力这个问题，普通的民众其实是弱势信息支配者，泛市场化下的信息文字并非呈现的是事实的本来面目，而是被夸大、煽动化、带有偏见的信息，此时的民众很难具有独立的判断。

信息网络就像一个公共舞台，这个舞台的承载能力以及吸引公众注意力的程度对信息民主都有较大的影响，民众的注意力是有限的，具有垄断性的信息平台空间其实也是有限的。信息网络运营商为了极力获取个体的注意力而绞尽脑汁，它们努力获得头条或搜索引擎排行，真正有价值的新闻往往是平淡无奇、语言精练的。公共、政治信息无法在信息网络的舞台上获取更大的关注度。当各种信息是处于竞争对抗局面的时候，信息技术还不足够反应小群体或贫困群体的诉求，社会中多样化的意见减少了，从而阻止了新的公共问题的出现。

国家需要利用公共权力的力量为大众提供一个稳定的民意提炼的平台，政府提供的信息民主平台不能仅仅是无序的民众点评和讨论，应在合理时间内，为民众提供获取备选政策方案的机会，同时，当决策存在多元选择时，还需要一个公共辩论的竞技场。专家用科学、

---

[1] [美]凯斯·R. 桑斯坦：《信息乌托邦》，毕竟悦译，法律出版社 2008 年版，第 7 页。

客观的专业知识进行辩论。例如，气候变化领域的主要参与者需要使用基于科学的论据，最好是由权威第三方评估机构的总结和论据。这不仅传播了知识，还提高了国民的整体知识文化素养。民众随时在场的信息化民主，对政府权力形成了制约，在非网络信息时代，普通民众的意见无法在报纸、书刊上立即呈现出来，现在任何公共事件，民众的意见和批评都会立刻在网络中实现，政府需要花费较大的成本处理网络舆论，对错误的信息进行修正，对有害的信息进行隔离，形成一套处理舆论的高度透明化程序。

四、提升政府"信息能力"实现智慧化城镇

城镇在工业革命之前，都是自给自足、相对静止的有机体，他们的整体物理外观几乎都相似，有简单的交易市场、有政府、有公共事业部门，有相对简单的商业交易生活。生活节奏缓慢，一个城市能够产生的信息数值也较少。随着工业化和自由贸易的到来，这种刻板印象开始改变。随着传统封建结构和模式的瓦解，城镇变得更加有活力、开放且包容。无论是好是坏，现代城市是一个混乱的大熔炉，其势头是不可预测的，在许多方面是无法控制的。[1] 复杂的城镇时有发生失控的情形，疾病、瘟疫、灾难、事故都没有消失，这种失控其实是对信息的失控。

政府信息能力的提升是迈向智慧城市的必经之路，所谓"信息能力"，是城市政府掌握居民生产、生活信息的幅度与深度。在中华人民共和国成立之初，城市面临着供水排水管道、道路、河道和房屋年久失修、医院病床不够、消防设备不足、公共厕所缺乏、失学儿童多等严重问题。那是一个数据匮乏的年代，在当时的"一五"建设期间，举全国之力建设的是一些重点城市。大规模的城市建设仅在一些重点

---

〔1〕 Michèle Finck et al. , *Smart Urban Mobility Law*, *Regulation*, *and Policy*: *Law*, *Regulation*, *and Policy*, Springer - Verlag Gmbh, DE, 2020, p. 2.

城市中进行,[1]大多数城市仍以维修原有的城镇设施和房屋为主。城市基础设施和生活设施重视不够。

如今,城市绝不是孤立的实体。全球化和数字化已使它们相互依赖的,单个城市已经不可避免地嵌入全球城市网络之中,这极大地影响了城市规划方案,准确预测城市生活的动态并对其作出反应变得更加困难。数字媒体以及数字原住民生活、移动和互动的方式改变了人们对城市形式和功能的传统看法。对于物理意义的城市本身而言,信息技术正在重新定义城市空间内涵。曾经的市民与城市的双边关系被信息网络扩大为一个几乎平行的维度。在这个维度中,市民与他们的城市存在互动和共存。

智慧城市的城镇应该具备基础信息技术特征为:有实时接收、分析和管理联网信息的系统。信息与该城市所有物理基础设施均已完成配对,这些信息帮助市政当局、企业和公民作出更好的决策,提高生活质量。市民能够通过智能手机、其他移动设备联网汽车与住宅,并以各种方式参与到智慧城市生态系统中。在联网信息的帮助下,公民社区可以改善资源分配,简化垃圾收集,减少交通拥堵,改善空气质量。中国各大城市已经开启了智慧城市之旅,各种智慧化方案层出不穷。例如,连接的交通灯接收来自传感器和汽车的数据,调整灯光节奏和时间,以响应实时交通,减少道路拥堵。联网的汽车可以与停车计价器和电动汽车(EV)充电码头进行通信,并引导司机到最近的可用停车位。智能垃圾桶会自动向垃圾管理公司发送数据,并根据需要安排回收时间,而不是预先计划好的时间。市民的智能手机变成了他们的移动驾照和身份证,这加快了访问城市和地方政府服务的速度,并简化了访问流程。

---

[1] 赵永革、王亚男:《百年城市变迁》,中国经济出版社 2000 年版,第 71 页。

第四节 国家信息权力的划分

一、横向划分

古希腊曾有先贤亚里士多德、波里比阿提出权力分立的理论。启蒙运动时期,洛克在《政府论》中提出了防止权力滥用与有利于公共利益的权力分立方案。洛克的分权体系由立法与行政权构成。法国思想家孟德斯鸠将分权理论逐渐推向成熟,并被全世界各国接纳并运用。这就是著名的横向分工理论。横向权力分工被政治学、法学界讨论得非常多。横向权力分工思维关注的是处于同一阶层的最高权力如何被划分,彼此如何相互牵制。在横向权力分工类型中,其实也无绝对势均力敌的权力制衡,立法权较其他权限具有较大的优势,因为许多权限直接由立法派生出来。即使是形式上处于相同位阶的权力体系中,不同类型的权力也有强弱之分。在英国,权力结构的特征是议会至上,因此英国议会有着"除了不能把男人变成女人或者把女人变成男人之外几乎无所不能"[1]的强大实力。横向权力分工中的各类权力内部还可进行再分解,例如,美国对立法权再次进行分工,将参议院与众议院进行分权,这种再度分权方式,使立法机构既能代表多数又不受多数任意的摆布。

公法学对国家权力的划分,是从权力的功能角度进行考量的。不同类型的权力担负着不同的国家使命。信息这个事物的产生并没有重新构筑一个全新的国家公法权力结构体系,原有国家权力的结构与分类并没有太大的变化。信息权力属于权力类型的哪一种呢?

1. 信息是一种存在,但并不是物理形式的一种存在,它是一种抽象的存在。信息具有财产属性与经济价值。信息是一种产权、是一

---

〔1〕 阎照祥:《英国政治制度史》,人民出版社 1999 年版,第 309 页。

种资源,我们需要界定信息的所有权归属。在传统权力分类中,没有一种权力能够完整表达国家公共财产权,国家公共财产权并不是一种独立的国家权力类型,它并不能与立法、司法、行政、军事、监察权并列存在。部分学者提出一些新的权力归类方法,如"抽象权力""具体权力"的划分方法。[1] 抽象权力的特点在于它无法定位权力的具体行使主体。国家所有权即为抽象权力,其具体行使主体较为模糊。在我国,最高行政机关国务院与各级政府是国家所有权的具体行使主体,从这个角度可以推导出信息产权中的部分管理权力是属于行政权的范畴。信息不是自然资源,信息属于社会资源,不能简单套用自然资源的理论逻辑。本书将信息的国家所有权问题放置"国家信息产权"这一章进行论证。

2. 我们需要确定信息的管理与治理主体,信息的管理主体是拥有公共权力的机构。信息管理权、治理权与传统权力结合而成,大部分信息管理权为行政权,除行政权之外,其他的国家部门(如国家司法机关、监察委员会等)同时享有对本权力部门的信息管理权,属于延伸权力,这种延伸权力就是根据权力的属性推定而来,每个公权力部门在行使权力的时候必然会接触到信息,也必然会利用信息,同时也会通过信息进行办公、执法。这些部门理所应当享有管理本部门所采集的信息的权力。有一部分信息管理权属于新兴行政权的分支,其"新"体现在:(1)必须是新设的特定国家行政机关,或对原有机关进行的重新组合与改制。(2)这些机构不是对本部门的信息进行管理,而是对国家范围内的网络、信息进行全方位的监督、管理,这种信息管理权并不是推定而来,而是根据特别授权而来。2008 年,我国重组了工业和信息化部。2011 年我国成立国家互联网信息办公室。

仅仅依赖行政权对信息进行管理是远远不够的,信息的复杂程

---

[1] 张康之:《公共行政中的哲学和伦理》,中国人民大学出版社 2004 年版,第 85 页。

度并非国家政府能够完全驾驭,因此在信息管理权之外还需要信息治理权这样的权力。信息治理权不完全属于行政权,信息治理相对信息管理更加全方位,信息的治理涉及多重主体的共同行为。因此信息的治理权不是传统公法意义上的权力类型,因为治理主体不局限于国家政府,还可以是组织也可以是公民。信息不是有形资源,信息流淌于生活之中的各个角落,信息的治理不能仅仅依赖国家政府,治理不以政府的权威与制裁作为后盾,不以支配为特征,是一种政府与公民的合作,政府与民间组织的合作,通过协商合作的方式共同处理信息空间事务。

二、纵向划分

纵向权力分工理论看似被学者提及得并不多,但在权力的运行与实践之中却非常关键。在美国制宪的历史文献中曾经描述过联邦派与反联邦派的争论,这个争论用权力的概念来描述就是中央与地方的纵向分权问题,权力的分立既有横向的相同级别的分工,还有纵向不同阶层的分工。纵向分工与横向是完全不同的思路。在各国的宪法条款中罗列的权力,都是横向地对权力作一个大的类型划分,例如,《美国联邦宪法》第 1 条规定了最高立法权,第 2 条规定了最高行政权,第 3 条规定了最高司法权。同时美国宪法在第 10 修正案中规定“宪法未授予各州,也未禁止各州行使的权力,由各州或由人民保留。”这个条文中对美国各州的权力做了交代,这便是典型的纵向权力分工条款。纵向权力分工并非只存在于现代国家。只要是疆域较大的国家在不同历史时期都会涉及纵向权力分工的问题,在我国最早尝试纵向政治分权的时间段是西周。西周所确立的分封制为中国封建社会之后各代王朝的治理提供了最基本的纵向权力分工治理框架。[1] 从权力的纵向分工足以推演出一个国家的基本制度模型。集权式国家的纵向分权特征就是,权力向上游权力机构集中,下游权

---

〔1〕 苏力:《大国及其疆域的政制构成》,载《法学家》2016 年第 1 期。

力机构的权限逐级递减。联邦式国家的纵向分权,中央与地方权限比例均衡,中央最高级权力机关与地方权力机关共享主权。

横向分权与纵向分权相同点都是对权力的分配,而横向分权注重对不同权力的类型进行划分,并形成有机的结构让不同类型的权力形成均衡。我国宪法已经对不同类型的权力进行了划分。行政权的纵向权力分工强调上级对下级的领导与被领导关系,同时,上级权力机构与下级机构所承担的任务有所不同。

我国专设的对互联网络进行监督、指导、协调的最高行政机关是国家互联网信息办公室,该部门还同时挂有"中共中央网络安全和信息化委员会办公室"的牌子。"党""政"合二为一的管理模式能够充分协调各部门的冲突与弊端,并提高我国党领导信息网络建设的整体战略规划能力。地方网信部门承担网信办在本辖区的监管职责。互联网的创网与设立由地方各级网信办进行监管。我国还设有通信监督管理部门,中央为工业和信息化部。地方省一级政府的对应设置机构经济和信息化厅(局、委员会),市一级设经信局。工业和信息化部可以直接监管信息市场中的行为,例如,电话网线、移动手机的App上架与下架管理,制定通信许可证的标准、办法等。中央设立的市场监督管理总局同时对信息产业有监督职能,下设中国网络安全审查技术与认证中心,负责国家网络的审查、认证,对网络安全进行评价。地方设立相应市场监督部门负责本辖区内的企业信息监管。

信息权力既属于新设的行政权分支,也属于传统权力的延伸,它也脱离不了纵向权力分工的逻辑,最高权力决定了低位阶权力主体的权限范围。在纵向的权力分配中高阶层的权力具有主导地位,而低阶层的机构属于服从地位。如果高级别的权力过于强大,低阶权力生存就面临困境,相反如果低阶权力太强势,一个国家就有可能四分五裂无法统一管理。地方权力比较贴近老百姓,公民对低阶权力的依赖感非常强烈,地方权力拥有的都是具体国民经济生活中最务实的事件。例如,公民对城市交通信息的获取,对社区网格利民信息的获取。如果地方信息权力太弱,任何事项都要层级上报,那么信息权力的运行就没有效率可言。现代国家,无论高阶还是低阶信息权力,均承担着维护国家信息安全、保护个人信息隐私、维护公共网络安全、维护健康信息网络生态、防止有害信息传播、抵御外来信息入侵等使命。从理论上说,高阶信息权力一般行使的应该是低阶信息权力无法实现的管理事务,如对全国范围内信息的统计、风险评估、调配。高阶信息权力主体占有更丰富的信息资源,理应完成一个国家最艰难的任务。

第十章　公共信息产权

第一节　所有制、产权与所有权

一、马克思的所有制理论

马克思主义国家理论认为国家是人类历史阶段的产物，是社会自身运作的一种结果，“国家是维护一个阶级对另一个阶级的统治的机器”。[1] 马克思产权理论中的“国家”是社会主义国家实现全民财富公平分配的最佳平台，马克思理论认为，共产主义分为社会主义与共产主义两个阶段，这两个阶段分别是共产主义的初级阶段与高级阶段，在高级阶段的共产主义制度下，随着生产工具和生产资料单一的共产主义所有制实现，阶级与国家已经消亡，每个人将各尽所能，各取所需，每个个体根据需要可以获得源源不断的物质，再也不必划分产权。没有劳动与劳动力的交换与出卖，全民经济按照有计划、有比例的原则进行展开。这种思想对中国等社会主义国家影响深远。

马克思认为，尽管国家、民族、法律在共产主义的最高形态中将会一一消亡，但是实现共产主义全民所有这个目标的前提必须依赖于国家的权威，其中最重要的步骤之一就是通过无产者建立的国家强制将产权收归社会，即收归国有。如果需要对既得的私有产权进行再次的分配，将不得不需要加强国家的权威。马克思的社会主义国家产权实质应是为化解危机、防止市场失灵而存在，同时也被贴上

---

〔1〕《列宁选集》（第4卷），人民出版社1995年版，第48页。

了为阶级服务的工具的标签。《共产党宣言》里还提到,还要通过废除财产继承、增加税收等方式来实现财产的国有。“无产阶级将利用自己的统治,一步一步地夺取资产阶级的全部资本,把一切生产工具集中在国家即组织成为统治阶级的无产阶级的手里,并且尽可能快地增加生产力的总量。”[1]从共产主义实现的步骤来看“国家所有制”是实现共产主义“全民所有”的一个非常重要的过渡阶段,但所有制的最终目标是“全民所有”。

社会主义被认为是共产主义的初级阶段,“国家所有”“集体所有”是社会主义时期最核心的所有制形式。马克思认为作为共产主义社会初级阶段的社会主义社会,由于它是从资产阶级社会之中诞生的,因此它无法避免的具有“旧制度”的残余,其与共产主义社会是有区别的,社会主义社会没有共产主义社会那样高度现代化下的丰盛物质,在资源分配上社会主义按照按劳取酬的原则而不是共产主义社会的按需取酬原则。“国家所有制”“集体农庄所有制”“集团所有制”则是对“资本主义的私有制”和“小农私有制”的改造,从而能够实现工人阶级、农民阶级对产权的占有。这些制度都是为实现共产主义而进行的一种过渡制度。随着共产主义社会的到来,“货币经济”“商品交换”都将消失。

二、“产权”与“所有权”

产权这个概念最早被经济学所提及,英文中的“产权”是复数名词,“产权”是多种权利的集合体,因此使用 property rights 这个单词,还可以翻译为财产权。能够归为产权的事物非常多,如不动产、动产、货债权、币、有价证券、知识产权商誉等。当然也包含信息,信息具有商品属性也具有经济属性。

产权并不使用 ownership 这个单词,ownership 的含义是所有权,产权比所有权的范围更加广泛。产权概念中就包含了所有权、占有

[1] 马克思、恩格斯:《共产党宣言》,人民出版社 1972 年版,第 272 页。

权、支配权、收益权等。由于产权比所有权涵盖的范围更广，因此，本书中用国有产权作为表达信息权力的第一个分支权力。产权有私有与国有之分，国有产权的行使主体是国家，但是国家是抽象概念不可能通过实践行使产权，就必须通过民主程序选择国家代表或代理人来行使国有产权。此时产权的“权”字应该是“权力”的“权”，而不是“权利”的“权”，否则私有财产权和公有财产权难以区分。

国有产权“权力束”之中最重要的权力是所有权，只有当所有权界定明确了，其他类型的国有产权问题才能迎刃而解。国家所有权在我国有更深层的含义。我国宪法中规定“国家所有”等同于“全民所有”。“全民所有”其文义是由全体劳动人民作为一个共同体共同行使产权。在我国的法律规定以及具体使用之中，它与“国家所有权”表达的是同一层含义。例如，我国《宪法》第9条规定：“矿藏、水流、森林、山岭、草原、荒地、滩涂等自然资源，都属于国家所有，即全民所有……”在世界共产主义的实践道路中各国也并非清晰地区分了“国家所有制”与“全民所有制”这样的概念，多数情况下这两个概念基本表达同一个意思。“全民所有”这个概念非常容易让人联想到民法的“共同共有”与“按份共有”，但是我们显然无法精确无误地将产权份额回溯到每个公民身上，全民所有并不是简单的私权的数学相加，否则“全民所有”与私有并无二致，不过是人数较多的私人共有。

“全民”的代表有权根据全民的意志行使所有权吗？理论上，全国人大才应该是真正意义上国家所有权行使的代表主体而并非宪法中明文规定的国务院，国务院是被授权进行管理国有产权的代表主体。

第二节　所有权相似概念之辨析

许多文献至今依旧跳跃且混淆使用“国家所有制”“公共财产”

"公有制""全民所有制"这些概念,致使这些概念在具体实践中也比较含混。即使是在我国的宪法中,这些概念的界定依然模糊。我国《宪法》第12条第1款规定:"社会主义的公共财产神圣不可侵犯"。宪法并没有特指这是国家所有财产,而是指"社会主义"的财产,但"社会主义"这个词指一种政治思潮、人类发展中的特定历史形态,并不能成为某种财产所有权的主体。这种表达模糊了财产的具体所有者,强调的是特定历史情境下社会作为整体对国家资源的控制状态。

"公共财产"一词出现在宪法之中我们可以推测为"国有财产"。但出现在其他法律中,其主体却变复杂了,这也说明在公共财产的界定上主体并不是唯一的,根据我国《刑法》第91条规定:"本法所称公共财产,是指下列财产:(一)国有财产;(二)劳动群众集体所有的财产;(三)用于扶贫和其他公益事业的社会捐助或者专项基金的财产。在国家机关、国有公司、企业、集体企业和人民团体管理、使用或者运输中的私人财产,以公共财产论。"显然公共财产并没有特指国家财产,它有可能是国家的,有可能是集体的,也有可能是一般组织的,排除单个自然人所拥有的财产。

"公有制"概念是马克思政治经济学继承与批判空想主义思想成果以及通过无产阶级运动的经验下形成的。"国家所有制""全民所有制""集体所有制"分别都属于"公有制"的表现形态。"公有制"一词源于拉丁文 *communis*,[1]其诞生之初衷是为使共产主义社会形态取代资本主义。从我国的宪法规定来看"公有制"包括了全民所有制和集体所有制;我国《宪法》第6条规定,中华人民共和国的社会主义经济制度的基础是生产资料的社会主义公有制,即全民所有制和劳动群众集体所有制。公有制一直被视为一种抽象的理论,马克思的经典著作中也没有给出具体的定义。我国宪法非常强调公有制的主体地位,但是这个主体地位具体是指生产规模,还是国内生产总值,还是财产所有权制度占据的比重呢?

---

〔1〕［苏联］斯捷潘年:《共产主义》,刘丕坤译,人民出版社1954年版,第1页。

“集体所有制”也是一个独特的概念。集体所有制从概念的创造到制度的实施,均不是中国首创,其实,早期的人类社会存在过与氏族社会类似的集体所有制社会,那时的资源流动性低、数量稀缺,集体成员基于血缘等密切的关系结合在一起,个体成员对资源有强烈的依赖,采用这种形式更有利于保障社会成员的安全和生存。这种集体所有制基本采取均等的方式对资源进行分配,由氏族首领来行使这项分配管理权,其行使的方式类似于现代民法中按份共有或家庭共有,所有权相对单纯。

社会主义国家的集体所有制,将所有权的归宿变得复杂,个人与集体之间的产权关系并不单纯,它是不可以分割的共有,完全超越了个体,是一种新型个体与共同体的法律关系。早先将这个设计付诸实践的是苏联,马克思强调过农民土地私有制到集体所有制的过渡,必须让农民自我通过经济道路来实现,斯大林时代、包括中国在1955年以后,并非农民自我的过渡,均是通过行政命令的方法进行的强制性过渡,从而将农民土地所有权强制性地瓦解了。我国的土地所有权制度的类型中包含了集体所有制,从建立之初直到今天,我国不断地改良这种集体制。但集体这个概念至今还是模糊不清的,例如,人民公社时期,土地所有权属于最低一级的集体单位——生产队;改革开放后,是属于自然村或村民小组。[1] 但究竟哪一级别单位掌握了土地实权,我们无法确定。除了土地所有权上的集体所有制,我国在不同的历史时期还存在着多种类型的集体所有制形式。当年计划经济时代我国在全国各地实施集体所有制时,就曾这么定义过集体所有制:“人民公社化以前的农业生产合作社,现阶段的人民公社,以及手工业生产合作社、合作工厂、合作商店、运输联社,都是社会主义集

[1] [荷]何·皮特:《谁是中国土地的拥有者?》,林韵然译,社会科学文献出版社2008年版,第33页。

体所有制的经济组织。”[1]当今我国的《宪法》第8条第2款规定：“城镇中的手工业、工业、建筑业、运输业、商业、服务业等行业的各种形式的合作经济，都是社会主义劳动群众集体所有制经济。”我国的集体所有制的类型是多样的，但是不同历史时期宪法的列举形式却有着不同。集体所有制的创造者当时可能怎么也不会想到这个特殊的制度导致了产权归宿的巨大困境。

对于公共信息来说，其实也存在着产权归属的困境，它不能简单地被归类为公共财产、全民所有或集体所有，这类信息的起源地并非国家，它们起源于自然人、组织、法人、国家机关等，这类信息的采集者有政府也有信息网络运营商，因此这类信息是否属于国家产权有待验证，我们只能使用“公共信息”这个概念。

第三节　公共信息确权之辨析

公共信息的类型有很多种。2018年中央网信办、发改委、工信部联合印发的《公共信息资源开放试点工作方案》将凡不涉及国家秘密、商业秘密与个人隐私之外的信息，归为可开放的公共信息资源。[2]

公共信息最难确定的就是产权的归属。产权是一种经济关系，是一种所有制，它不是单一式的权利或权力，它是多种权利或权力的集合体，经典的产权内容包括所有权、占有、使用、受益、处分等多个权利分支。在前信息时代，国家的产权资源都是以有形、物质化资源的形式而存在的，如矿产、水源、城市土地等。信息资源不同于物理

[1] 玉林县新桥公社阳岗大队贫下中农理论组玉林地区《社会集体所有制》编写组编：《社会主义集体所有制》，广西人民出版社1976年版，第1页。

[2] 2018年国务院推进了公共信息资源开放的有关部署，中央网信办、发展改革委员会、工业和信息化部联合印发《公共信息资源开放试点工作方案》，试点城市有北京、上海、浙江、福建、贵州。

形式的资源,它不容易耗损,复制性较强,不会因为反复的使用而减少数量,它具有传播性和不断增长性。信息随着时间的流逝会不断地以几何倍数进行增长。

信息资源早已打破了国与国之间的界限,国家对信息资源的管理方式有别于对物质资源的管理方式,控制信息资源的向外流动以及控制信息资源被"污染"和被"破坏"。我们对信息产权界定应当有别于物权,信息产权包括信息所有权、信息读取权、信息控制权(信息采集、存储、编辑、删除、转移)与信息获益权。因此本书使用"公共信息",而非使用"国有信息"这个概念,"公共信息"比"国有信息"的范围更广,"公共信息"具有经济性、收益性、公益性的属性。当我们研究公共信息时,必然面临以下几个问题需要进一步探讨。

一、"公共信息"是否属于国家所有之辨析

(一)国有信息产权之质疑

国家是否拥有公共信息的"所有权",在学界没有形成一致的共识,我国基本法律条款都未界定其所有权归属。我国部分学者认为,国家不需要使用"国家所有权"这样的概念为中介,而可以继续沿用《宪法》中的自然资源国家责任条款,国家以保护公共资源的方式保护信息资源承担国家义务。[1] 学术界之所以存在这种观念是由于相关学者认为国家信息所有权的认证地位有限,国家所具备的优势地位完全能够对公共信息进行有效的控制,并且国家信息所有权的认证并不容易。物理形式的国家所有权就早已存在争议。因此国家信息所有权缺乏理论根基,同样也陷入所有权认证困境的局面,即部分学者不同意将机关或事业单位对特定国有产权的占有和使用权力化,仅承认它们对国有财产有合目的的适用和良好管理的职能,立法

---

〔1〕 黄尹旭:《公共数据国家治理的法理基础》,载《中国社会科学报》2020 年 11 月 11 日,第 3 版。

的重心在于约束它们占有与使用国有产权的行为。[1] 民法学者孙宪忠教授也认为,创造"统一唯一国家所有权"学说,违背民法科学基本原理,权、责主体较为混乱,资产易流失,会陷入苏联式全民所有制,最终全社会的生产资料支配权会流落于少数决策者的手中。[2]我们认为公共信息必然不能简单套用传统的国家所有权理论,但是公共信息必然要经历所有权认证这个环节。没有信息所有权,其他类型的信息产权(采集、储存、删除、收益权)均没有逻辑归属。信息资源与自然资源等其他国有资源的差异非常大。首先,信息资源是无形的、不可消耗的、不断持续增长状态。它的无形状态使其可以跨越国界,到达大洋彼岸。公共信息除了可以公开的部分,还有不能公开的部分,如国家战略机密。如果国家信息所有权的认证缺失,将无法进一步探讨国家安全信息跨境导致的国家信息主权问题。其次,信息资源需要物理介质进行存储,物理介质属于有形国有资产,存储行为兼具所有权与管理权的特征。之所以要强调所有权,是因为这部分信息不能随意被原始信息主人取回,公共信息并非临时存储于硬盘之中,而是长期且永恒存储于国家机构硬盘之中的。政府是代表全民行使信息管理权的代表,政府不是信息仓库管理员,它拥有完整的信息管理决策权力。最后,可公开的公共信息资源是可以无限复制,无偿且共享的,正是因为这样,信息才是唯一能够真正实现全民共有的资源类型。当这部分信息被非法篡改、破坏,我们在对违法行为进行性质认定的时候,需要所有权理论的支撑。

承认公共信息归属国家的相关官方文件凤毛麟角,目前只局限于建议稿或试点方案文件之中,是否作为未来立法的借鉴,还有待验证。2020 年《深圳经济特区数据条例(征求意见稿)》(第 1 稿)首次

---

〔1〕 张建文:《转型时期的国家所有权问题研究》,法律出版社 2008 年版,第 360 页。

〔2〕 孙宪忠等:《国家所有权的行使与保护研究》,中国社会科学出版社 2015 年版,第 573 页。

提出了“公共数据属于新型国有资产,其数据权归国家所有”。[1]但是在深圳市司法局第二次审议的征求意见稿[2]之后直至最终颁布生效的定稿中,就没有提出“国有资产”相关概念,而是增加了相关公共数据开发与利用的条文,这说明专家们对公共信息是否属于国有资产持观望态度。即使将信息定义为国有资产也会引来更多确权论证的纠纷与争议,因此在解决信息是否属于国有产权之前,先确定信息的开发与利用规则会更有利于信息经济社会的发展。

(二)部分公共信息属于国家所有

公共信息的产权归属于谁需要根据采集主体的不同而确定。公共信息分为三类:第一类公共信息为国家机关在权力的运行过程中所采集的信息,如法院诉讼活动中而产生的信息,这些信息的产生基于国家司法权的强制力而诞生;第二类公共信息采集主体为被授权单位,如中国移动对手机用户使用状况的统计;第三类信息是其他主体采集的公共信息,如其他组织或个人对特定人群、社群的采集的公共信息。

如果采集的主体是国家,并且是对“公共群体”进行收集统计的信息可以归属于国家所有,如人口统计信息、财政税收信息,国家需要对非涉密但属于敏感的原始信息进行脱敏加工后才允许开放。脱敏信息,是剥去个体人格属性的信息。在公共信息的海洋之中,我们无法识别出个体的身份。这部分匿名化处理后的信息与个体脱离了法律意义上的关系,匿名信息被他人获取之后,个体无法通过法律意义上的权利来提出某种具体的利益主张,这部分信息不仅可以归属于国家管理,也可以归属国家相关机构所有。这种信息如果是被信息企业合法采集,并进行技术化开发,还可以归属于信息企业所有并

---

〔1〕 深圳市司法局:《深圳经济特区数据条例(征求意见稿)》(第一次审议)第3章第21条,2020年7月15日。

〔2〕 深圳市司法局:《深圳经济特区数据条例(征求意见稿)》(第二次审议),2021年6月2日。

管理。

匿名信息失去了人格属性,但是却没有丧失其财产属性,匿名信息也是一笔巨大的财富。匿名信息不是假名信息,假名信息依然有被识别具体身份的风险,如新闻信息中的化名。匿名化处理的技术安全等级有较大差异,有些匿名处理技术容易被攻击从而使匿名信息被还原,在管理、处分等各个环节,必须让民众监督国家对信息的具体操作,政府必须公开其具体运作的流程。建立完全透明且公开的报告机制,定期向公众公开。我们还可以引入公民听证制度来完善国家信息权行使的监督机制。当国家权力行使不当或违法时,公民可以通过行政诉讼进行救济。

二、公共信息的非竞争属性

信息是生产的第四要素,公共信息是国家公民的无形资产,它可以被放置于生产经营之中产生经济利润,是国家作出长期经济规划、战略部署的依据。虽然纯粹的信息是无形的,但收发信息的设备是有形的。这些信息传送设备生产、安装难度较大,

公开的公共信息可以供全体公民所使用。公共信息是与自然人信息私权相对立的概念。自然人信息的权利特点是:独占性、人格属性、排他属性。

公共信息,是具有非排他性和非竞争性的。当公共信息在公众之中传播后,国家公民不可能被排除在该信息利益之外。它的特征就是全体公民拥有复制、存储权利,人人受益,人人可以开发并利用。交通信号灯、灯塔、公共场所监控、列车时刻表、天气预报、自然灾害预警等是国家为公众提供的最基础的信息公共产品。如果一艘船由于灯塔而安全地航行到码头,其他船的效用并不会减少。在使用公共信息设施时,消费者之间不存在竞争。无竞争的商品有无限的供应,每个人都可以在不限制他人消费的情况下使用它们。同样,排除灯塔的使用在经济上和政治上的代价都是非常昂贵的,更不用说它在实际中是不可能的。公共信息的优势是不言而喻的。

三、淡化国有产权的“乌托邦”色彩

国有产权的理论是在不断批判私人财产制度过程中逐渐成长起来的。在过去的国家所有权理论中，有一些国有产权理论具有乌托邦色彩，这些理论多数认为国有化之后的产权能够成为社会经济的万能药方。这些理论的代表者可以追溯至柏拉图、空想社会主义思想家，他们都秉持一种理想的公有财产理论。他们均反对个体私人对产权的绝对所有权，其目的在于限制由极端利己主义思潮影响下的私有制度对整体社会贫富差异的拉大。

国有产权理论之所以具有乌托邦色彩，是由于早期国有产权的倡导者对私有制的产权观念强烈抵制；其次，国有产权在实践过程之中其实较难惠及全体国民的利益。产权的公有是许多18世纪社会主义流派思想家的政治理想，但是他们并没有回应，在杜绝产权私有制后，是否必然能够解决社会资源的平等分配，是否真正能够实现以全民的福利为最终目标的根本社会秩序。即使在现行宪法中所界定的国有产权依然脱离不了乌托邦色彩的疑惑，如国有自然资源、国有土地、国有企业。全民并不能直接对这些国家财产进行占有、使用、受益。我国《民法典》第246条第2款规定，国有财产由国务院代表国家行使。《宪法》《民法典》中所列举的国有财产，其实局限于较少的种类，并不包含无形的信息产权。

国有产权自身也有产权实践的悖论，国有产权应当体现全体国民的自由意志或利益，但在权力的行使过程中，人民的自由意志与利益不能直接体现出来。全民对财产的支配不是直接的支配，全民也不能直接获取国有财产所产生的经济利益，其权利既源于全体人民的意志和利益，又独立于全体人民的一切个人或群体的意志和利益，但所有权的行使主体并没有自己的特殊利益，而全体人民才是国有财产及其收益的享有者。可见，国有财产的直接支配者与最终受益者之间是分离的。为什么会如此？是因为全体人民中的每一个社会成员都还拥有公有权，这是产生国家所有权的经济基础，也是他们能

够从国有财产中享有权利和获取收益的理论根据。

四、公共信息既可公用也可私用

公共信息所有权是特定的,但是其使用权是开放的,使用的主体既可以是国家政府机构也可以是私人或组织,信息资源是可以无限复制的,复制的数量甚至可以达到人口总和的数量。矿产、水流、土地都是无法复制的。公共信息的产权不属于特定的主体,公共信息的产权并不被国家权力所垄断。信息的可复制特点能够实现全民对开放信息的占有、使用、收益。这是物理产权所无法实现的。实物化的产权行使主体是全民的经过民主程序选出的代表。信息的全民所有,在公共信息全民共享的阶段能真正实现。此时的公共信息产权就不是一个空洞的概念,占有、使用、获利的形式有信息技术的特点,演变为阅读、下载、复制、存储,进行信息分析后获利,这些环节不需要代表全民利益的国家机关行使,国家政府能够代表行使的是管理权、治理权。占有、使用、收益属于全民。信息的全民拥有让传统的国有产权概念褪去了“乌托邦”的色彩。全民需要研究的是怎样开发和利用公共信息,这也是公共信息发挥其经济效用的特别之处,信息不是食物、不是水源,它并不能直接使用,是否能够获取信息之上的利益,取决于信息持有者的文化水平、分析能力,因此每个人的信息获利程度是不同的。

第四节 国家公共信息的取得

一、国家公共信息的原始采集

信息的原始取得指政府通过信息技术从公民本人那里直接采集而来,中间没有其他信息采集主体的辅助。例如,公民在派出所登录身份、户口信息,进行指纹与影像录入。公民结婚、申报税收、生育、入学、升学、合同交易都要直接联系特定的行政部门、事业单位进行信息的传递。这些信息也是一个国家最核心的信息。

国家对信息的采集首先要符合必要性原则,即采集公民信息是国家政务所必需的步骤,其次还需要符合目的性限制原则,采集的目的是国家政务的目的而并非其他目的。2020 年是不平凡的一年,全球范围的疫情风暴检验着一个国家的医疗信息技术水平,中国的方案是健康码管理模式,国家首次对公民进行精准密集化的疫情信息采集。这些信息的原始所有权人应当是公民,国家享有对公民原始信息的采集管理权。

二、国家公共信息的间接取得

国家的信息原始采集与以商业利润的信息原始采集是有差别的,国家信息的原始提取是为了公共利益,而商业主体是私利,因此,商事主体的原始信息采集应当受到的限制更大,采集规则也更严格。与此同时,商事主体采集的信息类型较为多元,可以弥补国家政府信息采集的不足,国家安全部门的大部分信息是从商事主体中获取。最典型的案例就是美国的棱镜计划(PRISM),美国政府与 9 家著名的互联网开发商合作,这些企业包括苹果、谷歌、雅虎和微软。国家安全局平均每天接收的电子邮件地址簿数量超过 2.5 亿,即使不是任何刑事案件的嫌疑人,安全局也对他们的信息进行收集。这些日常信息通常是深度私密信息,搜索引擎检索词、聊天记录、网站访问历史纪录、私人照片、心理健康状态,甚至还有情书、日记等。

三、国家公共信息采集的意义

国家要通过高度技术化信息手段对国家进行治理,采集信息是政府的基本能力,如果一个政府失去采集信息的能力,这个政府将对国家治理失去控制,并最终导致信息失控的悲剧诞生。

国家对信息失控表现在,首先,对市场经济发展信息的失控。历史上的每一次经济危机,信息除了能够记录历史,信息也有一定的预测未来功能，前信息时代的国家对历史档案的管理较为成熟，但是对历史发展方向的预测却较为生疏。不确定是人类经济活动典型特征之一，信息就是对不确定的降低。以1929年的经济危机为例，当时的经济危机根源是国家消费能力不足、供给过剩，这是由国家对公民购买能力与产能信息的不对称导致。再如，美国2008年次贷危机的根源，也是国家金融系统信息的不对称。如果一个社会专业分工越细但是对关键信息置于保密状态，并且未形成共享平台，每个分工组织就会在自我的“信息孤岛”中徘徊。所谓“信息孤岛”，它与信息茧房有类似之处，它指不同类型的信息资源分别都是独立的系统，并且各系统之间没有任何关联，相互封闭，互不沟通、无法进出，它们就像海洋之中独立的岛屿一样。无论是组织还是个人，他们均不了解别的分工领域的信息，不同行业容易对其他领域分工的信息造成预判上的偏差，即“隔行如隔山”。这也是国家机关、企业信息共享观念淡薄的表现，这种“各人自扫门前雪”的自私信息行为，必然就会存在道德风险，这种风险往往是巨大的，由全体社会成员来承担。国家可以将这种信息孤岛局面化解，将全行业信息进行汇总、综合判断。

四、信息的强制采集与悖论

公众健康、公众安全与个人隐私权之间的冲突经常被大众所热议。从行政诉讼的司法实践案例看，以政府采集私人数据侵犯隐私权的案例几乎没有，隐私权的侵权纠纷案例多为民事案件、刑事案件、执行阶段案件。没有隐私类行政诉讼并不意味着国家在公民信息方面毫无限制，国家应当在最小必要原则与比例原则的指导下，不克减公民的言论自由权与人格权，其中人格权中最易被克减的就是隐私权。无论是《公民权利和政治权利国际公约》（ICCPR），还是《欧洲人权公约》（ECHR），对隐私的界定其实是模糊且宽泛的。爱德华·斯诺登事件爆发之后，隐私权争议是各国人权卫士探讨最多的议题。大国情报部门提取个人信息似乎已经成为全球一种潮流，国家采集的信息类型中不仅有姓名、住址、电话等基础隐私信息，还包括短信记录、电话通信记录深度隐私信息。然而国家政府官员则认为,为了防止恐怖主义,这些信息采集是必要的。政府掌握了最高端的信息提取技术,然而这些高端信息提取技术却不被普通民众掌握或熟悉,这样的局面形成了一种权力与权利的冲突与悖论,冲突在于这样会加剧公权力相对于私权利在技术上的不平等,悖论在于国家收集公民信息是基于一种国家安全行为,但是国家安全技术与国家安全相关信息大部分都是涉密信息,保密级别较高,无法让全社会公众获悉。国家在征收、征用私人有形财产时会公开给予补偿,国家对无形信息的提取却是隐蔽、无偿的。这样必然会引发公众对抗的情绪,国家应当在重要信息、技术不被泄露的情况下,在程序上适当对公民进行信息采集的告知事项,并对深度隐私的提取给予一定的补偿。

第五节　国家、自然人、机构合作共享信息产权

一、信息采集共享

大量有价值的信息并非国家政府直接通过公民提取而来,而是企业、组织、个人独立收集而来,这些数据有较强的目的性,门类多元、类型丰富。政府为了公共利益的需要可以与企业签订信息购买协议,政府购买的并非仅仅是一种信息产权,还可以是企业或个人提供的信息服务,这是一种带有契约属性的政府公共交易行为,该契约双方主体享有商事规则中的平等身份。契约签订的过程,企业的竞争参与、运作过程应当向全体公民公开,秉持国家开放政府的理念。协议中明确信息复制、传播的权利与义务,并严格遵守立法中的隐私、安全规则。

在社交媒体上,公民的每一个点击、点赞、推文、照片、论坛讨论、

在线交易都有其信息价值。公民和社交媒体可以与国家共享这些信息,共同研究、探讨这些信息背后的意义。公民和信息企业无时无刻地在生产大数据信息。公民的每一步信息痕迹精确地描述了它们的职业、偏好、选择、交易、旅行、习惯等方面的故事。网络社交账户、手机应用程序中存储了关于每一个公民是谁以及他们的行为历史信息。这些信息对预测社会和经济发展的风险有益,这些信息也为政府、专家在经济发展、国家安全、公序良俗、公共安全、疾病健康领域的战略研究提供了一个窗口。

国家政府的重要使命在于如何利用这些信息改善民众的幸福生活和保障可持续发展。大部分大数据不再由统计机构保存,而是由包括在线服务提供商(oss)在内的企业保存,有的重要数据甚至存储在私人的电脑之中。合作共享的那部分信息,是不具有自然人隐私的信息,这些信息与公共事件有关,与国家安全秩序有关。例如,私人轿车之中的行车记录仪,能够记录私人汽车所经路程中的动态画面,它为交通事故的公平判定提供了直接证据。记录汽车行驶全过程的视频图像和声音,可为交通事故提供证据。当一起交通事故发生的时候,也许当事方并没有声像证据,视频证据却在非当事方的手中。将敏感隐私数据过滤之后,我们可以将这些数据视为公共产品或服务,政府可以建立公共和私营部门合作伙伴关系平台,为了激励个体或优化企业信息收集,政府可以使用采购方式购买特色信息服务。我国政府已经举办过多种形式的信息应用创新大赛,有面对高等学校学生群体的,也有面对互联网企业的。竞赛所涉及信息包括公共政务、健康医疗、交通、金融、教育、生态环境、应急安全等。这些竞赛所使用的信息是政府在全社会收集的公共信息,竞赛的目的在于充分发挥信息人才的才华,将公共信息的黄金价值挖掘出来。奖励优秀的信息作品,将资金鼓励那些直接可以适用于社会经济生活的信息技术,以确保信息技术维持信息革命所带来的优势,培养更多的信息采集、统计、分析人才。

二、信息基础设施与信息技术混合所有

在我国，大型的信息传送基础设备都属于国家所有，在前互联网时代，传送信息的有形资产中还有邮政、电报、电话这样的传统信息收发中介机构。在计划经济时代，这些机构属于国家独立所有。

互联网发展之后通信基础设施的类型增多，虽然收发信息的渠道也增多，但重要的信息发送设施是电信设施。我国《民法典》将无线电频谱资源归属于国家所有，将公路、铁路、电信设施也划归置[1]国家所有范围。无线电频谱和有形信息基础设施有些不同，它不是物质也不是能量，是一种在自然界之中产生的电波秩序。其他类型的信息设施都需要加工、生产的过程。

能够建立公共网络的基础设施的企业，必须获取经国务院信息产业主管部门审查批准的《基础电信业务经营许可证》，在计划经济的时代，我国电信基础设施的建设是一种政企合一的模式，完全国家所有制的电信企业容易患有腐败顽疾。由于缺乏竞争，这些企业对市场缺乏灵敏的判断力。这个局面在政企改革之后有了较大的变化，国有股权在公共网络基础设施企业的比例不少于51%，[2]国有股权并没有占据100%，这也说明，随着政企改革步伐的加快，企业所有制有较大变动。信息网络基础设施，不再单独属于国家所有，以中国联通为例，自2017年开始进行了企业混合所有制改革，投资者中有阿里巴巴、百度、腾讯、京东等民营企业。作为首家进行混合改制的企业，中国联通提高了企业的效率与技术革新的速度。

三、“权力束”与“权利束”的结合

在本书“个人权利篇”中“确权模式的选择与创设”一章，详细介绍过“权利束”这个概念。其实最完整的“权利束”，是公共权力和私

[1] 《民法典》第252、254条。
[2] 《电信条例》(2016年修订)第10条。

人权利的一种结合。在我国城市土地、农村土地、水资源就是多种“权力束”“权利束”结合的典型。城市土地的所有权归国家，但是使用权却可以进行流转。例如，混合治企业的权力与权利的配置也是结合在一起。

信息产权与土地、水权等混合式产权的区别在于，私人信息的原始所有权人属于私人，国家将大量私人信息进行高度提炼之后，抽取其公共属性之后的那部分信息划归为公共所有，国家在这些信息之上享有信息管理权、信息治理权、信息主权。国家与私人分别通过规则所预设的“权力束”与“权利束”，有条不紊地让信息继续传播，增强其流动性并发挥其经济效能。将国家公共“权力束”与私权“权利束”进行结合，可以弥补确权过于单一的缺点。信息私权的确权保护了个体的基本人格利益，私权同时还要遵循自由市场的逐利性，信息具有的财产价值、剩余价值无法在生产生活中体现出来。信息私权“权利束”应保障信息所产生的财产利益划归为合法的公民财产权范围。

信息私权不足以制约信息社会所产生的乱象，我们还必须赋予信息其公共属性，信息公共权力能够确保信息的公平流动，防止信息受强势支配主体所控制，信息弱势主体丧失信息选择权限。信息从原始形态到最终形态的过程，经过了不同的传播主体，原始信息的提供者虽然享有最初的信息所有权，但是信息经过了过滤，附加了算法，最后进行了脱敏，无法识别信息的最初所有人，对于个人信息权利而言，信息主体之间具有排斥性，没有一个主体能够对信息进行统筹规划、管理监督。信息公权力虽然具有公共属性，但不能将信息公共权力独揽全局，应发挥有效的信息市场自治空间，通过市场不断激励优秀的信息技术专家，杰出的信息编码人才脱颖而出。因此“权力束”与“权利束”的设置都不可偏颇，二者应相互结合、相互补充与统一。

第十一章　国家信息管理权

第一节　“信息管理权”的属性

“信息管理权”与“信息产权”有较大差异，信息管理权并不能代替信息所有权。但是“管理权”与“所有权”自始至终密不可分。制度经济学派认为“管理权”产生自“所有权”，“所有权”决定“管理权”。管理学家亨利·法约尔将管理的职能定位于组织、计划、控制、协调。拥有信息管理权的主体并不一定拥有信息所有权，原始信息的所有权主体是自然人、组织、法人等。信息管理权是国家授权各个机关的公共权力，根据人民意志而产生，一旦机关被授权，信息管理权就具有一定的强制力，一旦某种特定信息管理权在法理上占据了脚跟，公民就需要遵守国家所制定的信息管理规则。例如，国家机构对公民的信息采集、获取、调查、统计，公民需要配合。

国家信息管理权的价值目标具有服务公共利益属性。“公共利益”不能与“共同利益”相混淆，前者需要牺牲一部分人的权利，后者是每个人都能够享受的利益，不需要一部分人牺牲权利。[1] 公共利益不是一种短期的利益，不是多数人利益的简单相加。在短期内公共利益会损害部分人的权利，但是从长远看公共利益应当能够惠及个体的利益，一项公共利益需要一定时间的转换，并最终变成惠及每个人在生存与发展上的社会资源。国家信息管理权的运行宗旨是多元的，包括维护国家安全、公共安全、经济安全、社会稳定，保守国家

---

〔1〕 刘连泰：《“公共利益”的解释困境及其突围》，载《文史哲》2006 年第 2 期。

秘密,保护商业秘密和个人隐私。国家信息管理所产生的利益还可实现于医疗、教育、文化、科技发展、市场经济建设中。

国家信息管理方式具有独立特征:公共信息管理应当遵循统筹管理、统一标准、规范采集、按需共享、充分开放、依法使用、安全可控的原则。有的信息可以归公众直接阅览、存储并使用。不少国家将公共统计数据、政策法规、预算等政务信息进行完全开放与共享,这些信息多数也没有版权,如公共政策、法律规则资料、国家已经解密的档案资料、政府公开信息、公共统计数据。有一类特殊公共信息的功能是为了增强某种公共权力的经济效率,如摄像头监控系统内的信息,卫生防控追踪信息等,这类信息涉及国家机密、个人隐私、商业秘密,国家可以根据具体情形在不侵犯信息所有者的情况下选择性地进行部分信息的公开。例如,个人流行病学调查信息在进行隐私脱敏处理之后可以公开。

第二节　国家机关是信息管理权的"执行主体"

国家机关是信息管理权的"执行主体",全国人大授权其监督和管理国家的信息。这些权力的属性本质在于"执行"。这些监管权力具体包含"信息监督权、信息采集权、信息使用权、信息的福利分配"等。这些权力无法适用私法来调整,更无法适用私法的"意思自治原则"。它的行使必须以为公共利益服务为宗旨,必须依赖公共权力、公共决策和公共部门来实现,这些部门行使具体的某项职权必须通过民主合法的正当法律程序诞生,即部门行使任何一项具体的权力都必须经过人民代表机构的授权,行政机关自身并不能随意自主决定如何处分信息。国家信息管理权这样重要的权力不能也不应当让行政机关独自主导,必须形成一定的制衡与监督。

信息管理权不能绝对化,应考虑将管理权的各项具体权力进行层层分离,以实现信息管理权逐步从国家分配至具体的职能部门,因此须明晰具体管理权的执行部门,建立清晰公共信息执法责任制度。在国家信息管理权行使上,要防止某一行政主体权限巨大,形成权力异化的现象。防止重要信息管理成员独占机密信息所产生的财产利益,防止信息决策的官僚化,防止信息决策形成单向度地上命下达局面,防止屏蔽市场信号、舆论信号,为信息创造更多流通、创新的机会,从而使公共信息在名义、实质上均属于全民,让全民完整地行使法定信息权利,也让人民分享到公共信息的大部分利益。

第三节　信息管理权的多层次分工

发挥国家信息产权的功能其实最终都要以国家管理权的形式表现出来,也唯有信息管理权才能在生产、生活中被看见。信息管理权表现为对信息的采集、占有、存储、读取、共享、转移、发挥经济效益等各个环节。除了公共信息,大量信息的真正所有权主体其实是自然人、组织或企业。政府通过授权才能够全方位采集、占有、存储、共享这些信息。从现有的信息管理制度来看,所有权人并不能全程监控属于自己的那部分信息在政府管理、传播过程中的所有环节。因此,需要对国家信息管理权进行科学分工,透明监督。我们按照信息类型对国家信息管理权进行了类型的划分。

一、政务信息管理

(一)采集、占有、存储、读取的初级分工

早在 1986 年我国就提出“政务信息”这一名词,它是国家在管理行政与政治事务工作之中产生的信息。政务信息为国家公共管理权而服务,它琐碎且类目繁多,它的数量非常庞大,产生速度非常快。政务信息帮助相关政府机构对国家进行行政管理工作。被授权的国家机构对政务信息行使管理权。国家是一个抽象的集合概念,只有国家的特定部门才能对特定政务信息进行管理、支配。除了政府颁

布的文件、命令、决策，有很多政务信息采集来源为公民、法人、组织。如户籍信息、工商税务信息、医疗卫生信息。

国家政务信息类型的划分根据权力机关的属性与等级决定。不同的部门拥有的信息类型是不同的。由于信息种类具有较大差异。信息管理权的初步分工应该由各个部门分别进行。不同的信息由不同的政府部门进行管理，信息被谁采集，谁就负责管理该信息。例如，公安部门就较难管理医疗卫生信息，工商部门也无法有精力管理户籍信息。各个部门的信息管理分工其实是根据公共权力的种类进行的，谁采集，谁管理。不同类型的信息分别存储于不同国家机关，拥有公共信息管理权限的权力机构，在事实上并不局限于独立的政府部门，除了行政部门，法院、检察院、监察委员会、军事机构都拥有大量的政务信息，有公权力的位置就有相应的信息管理。政务信息划分为不同级别的保密层级，有些属于公开信息，有些属于保密信息，还有一些属于内部信息。由于政务信息中还有大量敏感信息，如人口信息管理系统，出入境、证件信息数据库，全国违法犯罪中心数据库，DNA 数据库，统计数据库，社会保障和税务的个人信息数据库，政务信息的共享存在信息安全危机，需要借助信息分级技术与加密认证技术对访问进行分类授权，对信息泄露事件进行痕迹跟踪。

（二）共享、开发、发挥经济效益

我国的政务信息管理是一种多头管理局面，由于海量信息的不断积累，不同部门之间实现实时信息互访成为必要。政务信息的管理并不能止步于初级的采集、存储等分工阶段，各部门各自为政管理信息，易造成“信息孤岛”。不同部门之间信息统筹管理依赖信息技术的计算力。政府的信息管理，由纸质信息向电子信息、云端信息、智慧信息逐渐升级。

在“云计算”时代，信息基于互联网络形成信息共享池。每一个政府部门都是信息资源池的一个部门。云计算是通过因特网这个中介提供不同的服务。这些资源包括工具和应用程序，如数据存储、服务器、数据库、网络和软件。云计算时代貌似已经过去,但其朝向更加专业的领域方向发展,不同行业有不同的“云”,不同部门的政务信息在网络空间中的无缝衔接属于“政府云”。信息的智慧化管理是政务信息管理的最新阶段,智慧技术是多种信息技术的汇集,政府应运用智慧技术对城市进行规划。国家应鼓励各大研究机构,企业研发更新的信息技术,并将公共政务信息共享给个人、信息加工企业,发挥信息的最佳智慧潜能。2017 年国家发改委、中央网信办,设置了政务信息资源的目录的编制指南,该指南规范了各个政府机关对信息的分类、编制,有利于国家的统一管理、交换、共享信息。

信息在哪个位置被存储,其效果有较大差异,民营企业存储信息的目的是追逐商业利润。国家机关挖掘信息是立足于调整、统筹、平衡整个社会的利益。在有效信息上,民营网络信息企业具有更强的信息嗅觉,国家信息管理机关并不一定能够清晰地分辨哪一种信息具有较高的经济价值,有商业价值的信息并非国家信息管理主体所能决定的,而是市场流通博弈之中信息自我生成的定价。国家信息管理机关在发现具有较高经济价值的信息时,可以与企业签订政府协议,购买已加工的信息,并且还应当从平衡整体社会经济市场环境出发,防止互联网企业的信息垄断、信息不正当竞争的发生。

二、通信与网络信息管理

(一)邮电合一时代:所有权与经营权的垄断

在前网络时代,民众信息交流以纸质信件、电话、电报为主,这些信息的传送机构和设备由国家的核心部门行使所有权、管理权、经营权,早期的通信管理机构是邮政和电信部门,邮政负责信件,电信负责电话与电报。电报开创了人类利用电流传输信息的时代,是信息史上较为重大的技术变革。但是电报的缺陷是单向传输,译码过程繁杂。电话相较于电报过程简单,因此很快取代了电报,至今也是较为重要的有线信息传输技术。

中华人民共和国成立之初我国的邮政与电信是合并管理的,统称“邮电”。1949年中华人民共和国邮电部成立,“邮电”的管理权经历了管理的下放与上收阶段。1950年开始我国邮政和电信由中央邮电部集中统一领导实现“邮电合一”。1953年由邮电部与地方政府双重领导,这就是所谓的“条”“块”领导模式,“条”指邮电部的管理,“块”指地方的政府。1958年,除北京,国家以及通信干线由邮电部领导之外,邮电企业全部下放至地方政府,管理权的下放缺点也不断暴露,浪费严重、管理混杂。1962年管理权再次被上收,再次由邮电部管理与地方政府双重领导。在邮电合一的时代,邮电部将邮电企业的所有权、管理权、经营权进行了垄断。邮电部的附属机构,邮政、电信的市场经济运行也归属邮电部。邮电部集储存、运输、企业管理、获取企业效益等多项职能于一身。企业盈亏都由邮电部承担,从而出现负盈不负亏异化局面。

(二)移动通信独立时代:企业内部管理权的下放、分离

1987年,中国广东建立了首个商业使用的模拟蜂窝移动电话系统。在国民经济产业的构成中,电信越来越成为较为独立的产业。1993年9月19日,浙江省嘉兴开通了我国首个移动电话通信网络。

1994年,邮电部成立“移动通信局”。同年,原电子工业部、铁道部、电力部共同组建中国联合通信有限公司(中国联通),联通的成立打破了电信市场的单垄断格局。1995年GSM制式的电话网络建成。同年,原邮电部成立了两个企业局,即中国邮电“邮政总局”和中国邮电“电信总局”,其原有的政府管理职能转移至邮电部内其他司局,为实现政企分开奠定了基础。1996年,移动电话可以实现全国范围漫游。1998年3月,国务院以原邮电部与原电子工业部为基础组建了新的信息产业部;同年的4月,信息产业部出台《邮电分营指导意见》,邮政和电信开始分离,“邮电”这个名称成为历史,“邮电部”从此被撤销。

邮政和电信的分离,是通讯技术革新的产物,邮政与电信部门是两种不同性质的通讯传送中介机构。邮政存在的价值已经不在于对

文字信息进行传送,它的传送重心转向了物理介质。电信传送的是纯粹的文字、语言信息。通过电流、电磁波进行信息传播,传播质量和传播速度是传统邮递方式不能比拟的。电信行业很快成为拥有公民通信信息数量最大的部门。1999 年 2 月,当时的信息产业部决定对中国电信进行拆分重组,中国电信的寻呼、卫星和移动业务被剥离出去。2000 年“中国移动通信集团公司”(中国移动)和“中国电信集团公司”(中国电信)先后正式成立,前者主营移动电话业务,后者负责固网服务。电信与移动企业化独立,同时也是国家对信息管理权中的经营权下放的体现,在计划经济时代,管理与经营权都属于国家所掌控,自主经营权的下放有利于激发企业的竞争力与活力。新世纪的到来也是信息大战硝烟升起的年代。10 年间通信运营商经历了多次新设、重组、兼并浪潮。2000 年 12 月“中国铁通集团有限公司”(中国铁通)成立,2002 年“中国卫通集团有限公司”(中国卫通)成立。同年,电信进行了南北分拆,北方分拆出中国网通,负责山东、河南、东北、华北业务。2008 年中国网通与中国联通合并,中国卫通并入中国电信,中国移动将中国铁通兼并。目前,电信运营企业进入新电信、新移动、新联通“三足鼎立”时代。

(三)邮政改革时代:对所有权与经营权进行区分

改革开放之后,邮政经历了政企不分到政企分离,并独立成为企业法人的过程。在计划经济时代“政企不分”饱受诟病。2005 年,国务院印发《邮政体制改革方案》,实施邮政政企分开;邮政机构,它不仅仅是信息传递、存储的中介组织,承担着信息管理权的职能,同时,它的运作过程中还存在大量的人事、干部的任免,经费与物质的调配工作以及起草发展规划、制定年度计划、确定通讯资费标准等工作。邮政信息管理是一个综合工程,而邮政信息管理权是一个包含较多子权力类目的综合权力。人事、财务、发展规划、市场运营,每一项子权力都需要科学谨慎对待。

由于权力类型多,不同的权力分配给不同的主体,并非所有的权力都属于公权力，有的权力在政企改革的历程之中演变为了私权，进行了重新整合。属于国家公共权力的类型有提出行业发展规划，起草行业法律、制定行业服务标准，维护市场经济的秩序与公平竞争，主管邮政市场准入，提出行业价格建议等。将邮政部门的国有资产部分管理职能转移至国有资产管理委员会，国家对邮政企业的所有权以投资者份额体现出来，只享有投资者权益。属于邮政企业内部管理权利有邮政机构的人事任免、市场运营、计划制定、市场竞争等。

政企改革的目的在于将我国邮政部门的经营业务职能进行分离。邮政部依然是邮政服务业的行政主管部门，但是邮政企业与非邮政企业有竞争关系时，不能袒护自己控制的邮政企业。2007 年，我国以现代企业制度为模式建立中国邮政集团公司。2008 年原邮政部经重组为国家邮政局，为副部级单位，划归至交通运输部进行管理。2008 年，原国防工委、信息产业部、国务院信息化工作办公室、国家烟草专卖局，四个部门合并为工业和信息化部。

信息产业是国民经济发展的重要产业，信息监督管理权不局限于信息监督，更要促进信息产业的发展，提高公民信息福利。重组之后的邮政管理部门不能对这些控股集团进行特别保护，这些企业集团自主经营、自负盈亏不拥有特权。2019 年，中国邮政集团公司名称变为“中国邮政集团有限公司”。邮政与电信部门的企业化改制之后说明，公民的私人信息并不是存储在国家机关的服务器之上，而是存储于通信企业的商用服务器中。大部分通信网络信息，国家并没有进行存储，而是管理与监控。国家不断在邮电、通信上变换自己的管理方式，更新原有的管理组织结构。

（四）互联网信息时代：新设权力机构

1987 年，中国发出了第一封电子邮件，称“越过长城，我们可以到达世界的每一个角落”。[1]这则消息被发送到一所德国大学。

---

〔1〕 Zorn, Werner, *Wie China mit den Internationalen Rechnernetzen Verbunden Wurde*, in PIK – Praxis der Information sverarbeitung und Kommunikation, 11 Jahrgang 1988, Heft 1, S. 22,29.

1994 年 4 月 20 日,中国科学院高能物理研究所的技术研究员们通过设在斯坦福大学的直线加速器中心(Stanford Linear Accelerator Center, SLAC)的设备建立了第一个连接到万维网的电缆。信息技术高速发展的同时,行使国家互联网管理权的机构名称与管理模式也在不断变革。

20 世纪 90 年代之后,是中国互联网高速发展时代,新的专门针对互联网的国家信息管理部门孕育而生。2011 年,中华人民共和国设立国家互联网信息办公室。我国对网络信息首要管理领域是信息的安全存储与处理。早期的互联网立法都是针对网络安全展开的。2012 年全国人民代表大会常务委员会通过《关于加强网络信息保护的决定》。2016 年《网络安全法》诞生,在信息安全的前提下以互联网为平台的交易逐渐实现。1998 年,阿里巴巴网站的出现成为中国电子商务的起点,经过 20 多年的风雨洗礼,网络交易已经逐渐成熟,2018 年《电子商务法》正式通过。2018 年 3 月,中央推进了新的机构改革措施,为加强党对国家信息网络的集中统一领导,设立中共中央网络安全和信息化委员会办公室,将原国家计算机网络与信息安全管理中心从工业和信息化部管理中分离,调整为由中央网络安全和信息化委员会办公室管理(简称中央网信办)管理。中央网信办是国家信息治理与管理权力的主导部门,全面领导中华人民共和国国家互联网信息办公室的工作。中央网信办是国家互联网的大政方针措施的主要推行者,也是维护互联网法治秩序,对互联网信息传播进行宏观建设、指导的重要部门,它为各权力机构在管理政务信息,提供发展纲要、实施方案,对互联网传播过程中的具体内容信息进行严格管理。

三、档案信息管理

档案属于特殊的信息,但是档案信息不是政务信息也不属于通信、网络信息。档案信息注重对国家历史事件的记录,是对知识、文化与文明的传承。档案的内容非常广泛,除了历史、人文,还有军事、科技,自然与政治。它是一个国家的文明轨迹的百科全书。档案保障内容的真实性,能够还原一个国家曾经的风貌,这才是档案的灵魂所在,也不允许随意改变原始信息的物理载体,这样才能保留原始信息的书写特点、符号特征。档案产生的历史非常早,档案学也比信息科学发展得早。档案信息是人类信息之精华。国家的建立是档案存在的前提。人类最早的档案形式是骨头、龟壳刻字。商周之后档案的形式表现为青铜器之上的文字。保管档案的机构自周朝以来就存在,周朝时称为"天府",秦朝之后档案的普遍形式为简牍,同时也使用锦帛,汉代有"石渠阁",唐朝有"甲库"。造纸术发明之后,制作、运输档案的成本逐渐降低。录音、录像技术发明后,档案的形式有了磁带、照片等。计算机使用后,档案还有磁盘格式。电子信息发展之后,档案的形式也逐渐电子化、数据化。中华人民共和国成立之后,档案信息的管理主体为档案馆,档案机构按照行政层级分别设置在地方与中央。

第十二章　信息治理权

第一节　信息治理主体的突破

一、突破“国家”的限制

“治理”这个词是中共十八届三中全会所倡导的一个概念。“治理”与“管理”虽一字之差，但是内涵有明显差异。“管理”的主体较为单一，只限制在政府层面，国家对信息进行管理时需要特定的行政机关下达指令性的行政行为，是一种自上而下的权力命令行为。“管理”一词受制于公法权力的思维影响较大，其实除了国家、政府，权力还可以交由更多的主体。

治理的主体更加多元，除了政府权力机关，还有社会组织与个人，既有公共权力部门也有民间自治组织，还有商业团体等。社会治理的主体之间是一种平等、合作、共享资源的关系，政府对其他治理主体并没有下达指令的趋向，其他主体相对于政府也并非隶属关系。政府部门与多元治理主体进行平等、有效的沟通，政府鼓励其他治理主体积极表达建议，从而形成综合性的适合社会发展的公共决策。治理的方案是灵活的，不局限于固定的法律、行政法规、政策等，还有行业纪律、管理、风俗、文化、习俗等多种信息管理方案和技术。在治理理念下，国家通过管理权实现对各类信息的规制是有限的，信息的规范治理更需要行业自治组织、人民团体、企业逐渐承担较多的责任。

治理与管理进行比较，前者运行起来更加包容，并具有合作、复合等特征。这是由于信息在流通过程的复杂性,使信息的治理无法只通过单一主体才能完成。[1]

二、主体多元

信息的治理主体并非仅由发布命令的权威性权力机构组成,信息的治理主体由个人、集体、组织、政府共同构成,这些主体将其拥有的支配力共同服务于公众的需求。这种公共服务领域范围超越了传统国家的核心职责:防御、维持安全与秩序,维持司法运行。由于经济发展,信息社会更加强化了公民的各种社会连带关系。政府要面临公民向国家提出的更多、更广的公共信息需求。新的信息立法是对公民新的公共信息需求的重新调整。治理并支配国家信息系统运行的主体不局限于国家,政府"不再是某个发布命令的集合性人格的器官"[2],治理的权限是全体公民共同拥有。个人、组织都承担着信息社会的治理功能,政府将所有的社会功能进行了重新的组织、统筹、规划。不同组织与个人之间通过互动会达到更高质量的信息治理预期。科学的信息治理模式融合了"良治"的特征,即广泛的参与性、民主协商后的一致性、可问责性、透明性、反应性、公平性、兼顾高效性,遵循法治。

信息治理权是国家与人民对内主权的体现,国家可以建立适合本土的信息政治、信息经济体制。各国有权根据自己的意愿和本国资源发展本国特色,构建属于本国信息网络治理模式。一个国家可以广泛地选择发展其信息网络能力的方式,并向其公民广泛地提供信息治理服务,信息的治理应当服从于国家的宪法制度,并尊重基础人权。信息治理权面临的最大压力是信息网络之中的人权运动。一旦与信息、网络有关的人权得到各国的普遍承认和接受,它将使每个

---

〔1〕 江必新:《管理与治理的区别》,载《山东人大工作》2014 年第 1 期。

〔2〕 [法]莱昂·狄骥:《公法的变迁·法律与国家》,郑戈、冷静译,辽海出版社、春风文艺出版社 1999 年版,第 55 页。

国家对本土信息治理承担义务,国家过度进行网络限制的行为将受到人权干预。

第二节 信息治理类型

一、有害信息治理

有害信息是一个较为抽象的概念,我国有害信息的类型非常广泛。

第一类有害信息对国家政治安全、秩序有重大不良影响。它涉及信息编造者对国家历史的虚构,对国家政体的诋毁,对国家政权颠覆进行煽动的言论信息。对政治类有害信息的界限,各个时代、各个国家的判断标准始终不统一。在中国古代,很多信息属于禁词范围,例如,皇帝名号是被禁止提及的。章太炎曾经是上海《苏报》的撰稿人,他对革命不惜溢美之词,并在撰文中直呼光绪皇帝之名号后被清政府控告为"大逆不道,煽惑乱党",[1]被判处 3 年监禁。政治言论信息涉及个人的政治价值观取向,是言论自由的体现,然而在意识形态大一统时期,这些与"正统"政治思潮相异的言论信息,易受到打击与限制。有害信息不局限于国家主权层面。反人类、法西斯、纳粹信息也属于有害信息,这些信息针对的是全人类,它是全球国家共同打击的信息。

第二类有害信息是破坏了公共信息的真实性。这类信息也被称为网络谣言、虚假信息。许多国家已经意识到,网络平台上传播虚假信息数据问题的严重性,虚假信息的传播会严重危及公民的知情权,也更加影响公民的在政治生活中的民主决策。2019 年 4 月,瑞士最高法院推翻了一项全国公投,理由是选民没有得到完整的信息,而且

---

[1] 傅国涌:《"风吹枷锁满城香"——近代以来因言获罪的几个例子》,载《同舟共进》2008 年第 6 期。

“侵犯了投票的自由”。公民受虚假信息影响的国家有很多,美国、巴西都被新闻曝光过社交媒体在选举期间散播虚假信息。印度、印度尼西亚和泰国等一些亚洲国家的选举也受到过虚假内容的影响。[1]

第三类有害信息破坏了国家公共管理秩序与核心价值观念及道德根基,这些信息包括色情、淫秽,违反国家公共伦理道德的信息。有些国家还将宗教、种族歧视信息视为有害信息。2019 年 4 月,英国伦敦出现大规模气候抗议活动,这些抗议者希望英国在 2025 年之前将碳排放减少到零,并表示非暴力反抗和大规模抗议是提高公众意识的最有用的工具。抗议者把伦敦港口区轻轨的金丝雀码头站作为目标,这是一个地面轻轨系统。英国交通警察为了安全起见,也为了防止和阻止伦敦地铁系统的严重瘫痪,已经决定在地铁站关闭 Wi-Fi 连接。相似的事件还有 2019 年 11 月伊朗政府全国性断网了 10 日,起因是总统鲁哈尼的燃油政策引发了全国性抗议活动。

第四类有害信息属于侵权信息,它们侵犯了自然人人格权或法人商誉的信息,具体表现即信息侵犯了名誉权、隐私权。德国的信息治理一直以“严苛”而闻名,2018 年 1 月 1 日,德国颁布《社交媒体管理法》,政府对网络上的暴力、诽谤言论进行了清理,要求社交平台删除有害信息的事件限定在 7 日之内,如果涉及明显违法言论要求社交平台在举报之后的 24 小时内,对相关信息进行删除或屏蔽,即使是尚存争议的自由言论也必须在 7 日之内进行处理否则面临巨额罚款。2019 年 4 月,英国发布了《在线社交媒体平台行为准则》和《网络危害白皮书》,要求强化社交网络平台的自我监管,倡导社交媒体平台承担在其平台上发布不良言论的监管责任。

2019 年,加拿大推出新的《数字宪章》以打击仇恨言论、虚假信息和网络选举干预。Facebook(脸书)、谷歌和 Twitter(推特)在内的

---

〔1〕 Nenadic, Iva, *Unpacking the "European Approach" to Tackling Challenges of Disinformation and Political Manipulation*, Internet Policy Review, Vol. 8:4, p. 1-23 (2019).

许多社交媒体公司承诺将加大力度,防止它们的平台被用来传播仇恨,帮助极端组织传播袭击。尤其是信息的跨境自由流动将对国家安全造成威胁。有害信息是有害行为实施之后的具体呈现,有害信息是结果,立法最终调整的是人的行为,政府除了对信息部分进行技术化处理与管理,司法部门、行政机关最终会根据《民法典》的侵权责任编、人格权编,《治安管理处罚法》《国家安全法》《刑法》等多种法律对实施有害行为的主体进行约束。国家信息治理主体有权在信息空间中禁止不利于公共秩序的信息,信息治理主体有权防止其公民接触到被本国社会道德观念视为有害的思想和意见。政府和其他组织及个人有权对信息流动的各个环节进行监督。

二、信息安全治理

信息安全涉及不同主体的安全,不同类型的安全,包括国家安全、企业安全、组织安全、个人安全等。其中企业安全为商业秘密安全,个人安全为隐私安全。国家安全包括整个民族国家的安全和防御,以及对公民的保护、对经济金融秩序的一种维护。最后,企业、组织、个人的信息安全最终上升为国家整体的安全治理。

1. 确立信息安全治理的主体。信息安全治理是一种特殊的信息权力,特殊权力特殊授权,如国家互联网信息办公室的主要职责包括落实互联网信息传播方针政策和推动互联网信息传播法制建设,指导、协调、督促加强互联网信息内容管理等。行业组织协助、配合国家安全治理工作,企业是安全治理的履行部门。2021 年 7 月,我国基于《国家安全法》《密码法》《数据安全法》《网络安全法》首次启动了针对民营企业的网络安全审查第一案,被审查对象是滴滴出行,对可能对国家安全造成威胁的海外投资、产品、技术、服务进行了全方位审查。

2. 确立信息安全治理的强行性规则。这些规则从对防范、抵制信息泄露危险的规制角度保障信息安全,具体的立法通过《国家安全法》《数据安全法》《反不正当竞争法》《刑法》等强制性条款体现出来。这些法规的立足点是以公共安全、市场秩序为重心。建立信息使用的核心原则，企业、组织、个人在收集他人信息履行最小必要、存储空间最小化、[1]去标识化、展示时间受限等各项原则。

3. 强行性规则需要与信息的私权确权规则进行配合辅助。《个人信息保护法》已将查询、更正、删除、保密等行为赋予信息所有者个人行使，以保障个人对信息安全的自我控制与防护。

4. 信息安全技术为信息安全治理主体、治理规则、信息权利主体保驾护航。如果物质形式的安全是由警察、军队来保障，那么信息安全需要先进的信息技术进行保障。信息安全技术的第一个阶段就是对数据的归类、分级，2017 年《网络安全法》第一次提出“重要数据”这个概念。我们可以根据数据的分级，分别确立不同类型的访问权限。

5. 信息安全保护方式不能过于严苛，不能忽视了由信息产生的各项权利束主体之间利益均衡问题。多维化、立体化信息的安全治理，信息安全才能有的放矢。信息对个人、对企业、对市场、对国家的经济价值才能更加凸显出来。

三、智慧成果信息治理

智慧成果信息是通过人脑思维活动进行创造、加工后的信息，智慧成果信息和知识产权是两种不同的概念，后者调整前者，前者是一种静态的、稳定的信息类型，如果不对其内容进行创新性分析，这些信息的存在状态与普通信息几乎一致。后者的确立以相关立法规则为基础，这些规则是从权利与义务的视角概括智慧成果信息创造者与智慧成果信息之间、智慧成果信息创造者与社会其他主体之间法律关系的规则体系。智慧成果信息对于其创造者而言，具备了人身和财产属性，这些属性使其创造者的权利具有独立属性和排他属性。

---

〔1〕 国家市场监督管理总局、国家标准化管理委员会：《信息安全技术　个人信息安全规范》，2020 年 3 月 6 日发布，2020 年 10 月 1 日实施。

我们将创造者对于智慧成果信息上所拥有的权利总和统称为“知识产权”或“商业秘密”。我们对知识产权、商业秘密的性质进行归纳后,将它们定位于私法权利或经济法的范畴。

智慧成果信息除了通过知识产权,商业秘密规则实现私人自治、行业自律外,更需要国家、组织、机构进行多维化治理。政府的治理是最稳定的一个环节。国家承担保护知识产权人合法的人身利益和财产利益的使命。根据智慧成果信息呈现出的物理特征,我们将智慧成果信息类型分为商标、著作、音像、电影、专利等多种类型。每一类别的智慧成果信息的背后都有一个对应的政府管理机构。其中对著作权进行管理的国家机构为国家版权局,地方也设置了版权部门,但是国家级的版权部门与地方并无行政意义上的隶属关系。对商标权、原产地地理标志登记、专利管理进行管理的国家机构为国家知识产权局。这些机构的设立是国家对智慧成果信息所承担的国家公权力治理职能的体现。

虽然附着于智慧成果信息之上的人身权与产权的保护需要特定的政府部门进行保护和监督,但是知识产权的战略发展却需要社会进行合作治理。我国的智慧成果信息的治理实现了政府与行业协会、企业相合作的模式,政府的使命在于规划国家知识产权战略,对著作权进行宣传,监督法律规则的实施。行业协会是非政府组织,非营利性的组织,它是协调企业与政府、社会之间的纽带,具有构建智慧成果信息的共享平台,化解知识产权纠纷等权力。2005 年中国音像集体管理协会被证实批准成立。这是中国首次以行业协会形式对音像类智慧成果信息进行集体管理与治理,行业协会的集体管理组织是治理公民合法使用版权并支付报酬的重要组织。行业协会获得的管理权并不是公法意义的国家管理权,而是一种社会权力,社会权力的特征在于,权力主体通过自身拥有的权威性与支配性以及通过其拥有的广泛资源对特定专业领域施加强制力的权力,其中有组织权、协调权。

智慧成果信息治理的最后一个环节是企业治理。将特定信息运用至千变万化的市场之中，并发挥其经济效能是中国智慧成果信息治理中面临的挑战，商事企业发挥巨大功能。企业需要善于发现市场的创新，避免重复发明或智慧储备不充分，科技信息的更新周期非常短，企业需要对科技智慧成果信息进行熟练地运用，以适应全球信息竞争的局面。

四、信息交易治理

信息具有财产属性、具有经济价值，信息可以在其流通的环境中，由市场自身自发的规则引导其被交换、被交易。信息不是货物，信息可以在存储和传播的过程中不断被复制，原始数据的价值被不断更新的信息过滤、算法技术所处理，其资源效能是不断增值的，这些过程之中除了电力、劳动力、存储空间的消耗，没有其他类型的物理消耗。各国的电子信息交易规模逐渐扩大。我国首家信息交易平台是贵阳市政府投资下的交易平台，在平台内所交易的信息经过了“清洗”“建模”等多个信息技术环节。所谓信息清洗是指发现并纠正信息文件中可识别的错误；信息建模是抽取信息的特征，分析信息的结构与框架，通过技术方法提取信息中的关键要素，为决策提供帮助。这些信息类型集中在政府、金融、互联网中。信息交易规则由交易平台通过市场自治方式制定，如《贵阳大数据交易所702公约》中的交易平台模式为会员商业模式。

由于信息所有权归属这个核心问题存在争议，即信息交易永远面临“信息确权”的灵魂拷问，由确权引起的其他信息交易难题自然也无法迎刃而解。全国范围内的信息交易行业标准是交易所自治管理模式。各大信息交易所依据的规则不统一，被交易信息的质量、技术水平，格式也往往不兼容。当获取信息的一方存在信息违约使用情形时，由于信息流转轨迹的隐秘性，一方较难对信息违约事实进行举证。这些现象阻碍了信息交易市场的流动性。2021年北京大数据交易所成立，新交易所将信息的权属进行重新分置，将信息使用权作为交易对象，而不将信息所有权作为交易对象，以此应对交易之中的信息确权难题。信息交易其实可依据本书在“个人权利篇”所提出的信息“权利束”模式,将可交易信息的所有权、使用权、信息财产利益均分别归属于不同主体,这是一个可操作的过渡方案。

除了合法注册的信息交易平台,我国还存在庞大且隐秘的地下个人信息交易市场。在这个市场里,银行账号、存款余额、身份证号、通话记录信息均被作为交易的对象。地下信息的来源渠道有黑客破解信息,电子商务信息,钓鱼网站获取的金融账号信息,各大商业、金融机构内部泄露的信息。这些信息经过技术加工后,被重新拼接,最终被转卖给不同主体。地下信息交易治理难度非常大,普通信息加密技术还未跟上信息窃取技术,也无法对抗信息泄露行为。目前地下信息市场已经存在更专业的掮客团队,他们窃取的信息更加具有商业价值,涉及彩票、金融期货、外汇。他们的工作和交易地址都在国外,分布在缅甸、老挝、越南、马来西亚等国家。即使我们将信息使用权交易立法提上日程,但是仅仅依赖法律规则是远远不够的,我们同时还需要进行信息流转跟踪技术的探索和开发。如对进行交易的信息添加信息轨迹跟踪代码,目前多项信息跟踪技术即将获取国家专利。虽然信息交易治理任重而道远。如果将被交易的信息权属明确化、规范化,并将信息的格式、加密技术标准化,未来的交易市场会更加透明、公正。

第十三章　国家信息主权

第一节　主权学说的信息化转向

在信息主权、网络主权这些词语诞生之前。“主权”理论的基础是一种物理控制说。这个古老的概念必须以实体的国土、人口、政府机构作为其存在的前提。国家需要被一种最高权威所统治。主权则是一国之内的最高权力,谁是一国主权的主体,多少人能够支配一国主权,主权是否能够被分割、转让,支配者是否永久享有主权?这些论题在不同时期的主权学说中有着较大的变化,有着不同思想家的思考印记。亚里士多德在《政治学》中指出,国家必然存在最高治权,最高治权需要执行者,不同政体最高治权执行者的数量也不同,君主制政体由一人掌控、贵族制政体由少数人掌控、共和制政体由多数人掌控。[1]

英文“sovereign”一词有“君主”的含义,[2]近代意义的主权观念由法国学者让·博丹提出,他的主权观是一种绝对主权观,主权不受时间、外力、法律的约束,树立了君主的绝对权威。由君主一人掌控的主权历史持续了相当一段时间,英国思想家霍布斯通过社会契约论证明君主的绝对主权地位,认为没有外力可以对国家主权者进行批评、限制。格老秀斯、洛克等主权理论的出现摒弃了绝对主权观念,提出主权有限任期说、有限政府的学说,并将其与社会契约论结

---

〔1〕［希腊］亚里士多德:《政治学》,吴寿彭译,商务印书馆1965年版,第133页。

〔2〕［英］戴维·M. 沃克:《牛津法律大辞典》,李双元等译,法律出版社2003年版,第1054页。

合。卢梭从公意出发将人民主权论发扬光大。卢梭的思想推进了人民主权政治思潮的蔓延,君主主权的地位岌岌可危,被视为落后的观念,主权不再属于个体,它逐渐扩大至人民、民族。王朝被民族国家所取代。苏东政变过后的世界格局不再崇尚君主权威与绝对控制权。民族国家崛起之后主权上升为国际政治概念,《威斯特伐利亚合约》是承认民族国家主权对外的独立的标志性合约,各民族国家享有平等的主权地位。

无论是君主主权、人民主权,国家主权理论依然受物理领土观念的束缚,并没有延伸至信息空间。当信息可以进行国境跨越并进行全球互联的时候,信息主权这个概念才逐渐被人们所关注,信息疆域其实已经是物理国家疆域的延伸。物理主权的概念并没有被信息主权所取代,信息主权扩展了原有主权的范围,信息主权成为主权理论的最新课题,它将主权的研究范围转向了信息疆域之中。信息主权属于国家中的人民,信息主权赋予了政府合法的国家权力,同时赋予了国家义务。信息主权依然以现代经典主权理论为基石,遵守主权在民的精神,一个国家对网络资源行使主权可以由联合国安理会根据《联合国宪章》赋予的权力来指导或限制。各国有义务遵守安理会决议,信息主权并非毫无限制,各国必须在遵守人权义务的前提之下行使信息主权。

第二节　信息主权的定义

在旧的信息时代,个人的文字篆刻在石壁上、纸上,有关国家的历史文字记录存储于档案馆之中,没有人去探讨信息是否有主权的问题,也无人关注信息是否有国界的问题。只有看得见的、能够触摸的、能够产生富饶物质的土地、矿产、水流有物理暴力机器作为后盾的国家最高权力才属于主权探讨的范围。

“信息主权”的概念一般仅仅停留在学术探讨层面,还未成为国际法、国际组织普遍承认的概念，在大数据、云计算兴起之后才逐渐被学者、研究报告所提及。从信息科学技术的角度来看，每一条信息都有对应的地理位置，就应当也有所属的国家，它能够成为国家主权概念的衍生词汇，是国家主权的分支概念。

信息主权是国家对本国信息的管理、治理权，它属于国家最高权力之一，其含义为国家对其所属的信息空间内，对其所拥有信息资源享有最高的管理、治理权，对外拥有自卫、防卫权力。它的使命在于维持本国信息空间内的秩序，保护信息空间内的公民权利福利与权益，拥有独立的自主权，不受其他国家、个人、组织的干涉。

信息主权并非一个凭空出自信息时代的概念，其实国家的信息主权一直都存在，它是以较为隐秘的方式存在，传统的重要纸载信息一直以档案的形式被国家所保护、管理。国家档案是各国历史、人文活动的真实记录，也是人类的文化遗产，即使是距离今天 4400 多年的埃勃拉王宫也有国家档案库，在古巴比伦的汉谟拉比[1]时期，就已经形成了副本保存制度。我国夏朝设立太史令，负责记录史实，春秋战国档案的形式还有赋税、契券。1954 年 11 月我国成立国家档案局。国家档案局监督、指导、规划各级国家机关与人民团体的档案工作。对档案的保存价值、保管期限进行研究、审查。这些档案管理行为其实就是隐藏的国家信息主权行为。

学者们在探讨与信息类有关主权概念时，提及最多的是互联网信息，因而“网络主权”这一词经常被使用，信息不仅包括网络信息，还包括非网络信息、离线信息、其他物理载体所传播的信息。“互联网主权”的范围比“信息主权”涵盖的信息类型、信息量更小，由于网络信息易被盗取，网络系统易被攻击，“赛博主权”（cyber sovereign）、“数据主权”（data sovereign）等概念被国内外文献使用的频率要高于

---

〔1〕 埃勃拉王国是叙利亚古国，其存在于公元前 3000 年代后期至公元前 2000 年代初期，之后该王国就迅速消亡，现代学者是通过古埃及与两河流域的历史文献中发现该国国号的存在。

"信息主权"。互联网的诞生让信息被传输的速度不断升级，超出了国家档案管理规则的范围，它让信息主权从隐秘走向光明，它激活了信息主权更广阔的探索空间。

第三节 信息主权的特殊性

一、信息边疆从无界到有界

网络信息空间诞生于人类的地球上时，几乎所有人都对其充满了好奇与幻想，所有人都幻想它是一个无国界的乌托邦，约翰·佩里巴洛在《赛博空间独立宣言》里说："物理空间的政府就是令人生厌的钢铁巨人，网络空间不欢迎工业世界的政府，网络空间没有主权，没有民选的政府，只有'自由'才是最高的权威。"[1]大家一致认为，这是一个神奇的世界，没有国家的世界，与我们现实的物理世界是完全不同的世界。科幻小说家甚至发挥想象的极致认为人类将在这个世界之中重新诞生，重新树立新的哲学价值与生活方式。时空形式的变化总是让人们陷入不安与兴奋，这种变化也随时挑战着我们既存的生活模式。

"虚拟世界"这个词语随其存在的时间的延长，似乎当初的强大魅力正逐渐递减。当今世界的地球热已经对这个神秘的事物渐渐放弃了不切实际幻想，毕竟我们正在生活的世界才是最真实最值得向往的，如今虚拟世界已经完全失去了乌托邦化的色彩，它并非一个完全独立的世界，它已然就是现实世界的一部分，我们也不再憧憬这个虚拟的世界能否再创造出耀眼的奇迹。如今虚拟世界，一旦与现实世界脱离即将变得索然无味。而虚拟这个词我们已经很少使用了。

有些人将网络空间比作公海等公共场所，并提议应采用类似的

---

〔1〕 J. P. Barlow, *A Declaration of the Independence of Cyberspace*, MIT Press, 1996. p. 1.

法律制度。他们的论点是,因为网络空间不属于任何国家的领土,所以它不属于任何国家的主权。[1] 全球信息互联网的雏形其实就是一个资料查阅系统,互联网个人电脑、服务器上的超文本资料实现了连接与共享,这是一种超越印刷技术的信息复制与共享技术,印刷技术无法实现瞬时的信息传送、访问、复制,更无法传输视频、声音。如果没有人力、电脑终端、主机、服务器、电线、电流,这些信息就会消失。信息网络的事实不断向我们证明,网络信息空间依然受制于物理形态的存在物,信息空间与物理空间是虚实对应的,也有私域、集体、公域之分。私域包括个人电脑、手机上的信息,国家主权在公域信息空间内的控制力较强,包括公共互联网、军事、金融、能源、交通、监控信息网络。

二、信息边疆受制并区别于物理疆域

信息空间也存在领土或边疆,信息领土受物理领土所限制,物理领土是信息领土的依据之一。赛博空间的无政府乌托邦论点瞬间坍塌。我们可以通过技术追踪网络服务器的具体国家地理位置来定位信息。《塔林手册》[2]的作者对此问题的回应是,虽然没有国家可以声称对网络空间本身拥有主权,但国家可以对其领土上的任何信息网络基础设施以及与该网络基础设施相关的活动行使主权。网络基础设施由服务器、计算机、电缆和其他物理组件组成。这些组件并不位于网络空间,而是位于某些国家的领土上。显然,一个国家对位于其领土边界内的组成部分具有管辖权并行使主权。

---

〔1〕 Dan Hunter, *Cyberspace as Place and the Tragedy of the Digital Anticommons*, California Law Review Vol. 91:439, p. 439 – 519(2003).

〔2〕《塔林手册》是一本有关国际信息网络的学术性著作,由北约卓越合作网络防御中心编纂,2013 年 3 月在剑桥大学出版社出版,全称为《适用于网络战争的国际法塔林手册》(Tallinn Manual on the International Law Applicable to Cyber),塔林手册重点阐释国际法在信息网络战争中的适用难题,对国际信息主权治理有较大影响力。

如果一个国家对其地理边界以外的拟制领土（船舶、飞行器、大使馆）行使专属控制，则该国家还有权对其拟制领土之上的网络基础设施行使管辖权，如对公海上的一艘国家军舰中的网络基础设施行使管辖权。国家之间都互相无权干涉他国对本国信息网络的治理，也无权干涉他国信息治理的立法和政策。《谁控制互联网——无界世界的幻想》指出，互联网既没有摧毁国家的力量，也没有破坏国家的力量，相反它正日益增强着国家主权力量。

电子商务行为是典型的信息法律行为，电子商务行为不可能摆脱物理空间政府权力的管辖。电子商业服务兴起之后，非常依赖法律和国家的强制力来保护其行业秩序，保护消费者的权益。网络信息空间相对物理空间而言，消除了物理世界中的一切连接障碍，人与人的沟通可以不通过水陆交通，国家的海关边防管控。网络空间有访问地址、访问痕迹，政府权力依然可以进行定位和追踪。信息法律行为最终会落地于真实的物理空间之中，如交通、商品购物、物流，因此都是受国家控制的。国家主权不会因为信息技术的进步而凭空消失。

虽然信息空间受制于物理疆域，但信息主权的行使方式与物理疆域有较大差异。最大的差异就在访问权限与控制方式之上，一国的公共信息网络，其他各国公民都可以自由访问或登录，但是领土却不能自由登陆。全球许多互联网公司注册地虽然在本国，但是最大访问人口量却不一定在本国。故有学者提出借鉴海洋法的划界方法，公网与公海对应〔1〕，各国人都可以自由访问，领网与领海对应，涉及金融、电力、金融网络，访问需经过授权。根据信息级别确定访问权限这不失为一种有效的信息主权治理方案。

信息主权还涉及本国信息经济的战略布局，防止国外企业过分获取公民信息而达到信息垄断市场地位。欧盟国家早已在采取对他国信息网络公司进行一定的控制的立法活动，如征收数字税，通过隐

〔1〕 袁艺：《如何为网络空间划分国界》，载《中国信息安全》2016年第9期。

私条款防止 Twitter、Facebook、谷歌这样的美国互联网公司对欧盟国家的信息经济的冲击。

三、信息自卫权

“自卫权”属于独立国家的基本自然权利。《联合国宪章》认为不能禁止国家行使自卫权。[1] 多国采取“预防性自卫”信息技术，这与物理性质的预防性自卫有较大区别，信息自卫并非对抗他国的物理打击，而是防止他国对本国信息的窃取、控制和干扰，尤其保护本国的敏感数据不受他国窃取、利用。防止他国破坏国家的信息防御系统。信息战争形式也五花八门，有数据化战争，非线性战争等。信息空间依然要追寻和平美好，全人类的共同福祉。

为确保国家敏感数据的机密性，本国采取合理的做法是对这些信息进行加密。然而，在密钥管理方面，当存在跨境数据时，信息安全将是一个巨大挑战。早在互联网兴起的时代，各国早已将对信息的对外防御作为国家的战略重心，防御方式也存在较大争议。

巴西政府通过了一项互联网“权利法案”。最初，该法案将要求外国云服务提供商将巴西的数据存储设在巴西的服务器上，并受巴西法律的约束，但该条款后来在最终的互联网法案中被撤销。同样，俄罗斯政府也在考虑数据主权问题，要求所有互联网提供商，如谷歌，将俄罗斯公民的数据存储在境内的服务器上。政府还将提议建立一个国家服务器，其中将包括敏感和个人数据，这些数据将受到俄罗斯法律约束。

2019 年 5 月，俄罗斯总统普京签署“主权互联网法”，该法授权国家有权切断本国互联网与世界其他地区的连接。该网络审查制度遭到不少质疑。克里姆林宫方的回应是，这是维护国家安全的有效措施。当国家发生紧急情况或网络攻击等国外威胁时，法案中的措施可以保护俄罗斯。这项法律将允许莫斯科加强对该国互联网的控

---

〔1〕《联合国宪章》第 51 条。

制,国家可以控制基础设施路由网络流量,并创建一个全国性的域名系统。人权专家们认为这项举措损害了俄罗斯人民的言论自由和网络信息自由,阻碍了俄罗斯国内的跨国电商对市场信息获取的权限。技术专家认为这项法律在实践上很难执行。

德国也正在考虑以多种可能的形式进行数据本地化,比如建设自己的互联网基础设施,以及将公民数据保存在欧洲境内。德国政府鼓励其公民使用德国制造的国家电子邮件服务,这有助于确保德国的电子邮件通信存储在该国。在巴西,政府已宣布计划放弃国外电子邮件服务,转而使用自己的国内电子邮件系统,该系统仅使用巴西数据中心。由于爱德华·斯诺登(Edward Snowden)泄露信息事件,德国政府还提出了建立申根区路由的互联网独立问题。[1] 我国也早有严格的信息存储本地化规则,要求所有国内公司将中国公民的数据存储在位于中国的服务器上。信息本地化能力可用于识别嫌疑者和监控犯罪活动。此外,本地信息存储有助于确保采取合理措施保护用户信息免受外国监视。

保护国内信息安全、国家对外义务包括承认其他国家信息主权的义务、不干涉他国信息管辖区域的义务,以及控制在主权国家信息边界内发生的行为的义务。"不干涉"是国际法公认的原则。一国不得限制另一国在网络发展和能力方面的能力,各国可通过双边或多边方式同意就网络活动进行合作,国家对内的信息治理权并非绝对无限制的,它受到国际法原则,世界人权宣言、国际习惯法、国际条约的限制。信息自卫权不应当被传统异化后的物理国家战争观念所束缚,否则会陷入信息或数据的冷战思维,形成新的全球信息网络对抗格局。

---

〔1〕 Nugraha, Yudhistira, Kautsarina, A. Sastrosubroto, *Towards Data Sovereignty in Cyberspace*, 3rd International Conference on Information and Communication Technology (ICoICT), p. 465 –471 (2015).

四、信息跨境

传统主权理论,国与国的边界较为清晰,任何人或物的跨境都需要经过严格的边防检疫关口,但是信息跨境不涉及出入境管理部门、也不涉及海关。信息的疆域边界难以界定,信息的私权尚且难以确定,主权就更加模糊。信息跨境也具有较强的隐蔽性。通过各种伪装技术,信息能够轻而易举地被跨境拷贝。

跨境信息治理是信息安全治理中的重要环节,信息跨境是指信息在国家边界范围内发生了转移,信息网络越发达信息跨境就越频繁。互联网诞生之前,信息的跨境障碍较多,信息载体不易携带,如书籍、磁盘。现今的信息跨境通过境外网页访问或境外服务器传送。信息主权不仅保护个人信息同时也保护国家安全。对待个人信息应当以本地存储为原则,仅有经过严格安全评估后的信息才可转移至境外。欧盟处理方式为,信息主体的知情同意可作为跨境认可条件。我国信息是否跨境,条件为是否通过国家信息安全评估或者个人经专业信息机构保护认证或者个人与境外签订严格的信息协议。

信息跨境与物理世界的主权状态紧密相关,当两个国家在物理世界发生冲突时,国家为了维护国土安全,将会实施信息禁令。2007年爱沙尼亚遭遇大规模“黑客”袭击,这场网络战争备受瞩目,爱沙尼亚于是选择采取关闭其网络边界的信息主权策略,不让外界影响。2020年,喜马拉雅山地区发生了边境冲突,冲突双方是中国与印度,印度政府对中国的手机应用软件进行了限制,其中就包括抖音软件,其理由就是这些手机软件将印度个人信息传送至印度国境之外。从主权理论来看,他国都无权干涉这些维持国家安全的网络决策。

2020年,《全球数据安全倡议》主张各国应遵循信息起源国的立法,不得将起源国信息传输至境外,各国相互尊敬他国的司法裁判权,以及各国对本土信息的安全治理权。如果一国是为了刑事侦查目的而采取信息跨境行为,如采集犯罪者证据,需要通过国际协议方案实现。

第十四章　信息技术对司法权的重塑

第一节　智能信息技术对司法思维影响

一、传统司法思维的弱势

（一）法官记忆容量与运算速度的局限

人脑学习需要非常漫长的时间，“计算机芯片能够在 1 纳秒内执行一条指令，而神经元则慢了上百万倍”。[1]一个法学毕业生如果成长为一位成熟且理论修养各方面都很完善的法官或法学家，此时已经有四十到五十岁的年龄。并且，人类大脑并非时刻处于不中断学习的状态。即使是经验丰富、学理深厚的法学家由于大脑信息存储的局限，也不可能穷尽所有法律知识与相关信息。法学家能够精确记忆的法律资料绝对无法超过任何一个专业法学数据库。如果存储的法律相关信息长时间不被使用，这些信息记忆会随着时间的流逝逐渐变得模糊，最后被人脑所遗忘。韩愈曾说：“业精于勤而荒于嬉，行成于思而毁于随。”[2]一位记忆力超群的法学家或法官一定是一位非常勤奋用脑的人。理论上决定法学研究者水平高低的重要因素就是大脑中的有效信息数量，其次就是创造性思维。即使是创造性思维这种灵感式思维，也需要强大的数据作为根基，灵感产生的概率才会更高。许多前沿性的研究，不仅需要掌握法学知识数据，还

---

〔1〕［美］斯图尔特·罗素、彼得·诺维格：《人工智能：一种现代方法》（第 2 版），姜哲等译，人民邮电出版社 2010 年版，第 11 页。

〔2〕韩愈：《进学解》。

需要掌握其他学科的大量知识。法学智能信息系统相对于每个法学研究者个体来说,具有较强的记忆优势。不少学者已经指出未来的人类的战争就是一场信息之战,如果数据本身就是黄金与石油,处理信息的技术手段则是这些“黄金”与“石油”的挖掘机与提炼机。

(二)法官思维的局限

裁判尺度的不统一。这种现象在全世界都具有普遍性。司法审判领域一直没有精确、科学计量的审判方式。英美法国家于是赋予了法官“自由裁量”的空间,提倡法官的“自由心证”。因为生活的多样性与不可预见性,允许法官摆脱僵化法律的束缚获得裁判自由,[1]但这种审判有些个人化的特征。在中国,如果审判过度依赖法官的“道德”“良知”“学术水平”“审判经验”,它会威胁着司法权威与司法公信力。

“裁判尺度”不统一主要体现在:其一,法官素质的不统一。并不是每一位法官都拥有一个信息庞大、思路清晰的大脑。其二,法律概念中还存在抽象、模糊、留白的地段,不同知识阅历的法官对法律规则中的这些领域有自我解读与认识。立法中有大量抽象词汇,如“显失公平”“公序良俗”等,中间给予了法官很大的自由裁量空间。这种模糊、抽象、不精细的概念是人在立法中遗留下来的漏洞。电脑程序设计的漏洞有时可以通过补丁或检测工具进行,但是立法漏洞查找相当困难,我们往往是在很多错案诞生之后发现立法漏洞。在这个问题上,目前没有一种先进的智能技术能够处理这个问题。

(三)法官意志对司法实践的干扰

法律人是日常生活中为生计与生存忙碌而奔波的普通人,是具有独立意志与个人感情的普通人。法律人的生活不局限于单调的法律数据库搜索。他们易被欲望所牵制。法律职业群体竞争非常激

---

[1] [德]卡尔·恩吉施:《法律思维导论》,郑永流译,法律出版社2004年版,第131页。

烈,人有生存竞争的本能。法律人易产生局部眼光,选择短期的利益,从而滋生了腐败。与此同时,法律人又有着对于死亡的恐惧、对惩罚的害怕,这种思想又随时警示他们的行为。法律人也有荣誉感,会受到舆论、大众意见的影响,他们在作判断的时候会犹豫不决。这些情感的干扰,导致法律人群体无法彻底理性地思考问题。人类设计出的法律制度,都是以人性的特征为基础的,并且任何法律制度的设计都不会从根本上消除这些人性固有的缺陷,正如亚里士多德所言"所有这些罪恶是导源于人类的罪恶本性"。[1] 权力制衡等制度的设计不过是制约这些人性的缺陷,或者通过司法审判制度的仪式性、威严性、崇高性激发人性中的美德与善良。在恐惧、愉悦、欲望、追求崇高中穿行的法律人,其理智与理性无时无刻不受到干扰。即使受到严格职业伦理的培训与崇高价值观的疏导,这些缺点都是难以克服的。

(四)智能技术审判挑战法官权威

司法审判智能信息化将使人类法律知识体系、经验与实践的总结最大限度地实现理性最大化、效益最大化。司法的目标可以通过更有效的统计、计算得以实现。法兰克福学派将此种思维表述为工具理性,每一轮的智能信息的突破都是工具理性的逐渐强化,案件审判的可预测性与稳定性不断增强,也将司法实务人员从机械的劳动中解放出来,但是这种效率最大化背后必然伴随着隐忧。人文社会科学领域对高度发展的科技是具有警觉性的,他们担心科技的异化挑战着人类的道德伦理与情感世界。这让世俗社会的人担心与其昔日曾经敬畏的"永恒法""道德律"渐行渐远。启蒙运动之后宗教、神权的丧失,法律审判也逐渐褪去神圣与被信仰的外壳。法律规则不过是世俗世界调整社会秩序的手段之一,如果审判过程过多介入智能技术,司法审判更像是工业时代流水线上的产品。最终的司法裁

〔1〕[希腊]亚里士多德:《政治学》,吴寿彭译,商务印书馆 1965 年版,第 56 页。

判不是法官主体所作出的，而是人工智能软件设计师、智能技术企业共同作出的，司法裁判主体会出现解构[1]，甚至动摇的情况。

这种惶恐与担心是有一定依据的，科学家霍金甚至曾经表示，“彻底开发人工智能可能导致人类灭亡”。[2] 我们更会担心智能技术会篡夺司法审判权，这并非对目前智能技术开发水平的盲目崇拜。我们要界定智能技术在司法权之中的地位，无论是裁判软件或是数据库引擎，我们只能将它作为一种运算工具而已，其功能与作用如同一台电子计算器。计算器计算虽然运算速度比人脑快，但它们的运行依然需要人类下达指令。当今时代，智能技术的水平远远没有达到让运算工具拥有强大意志自由和自我认知的程度，因此智能机器人目前也无法成为权利能力、行为能力与责任能力的主体。但智能技术水平进化速度已经远远超越了人类生物进化速度，我们必须随时保持谨慎与警觉，划清运算工具与作为主体的人之间的界限。

我们认为只有正确对待智能技术才不会产生法学研究的惰性，否则人类将会放弃学习法律知识的热情，人脑逐渐走向思维钝化。我们应当将法学的智能技术视为一门新兴学科，并对其进行系统地研究并不断更新。诚如计算机的发明并未让人类放弃学习数学与逻辑，反而独立成为一门学科，并出现了一大批以此技术为专业的职业群体。这些职业群体是这个时代薪酬回报率较高的群体，因为他们使用高度逻辑化符号化的语言进行运算，这是人类的高阶语言，这种语言也代表着人类最高科技智慧的结晶。当一种新的生产技术诞生的时候，我们更需要对这种技术的来龙去脉进行系统的研究。如果智能技术在法学研究与实践中普遍运用后，我们应当将其进行科学

---

〔1〕 季卫东：《人工智能时代的司法权之变》，载《东方法学》2018 年第 1 期。

〔2〕 该表述来源于 2014 年 12 月 3 日英国广播公司（BBC）报道，蒂芬·霍金认为，人工智能会威胁人类自身生存。因为人工智能的运算速度与进化速度非常惊人，它有可能不断重新启动，并重新设计自我，而其高速的进化速度远远超过地球上生物进化的速度，数以万计的工作岗位将会被其取代，最终促使人类被淘汰。

与理性地运用,这样不但法学研究或司法审判从业者不会产生惰性,也不会导致法律人失业,而是会出现更多的跨学科人才不断学习与研究如何完善这套智能技术体系,让它更加精确化、稳定化。到那个阶段,利用智能技术进行法学研究、司法审判、案卷统计将会是每一个法律职业人必须掌握的技能,新的法律职业技能自然而然便会孕育而生。

二、智能技术模拟法学逻辑思维方式的尝试

智能技术对如何模拟人类思维也存在着争议,由此产生了三大智能技术学说:第一流派,符号主义(也称为逻辑主义,计算机学派)。第二流派,连结主义(又称仿生学派或生理学派),其焦点关注人脑的模型,并利用电子元件模仿人脑各项功能与结构,这是智能技术方法论上的一次重大突破,但是人类对自身大脑神经元系统的研究依旧处于初级阶段,这也影响到智能技术对大脑构造的模拟。连结主义的构想显然超越于符号主义,其难度与挑战异常艰巨,其并没有在科技领域获得可观的技术成果。第三流派,行为主义(或称进化主义、控制论学派)。[1] 行为主义较符号主义与联结主义又是一次创新。智能主体行为的产生来自智能主体与环境之间的互动,智能主体根据不同的环境产生与此相适应的反应,但达到能够适应各种变化的复杂情况,必须在真实的环境之中进行反复的学习。三大流派中的符号主义是在智能技术领域运用最广阔的流派,其思维原理就是模拟人的左脑的抽象思维能力,通过符号运算来实现智能技术,在符号主义的基础上由此产生了如启发式算法、专家系统、知识工程理论与技术等。符号主义对法律实践贡献非常大,法学学科的专业数据库软件、裁判软件都是符号主义的衍生品。

法学的思维方式与其他纯粹人文类的科学不同,这些纯粹人文科学包括语言、音乐、文学、音乐或美术。作品在诞生的过程之中更

---

〔1〕 蔡自兴、徐光祐:《人工智能及其应用》(第4版),清华大学出版社2010年版,第9页。

偏重每个个体的主观体验。具有独创性的文学、艺术作品几乎是不适合通过智能技术的形式来实现的，这些作品的创造依赖一定的特殊的历史情境，它受制于历史，时间的变迁也会使艺术作品结构发生微妙的改变。这些特定历史情境物品如果能够通过智能技术无限批量制作出来，这些作品也就失去了其应有的神韵。智能技术做到的只能是模拟与辨别不同的艺术流派与风格。

司法审判思维与高端计算机对弈游戏推理思维有很大差异，在对弈游戏中智能技术的挑战是要计算出对手每走一步之后接下来所有的可能性。法学研究虽然也有学者们的个人感悟与主观体验，但大多数法学研究成果均是对人类普遍规律与知识的总结，它的思维方式有时是客观化、形式主义的，具有较强的规律可遵循。在法学领域，传统的法学思维与研究方法论大体分为五种路径，第一种是价值分析思维方式；第二种是逻辑语义思维方式；第三种是比较研究方法；第四种是历史分析法；第五种是社会研究法。价值分析方法根据情感、价值、信念、原则，评价法律“应当”是怎样的，法律所具有的属性并非“价值无涉”或“价值中立”的。逻辑实证主义者则关注对已知法律体系的概念、规则、逻辑进行解析。关注法律的形式化的相关事项，强调对法律的诠释与注释。比较研究法给学者一个广阔的空间去了解不同国家、民族、时代不同法系之间的法律的特征。历史法学方法不承认世界具有普世的真理和正义，法律都是在特殊的历史语境、民族精神中诞生的。社会实证研究方法更注重法的实效，即检测法律在社会运行中的实际效果。[1] 在法学领域中这些研究方法

---

〔1〕 在中国法学研究领域中根据上述不同的法学研究方法也同时并存着不同范式的法学研究，不过学者对不同法学范式使用的称呼与名字有所不同。例如，有学者将中国目前不同风格的法学研究范式归类为如下若干类：政法法学，其关注意识形态话语；诠释法学（或称为法教义学），其注重对法律条文、法律制度的技术化诠释；还有一类是社科法学，它借鉴其他社科资源来研究法学，发掘法律与社会活动之间的规律与互动。参见尤陈俊：《不在场的在场：社科法学和法教义学之争的背后》，载《光明日报》2014 年 8 月 13 日，第 16 版。

并非截然分开,它们可以相互融合与交叉使用。某一种研究方法并非必然优位于其他的方法,它们都有其自身的局限与不足。为了弥补这些不足之处,现在的学者们去搜寻更多更新的方法论,包括后现代与解构主义等。智能技术可以模拟这些经典且传统的法学研究方法。笔者认为,上述几种法学研究方法中,逻辑实证主义研究方法(或称为法教义学)最适合智能技术中的符号主义流派,抗辩思维适合采用行为主义智能技术的思路。笔者选取几种相对典型法律实证主义思维模式,分析是否具有运用到智能技术运算系统中的可操作性。

(一)智能技术对演绎推理的模拟

智能技术演绎推理这一裁判技术通过两种思维步骤进行工作,首先人类要对各种违法行为、犯罪行为、合法行为进行抽象和理论的概括。这些理论数据就是法律规则,他们是进行演绎推理的大前提。智能技术自身很难完成法律规则的制定,即智能技术无法自动设置初始大前提。初始规则与理论架构必须由立法者来完成。我们将立法者设计的法律原理、立法规范,法律行为的构成要件要素,输入数据库系统进行备存,计算机则通过第二步的思维即演绎思维进行推理,这一部分机器完成度相对于人脑来说比较精确与稳定。

以中南财经政法大学法学院学生孔令彤开发的计算机自动量刑辅助软件(Judgement System by Technological Intelligent Criminallaw Engineering,JUSTICE)系统为例,其设计思维就是将刑法的各项罪名的每项构成要件要素解构化,将每个罪名的所有法定情节通过数据存储。当我们需要提取判决结果时,分别输入条件选项之后,即可得出量刑结果。这个数据程序完全根据演绎思维进行,其中演绎过程的大前提包括罪名、酌定情节列表、法定情节列表、关键字联想列表。使用者将各项小前提指标输入即可得到相应的罪名刑期,整个过程都是在一个封闭的模式化程序中进行。

模拟演绎逻辑思维的最大局限,就是这种思维难以获得非形式化的知识。大前提的错误会导致判断结果也错误，如果严格遵循这种逻辑推导，无论是人还是智能技术都无法避免错误。如果发现了这种错误，就需要人的强制介入进行修正并且需要随时更新与修正社会习惯、道德以及国家政策等影响演绎推理的外部要素。因为我们需要随时警醒自己避免走入“概念法学”或“法典万能主义”的泥潭之中，计算机智能技术对演绎推理的模拟最适合在刑罚裁量与损害赔偿数额上进行广泛的运用，一定程度上克制了法官量刑不统一、不精确的缺陷。

（二）智能技术对归纳推理的模拟

归纳推导是由个别到一般的论证思路，这种论证方法从多个单独事例总结出共同特点，即一个普遍的规则的形成是通过元素之间的重复关联而获得。判例法思维是典型的寻找相似点的归纳推理。智能技术存储大量案例素材是非常容易的，但是难点在于在各类相同以及相似案例中寻找普遍的规则。大量的案例不过是一些法律关系、法律规则的表象。案例素材越多，意味着智能信息数据库所存储的案例素材越多，得到的普通法律规则可能性就越大。较为常见的归纳计算法有简单枚举式归纳法，这种方式最容易找到重复点与相同点。数学界著名的“哥德巴赫猜想”就是这么推理而来。归纳推理的另一种常见形式是概率分析，通过对大量随机性案例或偶然案例找寻一定的规律，我们可以对违法行为主体的年龄、身份、地理位置、受教育程度做一个数据的统计，当出现某一种法律行为的时候我们可以通过概率判断该主体的各项指标特征。但是，如果出现新的法律事实与法律关系，通过归纳法无法总结普遍规则，这个时候需要创设规则，此时依然需要人的强行介入。

（三）智能技术对溯因推理的模拟

美国哲学家皮尔斯在亚里士多德与康德的基础上提出了溯因推理理论，其根据已经得到的观察现象推测出已观察现象所产生的原因，即由结果推导出原因。溯因推理既不能归类于归纳法也不能归类于演绎法,[1]它是第三类推理。由于溯因推理是一种创新推理类型,它又被称为“猜测法”(或称为逆向推理、回溯推理等)。[2] 溯因推理常常运用到犯罪侦查活动之中。侦探小说家们也最热衷将溯因推理作为破解疑难案件的精彩桥段。在诉讼证据证明中也需要溯因推理的辅助,当案件仅有间接证据而无法用直接证据认定案件事实时,就通过溯因推理寻找证据的最佳解释。我们也可以将这个过程称为溯因论证或合情推理,但这个溯因并非漫无目的,它需要精确的数学概率计算。

目前,溯因推理已经是智能技术中重要的推理方法。它可运用于医疗诊断领域,首先将专家的经验存储于知识数据库之中,从而寻找到病人的病因。同理这种方法也可以适用于案件侦查,将侦查专家的经验、疑难案件的数据提前输入数据库之中,根据观察结果寻找案件起因。计算机智能技术可以根据溯因推理的特征建立起法律溯因模型。尽管溯因对案件起因的假设必须和已得到的观察结果具有严格的逻辑相关性,但这种推理在智能技术中的运用也无法排除其或然性的一面。当已经呈现出来的案件数据是残缺且不真实的,智能技术基于这种条件下的推导必然非常不稳定且不确定。这时智能技术还须增加对溯因推理的结果进行验证与证伪的环节。这个证明环节的手段还是基于符号主义下的演绎法与归纳法,因此在溯因推理的过程中需要不断地对案件信息进行更正与补充。如果证明溯因是错误的,则需要重新进行溯因,并还需要再进行一次溯因结果证明,依次循环。智能技术下的每一步溯因推理都是严格且谨慎具有精确的数学精神的。如果广泛运用于法学实践可以克服法学家们天生规避数学的怪癖。

---

〔1〕 Pierce, *Collected Works of Charles Sanders Pierce*, Bristol, Thoemmes Press, 1932, p. 146.

〔2〕 缪四平:《法律逻辑——关于法律逻辑理论与应用分析的思考与探索》,北京大学出版社 2012 年版,第 77 ~ 78 页。

（四）智能技术对抗辩思维的模拟

智能技术对弈游戏其实类似于法学的抗辩思维，他们都需要根据对手状况进行“见招拆招”。对弈游戏中的双方对抗，无论对方走出哪一步，都在智能信息数据存储的信息领域内进行，其随机性、偶然性都早已被庞大的计算网络计算并得出方案。双方比赛对抗时通过智能技术再将这些数据临时提取出来，每一场比赛其实就是将这些数据反复地提取与使用。在围棋对弈中，由于一方每一步棋子走出之后，对抗方走出下一步的可能性方案往往数据过于庞大，对计算造成阻碍。AlphaGo 首次运用策略计算方式避开了这个难题，它会将每一步胜率进行排序，进行最优选择，同时它还记录了大量的职业棋手的比赛记录，并基于行为主义流派的理路进行强化学习逐步更新系统模型。行为主义流派的最大优势在于，智能主体在不同环境中进行适应，并给予相应的激励或惩罚，逐步达到最大效率的学习预期。我们可以借鉴对弈游戏的规则，让智能技术对人类通过大量的抗辩法庭与赛场进行学习模拟与总结。但我们需要注意在法庭论辩的过程中，每一个案件相当于是一场新规则的对弈游戏，其规则或条件始终处于动态变化之中，每一个案件适用不同的法律程序，适用不同的法律规则，每一个案件都有不同情况的当事人。每一场辩论都会出现新的情况，如果运用抗辩式思维的智能技术则需要根据现存的所有案例、法律法规数据库、法理思想推演出所有的可能性。如果出现新的情况，所存储的信息无法解决抗辩现场出现的问题，此时的智能主体则需要不断进行新的强化学习以适应新的抗辩环境。

（五）原初指令规则、价值判断依然依赖人脑

我们用智能技术模拟相对封闭的逻辑实证主义思维方法，但并非意味着我们隔断了其他法学方法，相反，其他法学研究方法才是法学方法精髓之所在。但这一部分的法学研究思维依靠智能技术来完成确有较大难度，我们仍然依赖人脑进行。否则封闭式的形式主义研究体系会使立法陷入脆弱与困境，堕落于无法自我反思与批评的

深渊。尤其是典型的形式主义逻辑——演绎推理,智能技术需要一个完全正确的大前提才能完成推导,但是智能技术自身还无法预设最初始的法律规则。在归纳推理中,对一般原理的总结依然需要依据人类自身所确认的法律价值或原则进行判断。

思想家休谟提出了经典命题——事实判断与价值判断,经过法理学家奥斯丁的换算之后,区分了"实际存在的法"与"应当存在的法"。[1] 智能技术通过强大的数据平台与严密的逻辑运算其极限就是在已经预设的"实际存在的法"中进行严密的推理、归因或是论证,而那些"应当存在的法"("应然法""法律原则""法律价值"),法律的"善""恶"判断是人类通过对自我漫长历史的总结而来。一些原初概念其本身具有较大的理论分歧,如"正义"这个概念,不同学者的看法与标准都是多元化的,它携带着不同学者的情感判断与主观意志。

现阶段的智能技术尚且还不完全具备法规规则漏洞的自我修复、自我批判、自我更新的能力。即使代表着世界最先进智能技术之一的 AlphaGo 其运算方式并没有实质意义的突破,取胜的关键还是其庞大的计算平台。它运用的还是固有的近代数学原理,这种计算依然是相对封闭、线性、程序化、模式化的。智能技术无论如何强大,其本身是对人类大脑思维的模拟,只不过其思维与运算的速度远远超过了人类。人类一直试图发明一个模仿自我又超越自我的工具。但是如果没有人类大脑思维方式作为参照,智能技术根本就没有模拟的对象,也没有学习的样本。即使智能技术可对相对封闭的各种法律推理思维进行模拟,但是完全依赖智能技术不可避免依然存在不少的逻辑漏洞与瑕疵,它依然不断地需要人类进行修正与更新,因为人类自身的法律理论与知识一直处于不断更新与完善之中。利用智能信息我们必须穿行于不同法学研究方法与范式之中,尽量缩减

---

〔1〕[英]约翰·奥斯丁:《法理学的范围》,刘星译,中国法制出版社 2002 年版,"译者序"第 7 页。

不同范式之间的斗争，互补各范式的缺陷。

笔者认为，如果我们希望科学技术带来的更多是幸福而不是灾难[1]的话，需要做更多的工作就是明确正确的价值理性并依此作为归宿。这些价值理性在法律领域包含了政治意识形态，自然法等终极价值观。法学研究、司法权，法律的终极价值是社会的公正，平等与个体的幸福。这些价值并非在运算符号，强大的数据矩阵里去寻找，它们需要从历史轨迹与文化中去寻找。因此我们的使命不仅是推进法学的智能信息技术革命，同时我们更需要回到历史追问法的起源、权利的渊源、司法权的价值与意义，只有这样我们才会更加明晰法学领域的智能信息技术该走向何方。我们感叹智能信息技术的伟大，那是人类理性思维的极致，但是我们更需要清晰的法律价值观念引导，最后再将它们输入智能信息的数据矩阵之中。

第二节　信息化在线法院的设计

网络这个人类自创的“共和国”在电脑的终端上已经存在了20多年，在这个小小的视窗里不断出现着一些伟大的奇迹。生活中几乎所有的事物都可以与互联网这一端衔接起来，从早晨起床睁开眼睛看到朋友们通过社交网络发来的慰问，到深夜我们安详地和夜色拥抱，通过视频与亲友道一声晚安，我们的生活哲学都是以互联网的方式进行着。

线上法院对我们现在的生活方式而言，并不显得突兀或陌生，只

---

[1] 本书所指灾难是人工智能出现了人为无可控制且朝负面方向发展的情况。目前一部分人工智能已经具备了自我进行学习与更新知识体系的能力。2016年，微软开发的Twitter人工智能聊天机器人Tay首日上线，就出现了重大问题，它通过与用户聊天学习到了污秽的言论与极端的宗教思想。微软没有对人工智能的意识形态领域进行过滤，即人类并没有对智能机器人灌输正确的价值理念，很显然这样做的结果有非常大的危险。

不过原来在高堂大院里需要解决的纠纷仅仅通过一个信息终端就可以完成，从开庭到审判的结束就如同一次流畅的购物一样。

一、未超越物理空间意义上的司法权

线上世界的诞生并没有割裂我们与线下物理空间的联系，相反，线上世界与真实世界交流与融合更加密切。法院也不例外。法院办公地点是个实体的建筑物，它坐落在各个行政辖区，我们很难想象这个建筑物的消失会带来怎样的社会效果。

线上法院意味着当事人的时间与空间都被进行了高强度的压缩。在这里，中国的版图、各行政区版图已经被缩小，漫长的交通路程时间被缩短。法院的大楼与审判庭也不过显示屏的大小，三维立体时空的事项完全交由二维信息空间来实现。我们面对的是一台电脑，这台电脑直接指示我们进入每一步的流程。例如，不用亲自到法院递交法律文书，直接上传到互联网的服务器中。

线上法院真的能够超越现实地理区划的范围吗？为了防止线上与线下管辖权的差异，我国的线上法院与线下管辖权实际是重叠的，线上法院没有超越线下法院地理空间管辖权的界限。线上法院的审判功能、审判理念、审判思维都与线下法院没有差异。

线上法院是对现存司法时空的一种颠覆。司法时空庄重且具有仪式感，“线上法院”让法院的面貌焕然一新。线上法院的出现意味着法院不需要足够的大理石柱、足够的水泥石墙。证据是电子化的，法官、当事人形象是通过电子数据传输的。线上法院让司法的威严感和仪式感减弱了很多。这种司法仪式感的减弱并未影响大众的对线上诉讼的热情。线上诉讼逐渐从 PC 终端逐渐变化为移动终端，移动微法院越来越受到大众的欢迎。互联网电子商务让实体大型超市、商场倒闭，线上法院是否会让法院关门呢？

二、在线法院的实践效果

2021 年 6 月 17 日，最高人民法院发布《人民法院在线诉讼规则》,其实该规则依然依托于传统线下法院。该规则提出了适合线上审判案件的类型,这些案件的特征是事实清晰、当事人同意、技术条件允许。

《人民法院在线诉讼规则》的通过,使线上法院审理案件已经不再局限于小额民商案件这一种类型,案件的类型已经扩充至民事、刑事、行政诉讼多个领域,这种案件一般事实已经非常清晰,不需要太多的质证程序,许多证据已经可以通过大数据网络进行分析,重点已经不是审判过程,而是执行过程,如电信、物业合同纠纷,房屋租赁纠纷,给付小额金钱的纠纷,借款合同纠纷等。民商案件除了追求审判过程与结果的公正性,更重要的是对社会主义市场经济效率的考量。这些案件适用虚拟法院可以规避实体法院所产生的效率低问题。小型的民商事案件对法律程序的要求相对自由且宽松。

我国通过线上网络进行案件审理的历史很早。2010 年 10 月 8 日,乌鲁木齐市天山区人民法院是中国首次运用网络技术审理 1 起跨国离婚案件。[1] 2011 年 5 月 31 日,北京市高级人民法院利用远程视频,审结了 1 起异地减刑案件。[2] 其实,一旦视频清晰,画面清楚,没有任何伪造嫌疑,我们即可通过数据网络,进行一部分简易民商事案件的审理。2015 年 10 月北京市丰台区法院视屏审理 3 起酒驾导致的交通肇事案件,3 起案件全程审判只需 25 分钟。[3]

诉讼法中规定的一部分适合书面审理的案件,也可以交由线上法庭处理。我国刑事诉讼法规定,二审案件可以选择进行书面审理或者开庭审理,书面审理案件的条件必须是事实清楚。民事诉讼中也存在不开庭审理的案件,一旦案件调查清楚,并仔细询问当事人之

---

〔1〕 关丽琼、金爱民:《首次视频审理跨国离婚案》,载《新疆日报》2010 年 10 月 14 日,第 6 版。

〔2〕 鲍雷、刘玉民、高文斌:《免除奔波之累减少提押风险:北京高院远程视频审理减刑案》,载《人民法院报》2011 年 6 月 1 日,第 1 版。

〔3〕 赵春艳:《北京丰台法院远程视频审理刑事速裁案 25 分钟审结三起》,载《民主与法制时报》2015 年 10 月 22 日,第 2 版。

后，适用法律正确可以不进行开庭审理。

凡是涉及公共利益的案件对社会的影响范围最广、影响人群最多。这种案件不适合将其放在一个小小的电脑终端里进行裁判，它们需要被更多的民众所看到，被更多的公民所倾听，这种案件最需要的就是一个公平且公正的仪式。这样的案件也是媒体机构关注的焦点，它们不可能全部拥挤在一个放着电脑的房间里。如环境污染案件、重大安全事故案件等。这样案件适合面向全国所有公众，而法院可以通过这类案件进行普法教育与宣传，从而告知老百姓要更加守法。

第三节　信息存证技术对证据实践的革新

一、电子证据

新的信息技术的诞生对司法证据的形式影响力较大。新的证据信息离不开电子技术，通过电子信息科学技术而产生的证据通称为电子数据，电子证据对传统纯粹物理介质的证据产生了颠覆性的革命。所谓电子存证技术，是指使用了电子化的科学技术手段提取的证据。早期的电子证据生成原理都不同，如 X 光片，是基于荧光与感光效应而产生的物理成像电子证据，再如磁带所录下的声音是根据磁场强弱而对声音信号的记录。

计算机设备普及之后，电子证据多数为二进制形式存储或传输的信息，我们也称它为“数字证据”，它可以在电脑硬盘、移动电话以及其他设备上被存储及复制。电子信息证据可以嵌入或附着在各种各样的设备上，如 PDA、音乐播放器、照相机、手表、全球定位系统设备、移动电话、传真机和其他多种接入设备。许多新的信用卡都带有嵌入式计算机芯片，因此通常被称为智能卡。几乎每天都有新设备被发明出来，每一代设备速度更快，存储容量也更大。电子证据现在被用于起诉所有类型的违法行为,而不仅仅是电子犯罪。例如,嫌疑人的电子邮件或手机文件可能包含关于他们的犯罪意图、犯罪时的行踪以及他们与其他嫌疑人的关系的关键证据。

电子信息证据的优势在于方便当事人存储、操作。由于非常易于操作,这种类型的证据也容易被篡改、伪造,如网页信息就属于安全性较低的数字证据。改变网页的内容很容易,因此它的证据价值将大大降低。再如,网络日志文件,这些文件很可能被用来证明非法的电脑入侵或黑客犯罪。

电子信息证据需要具备资质的专家对数据真实性进行认定。电子信息证据的取证也非常特殊,取证时也需要对现场进行保护,如不能打开或关闭任何电子设备。因为关闭设备可能会激活硬盘加密等锁定功能,打开设备可能会改变证据。在某些情况下,临时存储器中的信息可能非常重要,必须在系统处于活动状态时捕获。电子设备对温度、湿度、物理冲击、静电和磁源等特别敏感。在包装、运输和储存电子设备时必须特别小心。我们在法庭上呈现的大部分证据都是静态证据图片、电子邮件等,但是有些电子信息证据加密性、隐藏性很强。这些数字证据很难提交到法庭。法庭的法官对这类证据的认识还不够全面。国内外现在已经有商业公司专门提供电子信息证据服务,商业公司提供的服务为警察、律师或其他行为者提供了较大的帮助。

二、区块链存证技术

区块链最初是作为一种为加密货币创建安全数字账本的手段而开发的技术,但它很快成为多领域使用的通用技术。例如,沃尔玛正在用它来跟踪供应链上的农产品,以保障食品安全;医疗机构正在使用它来确保医疗记录的完整性;商业地产公司正在使用基于区块链的智能合约进行各种交易;石油和天然气公司用它来管理全球能源交易。事实上,几乎所有你能想到的行业都对其进行了运用。

2018 年 6 月 28 日,中国区块链存证第一案在杭州互联网进行了审判,案情属于常规性的知识产权侵权纠纷,案件审判的创新之处在于证明侵权的文件是电子证据,该证据委托给了第三方平台进行存证。侵权网页被自动保存,平台还对侵权网页的源代码进行了识别,这些证据的提取使用了区块链中的核心技术。这些技术将侵权行为数据固定下来。杭州互联网法院在审判过程中认可该证据的法律效力。区块链电子存证技术的优点在于真实、安全、高效率、共享,它不易受到黑客攻击及篡改。审判机关、审计机关可以共享联盟链上的电子证据,以最快速度对证据进行传输,节省信息传播时间。为了让质证程序更加有效,我们应当从提供证据的源头进行改革,提供数据证据的平台系统应当具有高度可信度,其信息具有共享与不可篡改特性,其架构和设计必须符合公认的安全标准。

目前许多商业性质的平台提供各种各样的电子存证服务,为司法审判、维权提供了方便之门。2016 年成立的真相网络科技有限公司,就为个人、企业、政府提供多项电子取证服务。2018 年 2 月,中国出现首个使用区块链技术的仲裁裁决书,该裁决所用的“区块链仲裁链”是由广州仲裁委、腾讯旗下的微众银行、杭州亦笔科技所共同研发。[1] 当然,区块链存证的规则还不明晰,其存证效力也有过度夸大之嫌,技术标准有待进一步明晰。

---

〔1〕 工业和信息化部信息中心:《2018 年中国区块链产业白皮书》,2018 年 5 月发布,第 69 页。

第十五章　信息技术法治运行论

方法论是社会科学研究的永恒命题,它决定了如何确定研究的对象,如何正确对研究对象进行理解与判断。在社会科学的领域里学者们从未获得过绝对统一的方法论体系,因此有关方法论战争的硝烟从未消减。在现代科学领域,实证研究方法一直独占鳌头,这种研究方式的兴盛原因在于自然科学促进了生产方式的突飞猛进,从而使人文社会科学向其顶礼膜拜。较早有孔德提出了社会科学研究领域"实证主义"的命题。继孔德之后斯宾塞用生物学规律解释社会现象。后来,杜尔凯姆将实证主义继承并发展到一个高峰。[1] 人文主义方法论经过多次的复兴与重建,20 世纪之后关于方法论的争论不断升级与变化,多种方法论的证明也较为瞩目,如社会学上定量研究(quantitative research)与定性研究(qualitative research)、实证主义方法论与人文主义方法论的证明、西方法律思想史上自然法学派与实证分析法学派的论战等。韦伯等学者认为社会科学与自然科学不同之处在于社会科学带有明显的情感与价值趋向,他将科学方法论与价值偏见进行分离,采取科学价值相对主义是社会科学的研究途径。

法学是与社会科学、人文科学紧密相连的一种特殊学科,是一门具有自身矛盾的知识体系,因此,其方法论是一个开放性且无法终结的体系。各种类型的方法论的兴起逐渐为法学的研究带来了新的生命。以信息科学作为法治运行的方法论不同于传统法学的价值分析

---

〔1〕 杜尔凯姆将实证研究发展到一种很精细的程度,尤其是其代表作《自杀论》,被视为实证主义的巅峰之作。

研究、逻辑语义研究或社会实证分析研究。信息科学法治运行方法论根据信息、计算、技术评价法律的正当性或有效性，信息科学方法论更注重法的整体运行实效，即检测法律在社会运行中的实际效果。它与传统法学领域中研究方法并非截然分开，它们可以相互融合与交叉使用。

第一节　法治运行系统论

一、系统论

独立的原始信息是无法让权力真正地运作起来的，公共权力的治理技术需要借助多种科学方法。其中之一就是“系统论”。“系统”是一个无时不在、无处不有的存在，它是人类观察现实人类社会的工具与手段之一。它与“体系”“综合体”属于同类词汇。人体是一个系统，运转中的机器也是一个系统，宇宙是一个系统，城市也是系统，国家是一个系统，司法是一个系统。每一个系统都有各自的零件与部件，随着科学技术的发展，人类分工的细化，信息数量的聚集，构成系统的量不断增加，“系统”变得更加复杂。

“系统论”由20世纪40年代，美籍奥地利生物学家贝塔朗菲创设。它与“控制论”“信息论”并称为“三论”，他们均是第二次世界大战之后产生的横跨社会科学与自然科学领域的高度综合化的理论，“三论”让人类从认识物质、能量到认识信息的跨越，为社会科学提供了崭新的方法论，使人类对复杂事物的研究有了更广阔的视角。“系统论”是研究客观现实系统特征、本质、原理及规律的科学。要求研究者运用“整体”“系统”的思想处理复杂问题。系统科学的基本概念有：信息、熵，反馈、结构、协调等。他还要求研究者运用功能模拟法、模型化方法、符号法、最优方法、精确的数学方法等科学地描述系统的发生、发展、演化过程。

20 世纪是系统论在社会科学领域运用繁荣的时代,如果将人类的科学方法以三维坐标轴来描述,X 轴的延伸就是哲学,Y 轴的延伸包括了系统科学、智能科学、信息科学,Z 轴是数学。[1] 三支轴线的描述是对 20 世纪 30 年代之后在科学界崛起的新方法论的形象总结。系统论的历史演变受到人类知识认知模式的影响较深,最初的系统论停留于数学、物理学。社会科学中的系统理论是从自然科学移植而来,尤其受生物、化学科学研究方法的影响最大,生物、化学思维模式下的系统理论强调事物内部的运行以及系统与外在世界的相互关系,德国学者卢曼是社会系统学的集大成者之一,其受美国结构功能主义思想影响较深,并且参考、借鉴了控制论、信息论等多学科前沿领域方法论。他的社会系统理论体系过于庞大,作品也较为艰深、晦涩,其理论的全貌在欧美传播力度不高,研究者只能把握其理论的部分或者片段,传播范围较多停留在德国。20 世纪八九十年代我国部分理论法学学者对其研究有过初步探索。虽然我国依然尚未形成成熟的系统论法学,但是卢曼的方法论对我们认识权力与信息两大系统的联合运行有着积极意义。

信息从产生到传播的过程本身就是一个系统,信息在每时每刻不断生产且不断庞大,具有旺盛的生命力,它从来就不是僵化或一成不变的。信息不是多方数据的简单汇集,它可以脱离人为的操作而自行独立地发展,它可以不断更新,无休止地进行自我生产。信息技术的发达使信息逐渐从印刷品、油墨等物理介质中独立出来,它与纯粹的思想相分离,与纯粹的语言相分离,有其独特的运行规律,具有独立性、自律性。同时,信息在传播、接收的过程中参与了人类社会中的多个系统,这种参与增强了人类社会的复杂性。

从公共权力视角来看,信息参与了国家整个权力系统的运行全过程。现代公共权力治理研究始终受经验主义和理性主义方法的局限,政府的权力部门往往只能利用有限的信息解决局部问题,信息的

---

〔1〕 魏宏森:《系统科学与社会系统》,吉林教育出版社 1990 年版,第 135 页。

利用率并不高,决策与方案的出台是建立在对已经产生的历史信息进行线性因果关系的研究基础之上,这种研究有利于对过去的历史规律进行总结与梳理,但是这种研究往往不足以应对复杂社会的关系,尤其是对未来多重变化的发生,以及偶然、突发情况的发生。社会系统中产生的信息量远远大于大自然,权力部门时常迷失在信息的汪洋大海之中。为了使公权力良好运行,我们必须将信息系统纳入整个社会大系统中进行科学分析。

当系统论与法学结合之后,我国系统法学派孕育而生,他们注重从整体、综合思维出发,运用立体网络式的思维。他们将社会主义法制视为由多个子系统构成的大系统。"综合治理""整体最优""协调发展"是系统法学的直接目标。在分析法制系统工程问题时借助运筹学、线性代数、模糊数学等工具,并通过计算机计算出较为精确的结论。[1]

二、20 世纪我国法治系统工程的初次尝试

20 世纪我国就已经将系统论与法治治理结合起来。1979 年钱学森提出建立"法治系统工程"。1981 年,钱学森发表论文提出启动法治系统工程,其论文名为《论法治系统工程的任务与方法》。当时与系统论科学,配合使用的是"法制"与"法治"两个词。法制系统与法治系统区别较大,前者是静态的国家法律和制度构成的复杂系统,后者是以法律制度为工具,并通过特定统一的政治观念和意识形态进行治理的过程,后者比前者的领域更为庞大。在 20 世纪 80 年代,我国学术界将系统科学理论运用到法律制度领域的科学成果进行了总结,1985 年 4 月 26 ~ 29 日,中国政法大学与中山大学,联合发起了首次法制系统的讨论会。这说明法学研究方法论在 20 世纪就已经

---

〔1〕 熊继宁、李曙光、王光进、覃桂生:《系统学派的崛起》,载熊继宁等:《法制系统科学研究——全国首次法制系统科学讨论会论文选》,中国政法大学出版社 1987 年版,第 30 ~ 35 页。

发生过一次重要转型，这次转型需要将法学与现代信息技术理论结合起来，钱学森教授针对当时中国的国情提出了法制系统论结构技术六部分方案：〔1〕第一部分，法制系统工程需要建立法制信息库，即将资料、立法、规则、案例存储入库。这些入库后的信息的检索系统要与法院、检察院进行联网。第二部分，在信息库设立之后，在各级地方行政区域内建立法律咨询计算机处理中心。当时已经是第四代电子计算机时代，计算机以集成电路作为基础元件，计算速度为每秒万亿次，虽然当时互联网、云计算还没有诞生，但多媒体、语言识别、专家系统已经有了质的飞跃。第三部分，在前面技术步骤之上，普遍运用人工智能技术、知识工程与专家系统。第四部分，运用辨识系统对刑事案件凶犯进行辨识追踪。第五部分，立法系统的完善与周密。第六部分，建立法制与法治系统和体系。

在20世纪80年代，钱学森的六部分方案在当时已经实现了大部分，已建立的具有代表性的法制系统工程设计方案有：(1)青少年犯罪综合治理工程。该工程设计要求发挥国家、社会与家庭的“综合治理”功能，根据青少年的心理、生理规律，对该群体的犯罪“治其已然”变为“灭于未然”。〔2〕吴世宦教授是法制系统工程的创始设计者，他运用数学公式、几何图形，借助信息科学、运筹学等跨学科知识描述青少年状态、变量，辅助要素等。从这些图表和数学公式中，可以反映即使是一个特定的群体，其治理系统也非常庞大。(2)人民监督系统工程。该系统工程运用“自循环监督和交互监督”与“多路协调、共同控制”的系统工程原理。〔3〕(3)刑事审判量刑量化模型。1986年，朱华荣、肖开权主持研究国家“七五”课题“量刑综合平衡与电脑辅助量刑专家系统研究”。1988年我国学者赵廷光曾经研制一

〔1〕钱学森：《现代科学技术与法学研究和法制建设》，载熊继宁等：《法制系统科学研究——全国首次法制系统科学讨论会论文选》，中国政法大学出版社1987年版，第3页。

〔2〕吴世宦：《论法治系统工程》，群众出版社1986年版，第101页。

〔3〕吴世宦：《法治系统工程学》，湖南人民出版1988年版，第441~443页。

套大型智能信息软件“中国刑法专家系统”，这套系统在1997年刑法颁布之后于2004年升级为“辅助量刑系统”软件。该软件的问世结束了我国社会科学低层次应用计算机的历史。20世纪80年代末，华东政法学院青年教师史建三曾经开发一套盗窃罪的审判专家系统，这些学者是法学界少有的精通计算机与法学的专家，这种人才在法学界非常宝贵。

三、法治系统工程的技术条件现状

虽然第一代法治系统论的学术影响力逐渐淡出历史，[1]当初的法治系统论的泰斗不少已经驾鹤西去，但是法治系统工程的使命远远没有结束，未来的学者应该继续承接前辈的理论脉络，并进行创新。随着计算机运算能力的突飞猛进。大数据、云计算、深度学习等相关概念的出现，系统论法学再次苏醒。根据近期的中国学术期刊网上论文主题，其中不乏系统论刑法、系统论宪法学、系统论国际法的相关研究。当今的法治系统技术条件应该相较于20世纪八九十年代更加成熟。

（一）法律检索系统

目前，全世界法律检索系统最广泛采取的方式是对案例资料、法律法规的分类与整理。计算速度的提高，搜索引擎计算能力的提升使法律检索实现了由烦琐耗时的人工检索时代到计算时代的跨越，这一步巨大的跨越甚至让实体书籍失去了魅力。这种状态也缩小了人与人教育知识信息的差距。法律检索系统成为独立且有序发展的系统。

我国的法律文献检索经由脱机、联机、网络三个发展阶段。在早期的脱机文献检索方式中，法律信息是拷贝在磁盘之中，软件拷贝数

---

〔1〕 成凡：《社会科学“包装”法学？——它的社会科学含义》，载《北大法律评论》2005年第2期。

量是有限的，无法对广泛社会群众进行传播，如果各个软件生产部门之间协调能力较弱，也会导致法规重复输入，软件不兼容的情况，资源也不能共享。在脱机检索系统之后，法律数据逐渐庞大，主机出现多个终端，这时是联机文献检索发展阶段，但是弊端也非常突出，终端不能离主机太遥远，只能在一个局域网或一个单位内使用，这时主机上存储的信息依然无法提供给社会大众，于是，网络通信技术让主机和无数终端联系起来，强大的法律搜索网络逐渐形成。在美国久负盛名的法律检索系统是律商联讯（LexisNexis）、万律（Westlaw）、法律全文数据库（Heinonline），这些法律信息已经具有商业产品属性，内容涵盖多种国家的法律资源，并涉及全球1000种法学专业期刊，系统根据用户的建设指令，迅速搜寻特定主题，将用户需要的法律新闻、判例、成文法典提取出来。这样的确免去了法学研究者在卷帙浩繁的纸质图书资料中每页翻寻特定信息的痛苦。

我国在法律检索系统的最初尝试，是1987年北京大学法律系研制的法律信息电脑管理系统。该系统存储了自1949年以来各有关部门颁布的经济法规1887件，约7,500,000个汉字，并具有多种检索途径。虽然这仅仅是建立在微机上的一个小型数据库，并且没有联机检索服务，但它无疑为我国法律情报系统的研究迈出了可喜的一步。[1] 由于缺少商业化的运行思路，依靠政府拨款进行系统研发，发展较为缓慢。

目前，我国的法律检索系统的数据库已经非常庞大，极大地提高了检索效率、检索的正确率。例如，北京北大英华科技有限公司与北京大学法制信息中心共同建立的“北大法宝”数据库，司法部信息中心创建的“法律法规数据库”，最高人民法院创建的“裁判文书网”等。不同的法律检索数据库采取了不同的法律文献归类方式，有日期型检索、效力等级型检索、法律部门分类型检索。数据库的工作原理并不复杂，只需要用户确认联系较为紧密的自然语言关键词，这些

〔1〕 张太洪等主编：《政治法律文献检索》，吉林大学出版社1991年版，第252页。

数据库只是充当了一个专业的搜索引擎而已，没有与复杂的专业法律思维进行有机结合。司法大数据统计系统、法治评估系统、裁判系统是检验一个国家法治系统科技发展水平的重要因素。

（二）法治统计、评估系统

国家法不是理想的“自然法”，它只是立法者们集体制造的产品，任何产品都需要经过科学的检验、测试。法治评估是测量立法水平的一件利器。法治评估系统的创设就是国家法治现状的“晴雨表”，它的作用如同经济发展指数、物价指数一样。一旦出现危机和风险，我们可以马上进行调整和修正。2006 年世界银行就向世界宣布，国家的无形资产之一就是法治指数，2005 年，我国首个创设法治评估体系的地方是香港特别行政区，2008 年余杭法治指数在中国内陆诞生。法治评估系统已经在中国发展十多年，评估的类型也多样化，例如，司法文明协同创新中心项目组于 2015 年推出司法文明指数。各个地方政府也相继出台了门类多样的评估指数。法治指数的评测主要是调查问卷打分模式，打分模式受打分主体主观意识偏见影响较大，离科学客观的大数据统计模式还有一定距离。法治评估发展了这么多年，总体评估方法万变不离其宗，对法治进程的预测、勘误与修正作用显得有些隔靴搔痒。公民对法治评估指数的出台关注热度远远不及经济指标。各种指标结论也较难成为研究者争相引用的权威数据。

法治评估、统计系统只是一种参考，也有学者提醒，法律实践者不能陷入数字评估修辞的陷阱或“伪精确”〔1〕之中，这种提醒是有必要的，但是离开科学的统计与数据仅仅依据我们的主观感受判断法治发展水平，也会更加盲从。其实法治评估的“伪精确”弊端之所以出现，原因在于：(1) 评估指数指标具有抽象性，即使是二级、三级

---

〔1〕 伍德志：《论法治评估的“伪精确”》，载《法律科学（西北政法大学学报）》2020 年第 1 期。

指标,也过于原则化。如“法治”一词,所有的法律专家都认同法治这个概念,但是这个概念同时包含形式价值(“公开”“普遍性”“法不溯及既往”等)和“实质价值”(民主、自由、公正等),而实质价值存在着文化差异性与相对性,这种评估必然陷入测量的不精确或测量的偏见,评估参照系非常模糊。既然有评估与评分就要与黄金标准进行对比,然而黄金标准并没有建立起来。尤其是非程序化的实质标准,参照系是什么,怎样进行对比衡量,时间衡量、地域衡量、主观感受衡量其实都不够。如民主这个指标,究竟是代议制选举效果好还是直接民主效果好呢? 大家纷纷出台各具特色的评估体系,看似一片繁荣,但都自说自话。(2)法治评估并没有实现纠错功能。每一次评估指数的出台,大众仅仅获得最后的得分,得分之后,似乎整个评估的过程就结束了,没有机构提出哪些环节出现了怎样的症结,评估报告的作用应当像医院的诊断报告,要说出病症出现在哪里,并提出处理方案。法治评估指标需要继续拆分细分,并进行部门法分类分化,光依靠测评还远远不够,法治评估还须进行科学实验,反复观察、试错才能检验。

(三)推理、裁判系统

法治系统工程中技术发展的高级阶段应该是设立一种科学的推理、裁判与决策工具,甚至是理论论证工具。然而以强大数据库作为支撑并具有逻辑推理、论证运算功能的裁判智能系统使用并不是很普及。1970 年布坎南(B. Buchanan)与黑德里克(T. headrick)曾经发表过一篇名为《关于人工智能与法律推理的思考》的论文,这篇论文首次将人工智能与法律思维结合起来,使科技研究进入了一个全新世界。

能够应对具体法律实践问题的系统,最初被称为“专家系统”。之所以叫“专家”,是因为这个系统总结了法律学科各个领域的经验与知识,我们知道现实世界的真实专家不可能是永生的,他们会死亡,会失去工作能力而退休,专家系统能够将人的丰富智慧和经验传承下来。

世界上最先建设司法裁判系统的是德国,德国 1977 年创设了 JURIS 司法资料库,但是司法资料库依旧具有检索功能不具备推理功能。美国在裁判技术上加大突破,1977 年,一个被命名为“TAXMAN”的科技法专家系统诞生。1981 年美国 D. 沃特曼和 M. 皮特森开发的法律判决辅助系统(LDS),该系统通过已经设定好的严格责任、过失责任等完整计算出案件的赔偿金额。

我国裁判系统早期由学者开发,现在由审判机构开发,这个过程很漫长。2003 年山东省淄博市淄川区人民法院就开始设计审判软件。推理裁判系统不同于人的裁判,它的目标是效率、精确,最终会对人们常用的自然语言进行逻辑转化,这种新的逻辑语言更加规范、通用,但这种非自然语言同时也会对普通的民众设置了一种障碍。让普通民众直接从量刑的思辨过程,以及严谨的审判过程跳跃至审判结果,这样的审判也弱化了司法裁判对法治的宣传与法治的教育作用。

裁判系统的运用没有迎来法学界更多正面的回应。计算机审判常常被人们误解为司法审判惰性的表现,会使司法审判的权威性、仪式性大大削减。它使审判陷入一种枯燥无味程序化数字模型与形式运算的境地,有人甚至批判此举无异于“电脑算命”,因此所谓的智能技术在司法审判领域中运用的革命性突破并未实现。有关裁判系统的批判还有一部分是指向裁判软件系统与思维逻辑的封闭性。裁判、量刑越机械化就越能给量刑系统以发挥空间,例如,中国古代量刑的理念是绝对的法定刑主义,审判者的裁量空间非常狭窄,季卫东教授强调这样的机械式裁判其实是在牺牲法律程序的价值。[1] 在信息科学技术运用于司法实践之前,美国已有学者反对这种相对封闭的形式主义裁判方式,他们推崇历史主义(historicism)和文化有机

〔1〕 季卫东:《电脑量刑辩证观》,载《政法论坛》2007 年第 1 期。

主义(cultural organicism),其代表人物包括了霍姆斯、杜威等人。[1] 他们认为法律裁判是不断变化而非永恒,而过于封闭的形式主义将导致其无法应对新的社会问题与偶然问题,法学研究每一次颠覆性的革命都是超越固定模式的。

无论是专家系统还是裁判系统、量刑系统,它始终是法治系统工程中的一种辅助器具。法治系统工程需要它们,有了它们裁判量刑如虎添翼,它的作用是标尺,是计算器,它们是人类思维、推理的器物化的呈现。它们始终代替不了人的裁判,裁判的精确度、裁判的科学化还需要裁判者自己去探索去发现。

四、国家法的系统构建

(一)信息科学视角下的"法"的定义

法理学对"法"的学术定义至少有以下几种:第一,法律是主权者的命令;[2] 第二,法律是过去的判决;[3] 第三,法律是一种具有约束力的规范;[4] 第四,法律是社会控制的一种形式。[5] 我国学者一致认同马克思经典"法"的概念:"法是由国家制定、认可并由国家保证实施的,反映由特定物质生活条件所决定的统治阶级的意志……"这些"法"的界定均显示了法的本质与特征的某一个侧面,但是并没有展示出法的全貌。如果将"信息科学"世界观与"物质主义"世界观合并,信息科学的介入会使我们在观察"法"这个社会现象时多了一种视角。"法"显然不仅仅由特定"物质生活条件"决定,同时也由

---

〔1〕 Anthony J. Sebok, *Legal Positivism in American Jurisprudence*, Cambridge University Press, 1998, p. 58.

〔2〕 法律命令说是英国政治哲学家霍布斯在自己的社会契约理论上形成的,霍布斯的法律命令说建立在君主专制国家模式之上,奥斯丁建立了独立的法律命令说,其建立在分析实证主义理论上,并将边沁的功利主义与孔德的实证分析范式进行了综合。

〔3〕 司法判决说是美国法学家弗兰克基于判例传统提出的法定义。

〔4〕 在继承与批判奥斯丁分析实证法学的基础之上,哈特发展了法律规则学说。

〔5〕 社会法学派庞德等学者将法视为发达政治组织用来控制社会的工具。

“特定社会信息”所决定。信息传播方式[1]决定了人类文明的进展方式[2],如人类的行为、人类的生产方式,在物质主义思维下生产资料都是通过物质体现出来的,这样会忽视非物质生产[3]关系,信息是非物质生产关系的重要力量,经济基础的计算不应仅仅是对货币、有形财产的计算,还应当有对信息数量的计算。传统劳动以肌肉(体力)运作时长作为衡量标准[4],信息的产出,并非以时间作为衡量标准而是以质量,再生产能力作为衡量标准。信息哲学家早年提出,宇宙物质守恒,但是信息不守恒,人类最终创造的其实不只是物质,还有信息。[5]

其实“信息”与“物质”二者比较来看,“信息”更能决定“实在法”内容,无论把法归为命令、秩序、判决、规范还是意志,法最终的表现形式依然是信息,它与客观世界的物理信息、化学信息、生物信息有很大的不同,它是一种人造信息。实在法调整着人们的“行为”,法律之所以能够指引人们进行合法的行为,这看似是一种外在的物理现象,其实同时也是一种信息现象。在法律行为诞生的过程之中,信息现象要比物理现象出现得较早,这个信息现象到物理现象的步骤为:首先,立法信息以文字、声音、符号为载体最先与人的听觉、视角器官所接触;其次,这些感觉器官再向大脑神经中枢传递法律规则信息;再次,人脑对信息反馈后产生自由意志;最后,自由意志对自己的行为进行选择通过人体的肉体、躯干完成大脑生成的信息指引,选择意

---

〔1〕 人类信息传播方式经历了“口头”“印刷”“电子”三个阶段。参见肖锋:《论作为一种理论范式的信息主义》,载《中国社会科学》2007 年第 2 期。

〔2〕 对历史进行的不同时期的划分,其划分基准是符号传递方式的改变。参见[美]马克 · 波斯特:《信息方式》,范静晔译, 商务印书馆 2000 年版,第 13 ~ 15 页。

〔3〕 美国学者迈克尔 · 哈特和安东尼奥 · 奈格里曾在著作《帝国》中提出“非物质劳动”(immaterial labor)的概念。

〔4〕 [美]阿尔文 · 托夫勒:《力量转移》,刘炳章等译,新华出版社 1996 年版,第 10 页。

〔5〕 邬焜:《信息生产和信息生产力》,载《哈尔滨师专学报(社会科学版)》1997 年第 3 期。

志所产生的信息内容应指引着人的最终行为。在这个过程中如果没有信息现象的发生,人的行为绝对是混乱无序的。法学家们时常说法律仅仅调整人们的外部行为,我们还可从信息科学的角度这样理解,法律调整那些已经通过物质载体实践的信息现象,有些信息停留在大脑之中但他们还没有通过物质载体进行实践,它们并不受法律所调整。

法学家在分析人的法律行为构成时,对行为进行多种要素的拆分、解析更多是物质哲学范式的。例如,刑法学者就特别擅长对这些犯罪者的外部行为进行拆分解析。如果以“信息主义”[1]视角对犯罪者行为进行拆分、解析,这一过程其实是一个信息解密过程,但是以“物质主义”方法论主导下的法学家往往忽略了这些物理现象背后所具有的“信息”属性。犯罪与刑罚是法学学科,其实更是信息科学或者是信息心理学。行为人的外在行为都传递着复杂的信息,如果法律行为的信息解密不完整,司法裁判必然是僵化且保守的。法学的研究对象虽然有“涉物”的属性,即法律现象中会伴随着物理现象的发生,但是法学家并非研究物体的结构或运动规律,而是研究导致这些物体运动或导致人的行为的驱动信息究竟是什么。

(二)信息立法系统

钱学森在20世纪80年代所规划的法治系统工程强调,法治系统工程犹如土木工程,首先就要明确立法体系的各个层级,时刻检测立法体系是否完备,法律条文是否矛盾。[2] 立法是人类为自身创设的尺度。[3] 我国一直对外宣称中国法律体系的划分归类已经较为成熟,2011年我国向世界宣布“中国特色社会主义法律体系已经形

---

〔1〕 信息主义由加拿大学者戴维·莱昂(David Lyon)和美国学者曼纽尔·卡斯特(Maunel Castells)两位信息社会学家最先提出。

〔2〕 钱学森:《钱学森同志论法治系统工程与方法》,载《科技管理研究》1981年第4期。

〔3〕 郑戈:《法学是一门社会科学吗? ——试论“法律科学”的属性及其研究方法》,载《北大法律评论》1998年第1期。

成”，即以“宪法为统率的，由宪法相关法、民商法、行政法、经济法、社会法、刑法、诉讼与非诉讼程序法等多个法律部门组成的有机统一整体”。[1] 这就是著名的“七分法”法律体系划分方法，这种划分方法科学地反映了我国成文法分类及社会发展的格局，它较“二分法”（私法与公法）、“六分法”（宪法、行政法、刑法、民法、刑事诉讼法、民事诉讼法）[2]更能体现法律所调整的社会关系类型逐渐在更新并不断趋向多元，但即使不断多元化的法律体系也会出现对“信息”法律调整的困境。法理学家一般较为关注法律体系的划分方式与法律体系的意识形态构建。[3] 当出现新型的社会关系时，法理学家的动作还没有部门法学者反应迅速。相关法律体系的修正往往是在某个部门法内部进行，这种调整是片面化且视野狭窄的。这种调整方式往往仅能解决暂时的疑难问题，信息问题是一个可以横跨宪法、行政法、民法、经济法、刑法等多个部门法的命题，需要具备宏观思维的法理学家进行立法规划与统筹。

虽然我国的实体法（宪法、行政法、经济法、刑法、民法）均在较多法律条文之中对“信息”或“数据”等法律现象进行了调整，但这种调整却是零散式、重叠式的。许多法律条文实质上旨在保护公民的“信息”，但并非明确出现“信息”二字。[4] 这也会导致司法适用上的冲突与混乱。中华人民共和国成立后较早保护公民信息的法律其实是

---

[1] 中华人民共和国国务院新闻办公室：《中国特色社会主义法律体系》，载《人民日报》2011 年 10 月 28 日，第 14 版。

[2] 张志铭：《转型中国的法律体系建构》，载《中国法学》2009 年第 2 期。

[3] 我国较有影响力的以“法律体系”为主题的法理学论文都是注重法律体系划分类别、标准或法律体系的意识形态构建。

[4] 没有以“信息”命名，但依然以信息为调整对象的法律还有很多，如《网络空间法》《电子商务法》《密码法》《网络安全法》《数据安全法》《邮政法》，尚未出台的《电信法》（仅有国务院出台的《电信条例》）。

1954 年《宪法》的第 90 条[1]中的“通信秘密”权利，当时计算机与互联网并未在全世界普及，公民的私人信息是通过纸质载体之上的文字符号进行传播的，当时“数据”这样的概念也较少使用。但这并不妨碍该条文是宪法对公民私人信息进行保护的基本权利条款。不同部门法对信息保护的维度是有差别的，法理学家需要发现这些差异，信息在实体法中才有“栖身之所”。“信息”无法被精确地安置于任何一个特定的部门法之中。这是由于“信息”的类型、信息的载体过于多样化，名称使用也并非统一规范化。接下来我们根据信息的类型对我国的信息立法体系进行梳理。

第一类信息属于非人类产生的信息，这类信息包括无生命物质产生的信息、有生命物体产生的信息，例如，风、雨、雷、电、山川的轨迹记录属于无生命物；动物、植物、微生物、细菌、病毒属于有生命物。这些信息会被国家收录到公共档案之中。如果这些信息经过人的大脑加工后才能得到，还受到知识产权的调整，例如，天气预报系统，山川、地貌的相关数据，动植物的命名与归类等。

第二类信息为人类社会产生的信息，它分为自然人自身、自发的社会生活信息；自然人的智慧活动信息。它是信息侵权行为频繁发生的地带，我国的知识产权法已经对自然人的智慧活动中产生的信息进行了调整，它们是《著作权法》《商标法》《专利法》《计算机软件保护条例》。但是我国的私法体系对自然人的社会生活之中产生的非智慧信息保护并不成熟，这也是各国立法的困境所在。欧盟 GDPR 所保护的“数据权利”就是针对自然人在社会生活之中所产生

---

[1] 1954 年《宪法》第 90 条第 1 款完整表述为：“中华人民共和国公民的住宅不受侵犯，通信秘密受法律的保护。”这个条款部分内容在历次立宪中，存废有争议。1978 年《宪法》就在 1954 年《宪法》基础上删去了通信秘密条款。1982 年《宪法》（即现行宪法）第 40 条对通信条款的表述非常详细：“中华人民共和国公民的通信自由和通信秘密受法律的保护。除因国家安全或者追查刑事犯罪的需要，由公安机关或者检察机关依照法律规定的程序对通信进行检查外，任何组织或者个人不得以任何理由侵犯公民的通信自由和通信秘密。”

的计算机数据信息所创设的立法。GDPR 是“信息权利”的先锋规则,其他国家模仿与创设单独个人信息权利并非难事。我国已有《个人信息保护法》对“数据可携带权”“被遗忘权”进行保护。还可参考日本、新加坡的个人信息保护等立法将个人信息权作为与物权、知识产权采取平行保护的方案,并与侵权法体系进行有机连接,将严重威胁社会整体安全和秩序的行为纳入《数据安全法》《网络安全法》等强行性规制范围内,并将严重的信息违法行为纳入刑事立法的惩罚体系之中。我国现行刑法对信息犯罪的处罚还较为抽象〔1〕,定罪与量刑还须考虑信息传递过程之中的内在规律,并区分上游犯罪与下游犯罪。如果涉及人的生存、发展的信息权还受到宪法基本权利条款的约束。

第三类信息为权力机关信息、公共事业单位信息。国家权力机关的公务信息应向国家公民开放,公共事业单位根据信息的公共或私人属性选择性地进行公开。公共信息的法律调整是典型的公法视角,信息管理主体具有公共权力属性,这类信息公民可以通过公共平台进行共享、监督。另外,公法还承担对自然人信息进行保护与监督的义务,由《档案法》《统计法》《政府信息公开条例》所调整。

第四类信息为商业信息,根据信息的性质有强制被公开的信息、也有保密信息,强制公开的企业信息涉及整体市场风险与秩序,例

〔1〕 我国《刑法》对侵犯个人信息处罚条款为第 253 条,该条规定,邮政工作人员私自开拆或者隐匿、毁弃邮件、电报的,处 2 年以下有期徒刑或者拘役。犯前款罪而窃取财物的,依照《刑法》第 264 条的规定定罪从重处罚。第 253 条第 1 款规定,违反国家有关规定,向他人出售或者提供公民个人信息,情节严重的,处 3 年以下有期徒刑或者拘役,并处或者单处罚金;情节特别严重的,处 3 年以上 7 年以下有期徒刑,并处罚金。违反国家有关规定,将在履行职责或者提供服务过程中获得的公民个人信息,出售或者提供给他人的,依照前款的规定从重处罚。窃取或者以其他方法非法获取公民个人信息的,依照第一款的规定处罚。单位犯前三款罪的,对单位判处罚金,并对其直接负责的主管人员和其他直接责任人员,依照各该款的规定处罚。对侵犯国家安全、高密信息的处罚条款为第 285 条,该条规定,违反国家规定,侵入国家事务、国防建设、尖端科学技术领域的计算机信息系统的,处 3 年以下有期徒刑或者拘役。

如，企业运营状态信息，上市公司财务情况，这些信息需要对社会进行公示。因此《公司法》《证券法》设有企业信息披露义务条款。非公开的保密信息属于企业的内部运营信息或者涉及核心竞争力的信息。商事企业之间的信息获取能力是有差异的，信息收集优势达到垄断形态时，还会形成市场竞争难题。经济法中的《电子商务法》《反不正当竞争法》《反垄断法》立法就必须发挥其作用。

我国的信息立法体系对于信息社会来说都过于分散不成熟，不仅信息确权不明确，信息财产利益定性不清晰，信息对市场经济的激发潜能也没有得到完整发挥。即使我国的学者已经在思考研究建立完整的个人信息权利体系，这些依然不一定能够应对信息在传播过程之中的乱象，也较难解决信息作为商品在市场流通过程中的监控难题。我国的立法不仅在于确立信息私权，也在于确立公共权力的空间。我们还须明确监督管理部门、技术方案、救济机制以保障个人信息各项权利的运行。国家要对在经济、文化、教育、金融、医疗、居民生活等各个环节收集、整理社会的信息资源，进行战略重新调配与管理，并利用这些信息制定周全的经济计划、医疗卫生计划、金融计划、教育计划、国防计划和外交政策。

第二节　正义计量系统论

一、法治评估系统的方法论突破

司法正义指标分析是“法治评估系统”的分支之一。在每一个指标分析研究的背后，其所采用的科学方法都不是单一的，在综合运用多种社会科学方法之后，我们总结出司法正义的各项指标，之后再以统计学和数学模型提取大量司法信息测量司法正义的运行状态。这些指标参数建立在研究者们对司法正义一直认同标准的基础上，这些司法正义参数不是冷冰冰的数字，它并非“去价值化”的冷冰冰数据的分析,他们具有深厚的人文关怀。司法正义一词的内涵如同法律权利等概念,它们无法达到完全的价值中立,因而与传统的自然科学实证研究有所不同。运用指标体系统计的方式可以将正义理论中的价值不确定性因素尽量缩小。计量法学的优点就在于,它取材于真实的司法信息,以动态的数值信息作为研究对象,其结论具有一定的客观性,并具有可靠性与说服力。

利用指标参数定量检测一国政治与法治发展水平的方式在全球早已存在先例。例如,世界正义工程推出的法治指数、世界银行推出的治理指数(法治是其中重要的指标)、经济学人的民主指数、自由之家的自由指数等。这些指数在世界的影响力越来越广泛,它们每年所做出的年度报告都是各国自我审视的重要参照。继民主、法治指数之后,欧洲部分国家正在研究法治特定领域内的专门指标。从方法论上看,它们的研究方式与司法正义指标是基本一致的。理论法学学者将大部分精力放在了对某种概念的历史考证之上,一篇学术论文洋洋洒洒一大篇,绝大部分都是既存观点与概念的堆积。法学研究方法的科学客观性相对较弱,研究方法也较狭窄,这种现象产生的缘由在于社会、历史中的现象是独特且偶然的,人类因其具有自由意志,其行为也无法精确预测与演算,更无法采用自然科学的“永恒”真理来高度地抽象与概括,只能阐述、解释与叙述。另外在于法学等学科借鉴其他领域内研究方法的概率很少,学者基本只固守传统法学的实证研究路径,如语义分析、逻辑分析等。法学研究如果要突破传统的“瓶颈”势必需要更加关注怎样通过计量方法检测规范的实际效用,怎样演算秩序形成的机制以及制度操作的技能,对法条、判例等实证法体系进行精密分析和概念计算。[1]

---

〔1〕 季卫东:《中国法学理论的转机》,载《中国社会科学报》2011 年 12 月 27 日,第 10 版。

二、正义的评估从先验到信息

作为法学价值之一的"正义"是良法的精髓,是社会科学领域一个永恒且复杂的概念,从方法论的角度来看,学者对正义的界定与研究更多适用的是价值分析的方法。博登海默将正义比喻为一张普罗透斯似的脸,变幻无常,随时可呈现不同的形态并具有极不相同的面貌。[1] 一个公正的司法裁判,最终取决于对"正义"如何进行详尽的诠释,这些诠释包括了法学家经常描述的程序正义与实质正义,也包括一些经典的正义类型,如交换正义、分配正义等。这些正义准则并非空洞的公式,它们均是学者在无数次的论证与思辨中总结出来的。但是,历史上有关正义的经典理论建构大多都写作于"实证"或"数据"缺位的时代,那些时代几乎不存在大规模的民意测验、完整的宏观经济和社会数据、严谨的统计技术等。所以大多数正义理论的论证过程只能是从概念到定义,从逻辑到推理。这种研究方式往往能创造出很有启发性的理论框架,但是很难校验这些理论的有效性,即没有"证伪"它的可能性,知识很难有效积累。[2]

我们可以将司法正义做一些信息技术上的处理,将纷繁复杂的正义理论,从经验中重组为具有严密逻辑的指标模型。司法正义指标模型的研究过程可以分为两个阶段,第一个阶段涉及正义相关问题的提出,相关理论(文献)与假设,可以被称为"前操作化阶段";第二个阶段包括正义的数据、测量、方法和结果,可以被称为"操作化阶

[1] [美]博登海默:《法理学:法哲学与法律方法》,邓正来译,中国政法大学出版社2000年版,第252页。普罗透斯(Πρωτε¿ς / Proteus)是希腊神话中的一个早期海神,荷马所称的"海洋老人"之一。他的名字可能有"最初"的含义,因为希腊文"protogonos"表示"最早出世的"。最初并没有提及他的家系,直到后来的神话学者才将他归为奥林匹斯神波塞冬的后代,或者是涅柔斯和多里斯之子,或者是俄刻阿诺斯同一个放牧海豹的奈阿得斯所生。他有预知未来的能力,但他经常变化外形使人无法捉到他,他只向逮到他的人预言未来。

[2] 刘瑜:《从经典到经验》,载《南方周末》2010年6月10日。

段”。[1] 例如，运用一些自然科学的定量分析路径，包括观察、实验、统计、制作数理模型、采集问卷等。前操作化阶段是最漫长的阶段，经典理论的论证需要数代学者的共同努力，可庆幸的是先辈已经为我们完成了“前操作阶段”，我们只需从各类正义理论中选择最理想的方案与模式，并对已经选择的理论进行观察、统计、实验与证明。

三、司法正义信息评估系统

正义作为各学科所追求的一种价值可以从经济、政治、社会、美学、伦理、宗教中寻找，这便导致正义标准的多元化。不同政治文化、宗教文化、经济文化，不同学科背景都会赋予正义不同的含义，如政治正义、经济正义、社会正义、契约正义等。司法正义将正义的范围限定在了司法审判的区域内，并同时也兼顾其他学科对司法正义的价值判断。例如，经济学家对程序正义所消耗的成本更有兴趣，这些可以通过一些看得见的货币形式进行计算；受害者研究专家则更关心受害者通过司法途径获取正义所产生的不利后果。心理学家关注程序正义与分配正义的具体实施情况，并将受害者的情绪、压力计算在成本之中。无论各类正义的立场如何，我们依然努力地去找寻一种能适应多种文化的司法正义标尺。

本书在吸收以及借鉴国内外正义理论的基础上总结出一种相对统一的司法正义指标（见表2）方案，它包含三类重要价值，即司法正义的经济价值、程序价值、实体价值，设计为三项一级指标：司法正义的成本、程序的品质以及结果正义的品质。这三项重要的正义指标均能跨文化运用，每个重要指标被再次分解为13个二级指标，它们是对三类价值的分解与细化。下文即将对这些指标进行详细的分析与解读：

---

〔1〕 彭玉生：《“洋八股”与社会科学规范》，载《社会学研究》2010年第2期。

表 2　司法正义指标(Index of Access to Justice)

司法正义的成本 (Cost of Justice)	程序的品质 (Quality of the Procedure)	结果正义的品质 (Quality of the Outcome)
金钱成本 (Out - Pocket Cost)	程序正义 (Procedural Justice)	分配正义 (Distributive Justice)
时间成本 (Cost of Time)	人际正义 (Interpersonal Justice)	矫正正义 [Corrective (Compensatory) Justice]
其他失去的机遇(Other Lost Opportunity)	信息正义(Informational Justice)	报应正义(Retributive Justice)
无形成本 (Intangible Cost)	形式正义(Formal Justice)	恢复性正义(Restorative Justice)
		法律实用主义(Legal Pragmatism)

注:荷兰提尔堡大学民法、跨学科、冲突解决研究所(TISCO)设计了一种实践性较强的正义指数,可以作为我国学习与借鉴的标本,本书作者在参考借鉴的基础上根据中国的司法现状对相关指数重新进行了设计。See Martin Gramatikov: Weighting Justice, *Constructing an Index of Access to Justice*, TISCO Working Paper Series on Civil Law and Conflict Resolution Systems, Vol. 1:10, p. 9 - 11(2008).

(一)司法正义的成本

这项指标是从经济效益的角度来确定正义实现的程度。司法机关扮演的是绝对中立的裁判者角色,普通人为获得这个裁判者的援助不可避免地会考虑选择这种方式。在中国,绝大部分的民众都普遍认为司法正义的成本是高昂的,并且成本的计算往往是无法预估的。政府及相关机构也从未向普通民众提供计算这些成本与效果的工具或方式,因此人们在选择纠纷处理方式时无法精确地选择实现正义的最佳方案。在获得司法正义的道路中充满各种屏障与阻碍,这些阻碍对每个个体都是未知数。潜在、无法预估的正义成本导致了大量的法律纠纷被耽搁,通过官方获得司法正义时常被人们描述为没有预期并且耗时漫长。例如,消费者从网络上购买了不太昂贵的不合格商品,多数情况下考虑到司法正义的成本,消费者最终选择的是自我承担损失。又如,一个刑事犯罪的受害者很有可能由于心情的抑郁而没有勇气去寻求官方的司法救济。司法正义成本这项指标的确立对普通民众来说是所有指标中最具实用性的一项指标,也是最容易与统计学、数学相契合的一项指标,它包括下面几项具体二级指标:

1. 金钱成本。当事人在实现公力司法救济中所消耗的金钱,这些费用包括了律师费、专家费、诉讼申请费、交通费、公证费、证人费用、通讯费等。

2. 时间成本。它包括所有法律程序中所消耗的时间总和。如寻找法律顾问的时间、收集资料的时间、联系专业人士的时间、路程时间、等待时间、出席时间、倾听时间、排队时间等。

3. 其他失去的机遇。由于寻求司法途径而失去其他机会的风险,如失去的工资,收集到没有价值的信息资源以及失去工作的风险等。

4. 无形成本。这是从心理学的视角来判断的一项指标,具体表现为压力,负面情绪,如沮丧、恐惧、失望、愤怒,失去朋友等。

(二)程序的品质

正义的程序是从结构、手段、方式、过程以及司法制度的设计来决定正义应该如何实现。程序正义作为实现正义一种经典的法律传统,现在已经被各国法律体系所接受。这种形式的正义不强调任何有关结果正当性的独立标准,却强调有关形成结果的过程。这种正义的形式具有巨大的优点,首先它无须考虑特殊环境与个体地位的变化,其次它可以被民众感知与衡量,能够更加轻易地检测出该项指标的结果。我们现将通过程序形式体现的正义分解为以下四项具体的二级指标:

1. 程序正义。程序正义应当是“看得见的正义”，正义的结果不仅正确、公平且符合实体法的规定，并且还应当使当事人感受到案件判决过程的公正。程序正义应该如何测量，分为以下几个层面。第一个层面：审判过程是否违背基本的正当程序原则。如罪刑法定、无罪推定、法不溯及既往、无事前公正补偿不得征收私人财产、实施行政行为必须先取证后裁决等。随着正当程序在实践中的完善，正当程序的原则越来越完善且具体。第二层面：审判是否严格依照本国法律中有关程序性的具体条款，在我国的法治建设中，并非所有的程序正义原则都得到了完整的贯彻，一些程序性法规也许相对滞后于理论的架构，因此，在这个层面的检测环节中，在标准选择的优先性上应当让位于已经建立的正当程序原则。第三个层面：指标的检测还需结合当事人各种主观感受的反馈调查。例如，当事人的感受与看法在司法程序中是否被考虑；又如，当事人是否对整个审判进程满意，当事人是否随时能够纠正程序中的瑕疵等。

2. 人际正义。在正义相关性的文献中，有关人际正义的论证并不多见。概括地说，人际正义是人与人之间交往时所遵循的正义理念，它牵涉到个人的美德、道德素养。这里的人际关系不是友情关系，更不是亲情关系，而是社会活动中的人际关系。人际正义的实现是受到社会公正、法律公正的限制，这也是为什么罗尔斯认为社会公正是优位于个人公正的原因。在司法审判中，人际关系限制在了当事人和审判者之间，以及当事人和当事人之间，司法正义的指标主要检测的是当事人与审判者之间的人际正义，这些可以依据一些简单的指标，例如，在交往中一个人能否受到裁判者的礼貌对待、必要的尊重，裁判者是否有一些冒犯的评论与言语的挑衅，当事人能否与裁判者进行真诚地沟通等。

3. 信息正义。如果当事人接收到完整的审判理由和解释，那么他们将更容易接受与此相关的审判结果，这种形式的正义，我们称为信息正义。一个完整的审判理由应当包含所有的程序和结果，审判理由告知当事人什么因素导致了审判结果，以及为什么会导致这样的审判结果。当审判结果没有实现实质正义的时候,解释和理由将会变得更加重要,这时认为审判不公正的一方就会为自己的不公正寻求理由,如果审判机构没有给出合理的解释,他们将使用那些对他们有用的信息。这些信息涉及审判程序,审判者的相关信息。信息正义与否可以通过很多因素体现出来,例如,裁判者有无对当事人完整地解释整个审判程序,在审判过程中裁判者是否告知当事人具体的权利和选择,当事人对裁判者的解释是否明了,当事人是否有机会询问审判程序的具体细节,相关必须告知的事项能否做到及时和准确等。

4. 形式正义。在我国形式正义与程序正义几乎是相通使用的,只是前者更注重外在的表现形式,后者更偏向程序的制度构建,形式正义可感知度较高,因而形式正义的检测手段非常简易、明了,具体表现为审判的透明度、清晰度,以及相同或类似的案件是否处理的方式和结果具有一致性。

(三)结果正义的品质

结果正义是以平等、公平的视角来判断正义标准,它也是所有正义指标中最难权衡的项目,同时也是选择方法论上的困境之所在,该项指标的优劣直接影响到司法正义的核心品质,这些指标均基于亚里士多德、马克思等人对正义的论证与诠释之上。每一项正义理论代表着一种正义指标,每一种正义指标都不是完美无缺陷的,而是需要借助其他指标补充。

1. 分配正义。分配正义的理论有着悠久的历史,起源于亚里士多德,它主要回答社会或者组织如何在相互竞争的个体之间分配资源,其含义是人们根据才能、地位、职务按比例取得资源的分配。分配正义在司法审判中体现为审判结果的公平与公正,其直接指向双方当事人实质的权利与义务。例如,审判结果是否达到一种比例分配,每一方的当事人的付出是否与审判结果相平衡。从另一个层面来看,分配正义的实现主要取决于立法。立法者更加关注社会整体权利义务的分配,最典型的例证是民法中的无过错责任,立法意图更偏向保护受害人的利益,从而实现权利资源的最佳分配。

2. 矫正正义。矫正正义也是来源于亚里士多德对正义的诠释内容之一,所谓矫正正义即是对社会偏离公正行为的一种矫正,涉及对被侵害的人身权利、财产权利的恢复与弥补,一方当事人因为错误行为损害了另一方,侵害方须补偿受害者,从而达到恢复平衡的局面。较多法律学者将其视为指导司法正义领域的有力原则。矫正正义视双方当事人的法律地位完全等同,完全忽略当事人的身份、地位、等级差别。

以矫正正义的思维评判司法的公正性在民事侵权与合同违约领域中体现得较为明显。但在侵权领域法律实践中,司法审判也并非完全与矫正正义吻合,毕竟矫正正义理论诞生的背景年代是古希腊时期的雅典,这种正义观念较于理想化与形式化。矫正正义主要建立在侵害者的主观过错的基础之上,在特定侵权领域,当事人在社会中的经济地位存在明显偏差,法律会对弱势一方保护力度更大一些,侵害方即使是对主观上没有过错的意外事件也须承担责任,此时的审判就要完全考虑双方或多方的身份、地位,这时审判的目的必然与矫正正义的初衷相违背。例如,消费者与厂商成为案件双方的当事人时,审判主体就不能视当事人的地位等同。我国在侵权责任体系完善之后,衡量司法的审判结果的正义指标日趋多元化,这些正义原则相互补充、填补彼此的不足与缺漏。

3. 报应正义。报应正义在刑法司法领域应用比较广泛,它根源于复仇的传统、人类生物的本能,是最直接、最原始的正义形式,在没有国家法律控制的社会,它是调控社会关系的重要手段。报应正义与纠正正义相关,只是前者更加将重心放置在惩罚之上,后者在于恢复或弥补。在报应正义的前提下,审判要做到公正量刑须与侵害行为相当,即达到罪刑法定、罪刑相适应。纯粹的报应正义是有其固有缺陷的,它在很大程度上将罪犯强化为社会的敌人,并且未考虑运用刑罚之后能否收到任何社会效果,一些人则认为犯罪再加上刑罚无异于是两种罪恶相加等于正义。[1] 因此,报应正义还需与其他形式的正义均衡使用。在民事司法领域,报应正义计算方式相对比较容易,例如,原告当事人遭受的侵害、诉讼的成本(参见指标1)与最终的审判是否相当,其中,侵害与付出不仅要通过金钱、物质计算还须对精神伤害进行估算。

4. 恢复性正义。在我国恢复性正义也称为恢复性司法,[2] 旨在犯罪方和被害方之间建立一种对话关系,化解双方矛盾及冲突,结合社区的广泛参与,使受损的社会关系得到修复。它的目的在于,对受害者精神和物质的补偿;增加了侵犯者在未来服从法律的可能性;关注到刑事侵害对社区的危害,以及重新恢复与协调社区与侵犯者之间的关系。这种形式的正义无论对被害者还是侵犯者都有积极的意义。相比传统的形式正义,恢复正义在对待犯罪者的态度上更加正面。

在我国有关恢复性司法的认定,尚且存在一定的争议,学界一般认为,中国并没有完整意义的恢复性司法,缘由在于它缺乏对正当程序的关注,如该方式没有具体证明程序,我们暂时将这一项指标列出作为参考项目,它还有待实践中进行取舍地应用。

5. 法律实用主义。从法律实用主义来衡量审判的正义意味着将审判的焦点放在事实与结果之上,其排除了道德的判断与政治的干扰,强调法的目的和效果。先例、传统、法律文本和社会政策都是解决法律问题的工具。这样就不必考虑司法正义的各种原则与学术理论,一切将从事实出发,从法律文本出发,最终的判决结果是否是当事人双方满意的,法律条文是否严格遵守,判决结果是否具有实际的

---

[1] 陈兴良、周光权:《超越报应主义与功利主义:忠诚理论——对刑法正当根据的追问》,载《北大法律评论》1998 年第 1 期。

[2] 英文中的 justice 拥有"司法"与"正义"两层含义,而在汉语中司法与正义两者是不同概念,"司法"是偏重程序意义,"正义"偏重伦理、道德价值,本书在对 justice 指标的诠释上,轮流使用了司法与正义这两个词语,目的在于体现 justice 的不同面。

可操作性等。

四、司法评估系统的信息采集

如果说司法正义指标在其设计阶段更加关注司法正义“应当是什么”,那么指标的实证阶段则重点关注司法正义“实现了吗”,在这个阶段我们需要的是正义的事实而不是正义的价值判断,从而将客观事实作一个定量的研究。

实证研究最常使用的方式即观察、言谈、测验、个案、实验等。对大量个案、样本、数据的整理与收集是整个量化过程中最繁杂的环节。根据中国司法实践的经验,个案、样本的获取来源可以分为三大类:〔1〕第一类为政府机构;第二类为服务、中介机构;第三类为其他相关团体与机构。

第一类政府机构案件信息资料均储存在法院、调解及仲裁机构之中。对于这种类别的资料,我们可以采取个案研究的方式,将这些第一手资料按照正义的指标进行粗略的归类。这些数据看似零碎、分散却对整个司法正义指数的构建极为重要,司法统计数据应当作为我国新时期司法审判部门的一种“国家战略性资源”,从目前的中国国情看,司法数据并没有大限度地进行利用,〔2〕致使该大部分信息资源被搁置没有完全发挥其效能。数据的载体主要是传统媒介,

---

〔1〕 Martin Gramatikov, *Methodological Challenges in Measuring Cost and Quality of Access toJustice*, TISCO Working Paper Series on Civil Law and Conflict Resolution Systems Month 10, 2007, Version: 1.0. 本书借鉴了这篇论文的划分方式,但是根据中国当代的国情,本书对数据的分类方法与该文有些区别。

〔2〕 在法院系统内部,司法统计数据共享是通过上下级法院之间的数据报送实现的。在法院系统外部,司法统计数据公开的途径主要有三种:一是正式官方渠道,如每年的两会期间人民法院在同级人民代表大会上所作的法院工作报告中引用的司法统计数据;二是 20 世纪 90 年代中期以后出现的民间渠道,如中国法律年鉴、统计年鉴,以及一些法律类报纸期刊;三是各级法院召开新闻发布会发布的审判白皮书。参见李季红、马凤岗:《司法统计数据的公开》,载《人民法院报》2012 年 1 月 6 日,第 7 版。

并没有形成完整的网络媒体数据库，而网络媒体却是最易获得信息的渠道。由于数据读者范围非常狭小，即使是象牙塔里的法学专家也很难直接亲密接触这些原始数据，这样会导致学术和实践产生隔阂与鸿沟。如果在保证当事人隐私权利的前提下建立一个完整的司法信息共享平台，将繁杂、凌乱的信息重新进行科学整合，不仅有利于实现最大化社会信息福利，也更加有利于学者们对信息的科学分析与处理。

第二类（相关服务机构）信息资料来源于律师事务所、法律援助等部门，这些数据可能较政府部门的数据更加分散并且没有代表性，并且这些机构考虑到商业秘密和个人隐私，在提供数据时会根据个人意图进行筛选和过滤，导致这部分数据并不一定具有代表性与可靠性，当采用该类别的数据时须非常谨慎。

第三类其他主观信息，这部分信息主要来自当事人、代理人等个人，由于采样对象的特殊性，这些数据采集方式与前两种数据有所不同，最常见的方式是面谈、电话访问、调查问卷。这种数据是个人经验的一种体现，主观色彩非常强烈，这种数据存在其固有的特征，它对问卷的设计与回答要求非常严格，在采访或问卷调查中，也许由于提问的方式和问卷的设计，被采访对象很有可能提供的不是最贴切的真实想法的答案，当事人回答问题受限于当时的法律制度和文化意识形态，对待这样的数据需要研究者进行全面的分析。问卷的问题设计应当更加客观化，避免问题涉及当事人的个人偏好。

在收集过所有相关类型的信息之后，研究者即可对资料按照司法正义的指标参数进行重新解析与分类，每一项指标可以通过分数表现出来，也可以通过图形、表格展示出来。首先将民事、刑事、行政诉讼进行详尽的分类。“正义指数”中第一项指标的计算相对容易，每一类案件均可计算出精确的货币成本与心理成本。第二项指标既可以从当事人处获取也可以通过政府机构获取，进而检查每一项具体的程序的指标是否均已逐项满足。第三项指标判断相对较难，可从司法机关、社会与个人多种角度来进行综合评判，一些重大、具有争议的案件判决是否实现结果公正，还可以结合法学专家的评介，以及通过网络民意调查、媒体以辅助评判。我国的司法实证调查研究还没有完全展开，实验与问卷调查运行范围主要限制在狭小的地域之内，缺乏代表性。法学研究者应从校园、研究所走出进行广泛的实地调查。

对司法正义指标构建的一个初步构想，即希望从方法论体系中找到一种新的突破点以弥补传统理论法学的不足和缺憾。该项司法正义指标也并非完美无缺，所有指标的构建都是建立在现存司法正义的理论以及经验之上，它没有超前性与先进性。这套指标还需要学者进一步发展与完善，融合经济学的成本与效益分析、心理学中的主观状态分析，结合社会学家、伦理学家的理论共同完成。

本书目的并不在于强调这些指标中何者占据更重要的比重，而是要为司法正义的实践提供一枚明镜，每一种正义指标都蕴藏着其独特的社会文化根基，同时也有其自身的缺陷与不足。在一个高度发达的司法体系中，每一类正义指标均是不可分割的有机整体，在中国构建司法正义指标是一个巨大的系统工程，需要全国所有的公安、法院、检察院广泛参与，各专业学者积极合作，也需要广大人民群众积极配合，更重要的是政府需要制定一系列政策来保障数据的采集与正义指标的运行。

我国是以经济发展作为国家运作核心的现代国家，其重要特征就是通过各项指标、数据来检测本国的综合实力的发展水平。司法正义指标的具体呈现，不仅可以观测并且可以计量，这也是法律成为一门真正的科学的重要标志之一。将正义理论信息技术化、实证化、操作化，为民众提供了一系列参考与标准，为权利的救济提供了预设的行为方向和成本预算，让司法正义实践不再盲目与模糊。

第三节　法治运行控制论

控制论一度被誉为过去两千年来人类智慧之树上结出的最大果

实,并且是20世纪的"万用理论"。控制论的重要提出者是著名数学家诺伯特·维纳,维纳专为"控制论"创造了一个新的英文单词"Cybernetics",词源可以追溯至希腊文 κυβερνητης,原意为"掌舵术"。其揭示了不确定的信息世界内在规律,它的研究对象是人类,还有非人类生物、社会系统、经济系统的内部信息控制、组织、均衡、计算及其反馈的科学范式。总而言之,控制论是关于一切可能的机器和生物的通信与控制的科学。信息在控制论之中承担着非常重要的传输作用,信息是控制的前提。因此,研究控制论的焦点是探索一切控制与通信系统中信息传递与控制过程中的原则与规律。信息与控制就如同一枚硬币的两面,一面揭示客观世界的可知性,另一面是人对客观世界的改造。控制论将不受控的系统置于控制之下。

控制论包含两层基本原理,首先是"控制",其基本含义就是支配、驾驭。它的目的就是克服不确定,使系统实现稳定状态。其次是"反馈",其含义是特定系统输出的信息作用于受控对象之后,产生了特定结果,该结果输送至信息输入端。反馈有利于信息输出方对信息进行全方位修正,如反馈信息能够帮助飞机不偏离轨道飞行。

早期控制论是在20世纪40~50年代,当时控制论为单变量的自动控制,运用领域有单机自动化、火炮瞄准、舰艇自动操作舵、水位、水压调解。中期控制论是在20世纪50~60年代,人类技术发展迅猛,控制论从单变量转向多变量,运用领域有军事导弹、人造卫星、电子计算机,这是控制论产生较高社会经济效益的时代。高阶段控制论是20世纪70年代至当今社会,这个时期的控制论是大系统控制理论,将控制论运用至生物、社会、思维领域。控制论与信息论结合之后模拟人脑思维,这就是智能信息学科诞生的根源。控制论在各国的运用焦点并不相同,美国重视控制论的军事运用,日本重视机器智能控制运用。发展中国家,如拉丁美洲重视社会管理与计划,欧洲重视控制论在心理学、语言学领域的研究。法学家庞德其实也运用过控制论,但是庞德的控制并不是"cybernetics",而是"control",庞德的专著,名为《通过法律的社会控制》(*Social Control through*

Law)，法学家眼中的"控制论"不是信息科学范式下的"控制论"。庞德强调权力的支配地位。习惯、经验、自然法对实在法的支配地位，这些都是控制，但却不是信息科学范式下的控制。[1]

控制论的原理并非仅仅在机械、机关等领域内使用，而是可以广泛地运用于国家、社会、公民。在美国的独立战争期间，英国由于指挥命令的失败导致两支军队无法顺利会师，最终英国的柏戈因部队溃败而归。[2] 无论是政府机关、公益机构、民营企业都应该设置双向的通讯系统，并不能仅仅停留于单向通讯。尤其是自上而下的政策，上方行政官员对下方的种种事实信息会有误解、遗漏。怎样自下而上反映真实的信息，那么上方必须在下方权力系统派驻常驻工作人员进行精确反馈。

一、法律控制论

法律控制论是第二次世界大战后出现的一种新的科学范式，这种范式以控制论与逻辑学、计算机科学与法律进行互动，创建了一种新的法学视角。在法律控制论的视角下，法律规则一方面是对反馈的反映，另一方面是对反馈类型的设定，认为权利是一种复杂的交流系统。我们可以假定法律是一个专门的社会子系统，它通过多个沟通和反馈，有助于社会主体之间行为的一致性。为了维持稳定的社会系统，并保持大众一致赞同的规则体系，或在控制论意义上保持社会处于一种平衡状态，民主和宪法原则扮演着一种纠正或干预的角色。法律作为一个控制论系统的特征是平等性、便利性、确定性，法律调和社会的矛盾、信仰与价值观，并让信仰与价值发挥实践作用。

信息是作为社会的控制手段，信息的传播就是控制，控制依赖信

---

〔1〕［美］罗斯科·庞德：《通过法律的社会控制法律的任务》，沈宗灵、董世忠译，商务印书馆1984年版，第4页。

〔2〕［美］N. 维纳：《人有人的用处——控制论和社会》，陈步译，商务印书馆1978年版，第36页。

息的反馈。法律规则由语言符号构成。法律通过文字、符号对人的社会关系与行为进行描述,它能够对社会物理空间人的行为形成控制,法律有一套特定的人类语言文字体系,具有独立的逻辑规律,在信息的时空中,法律信息不容易与其他信息相混淆,它拥有专属于自己独立的信息展示空间。国家权力意志的表达使用的是强制性模式的语言、符号。个体主张权利意志是一种许可模式的规则、文字。

法律控制论的目的通过法律规则控制、规范人的行为,并通过多方的行为反馈不断调整规则。数学和信息科学在法律控制论中的重要性最为突出。控制论要求专业的法律技术工作的实质就是对信息的阐述、解释和反馈,而电子计算机可以帮助监测法律被遵守的具体情况。法律控制论的最佳发展方向之一就是法律自动化时代,它使用科学方法解决法律问题,以增强法律确定性和可预见性,具体方法涉及对司法行为的定量分析,将传播理论和信息理论运用在法律的表达之中,在法律的适用上运用数理逻辑,通过电子技术手段进行信息采集,运用微积分理论判断法律制定的可预测性,通过概率逻辑等经典统计方法来分析法律行为,包括定量评估立法效力,对法律规则产生的实际效果进行数量和频率的分析。

法律控制论还需要通过法律计量学(jurimetrics)的帮助得以实现。"法律计量学"(jurimetrics)可翻译为"判决法理学",该词的历史渊源可以追溯到美国法学家李·洛文杰(Lee Loevinger)的著作《计量法学》(*Jurimetrics*)。该书的思想精髓是将精确的、确定的科学(如数学)与不确定的定律联系起来,将定律的不确定性降低,其基本思想是让法律变得可测量。也就是说,立法、裁判作为一种结果,是可以验证的,而不是不可预测的。这样,我们有了验证立法、司法正确性的工具,当我们仔细检查法律中的每一段文字,这其实也是一项数学运算而已。

一段法律条文,在实践中被视为一段可测量、可验证的结论。乔治·布尔的《逻辑的数学分析》一书也持有这种观点,他致力于通过数学、代数运算为法律建立形式逻辑。确定性在法律体系中总是被视为必要的。法律确定性意味着清晰、独特的规则和连贯的有提示性的程序，这种确定性对权威者尤为重要，特别是法官对特定行为、情形所产生的法律后果提供合理的确定性。

二、我国法治控制论探索

20世纪80年代已有学者将控制论科学与系统论方法运用于法学研究。他们认为立法与司法机关为法治机器，法治机器通过颁布立法、作出审判对社会进行控制，社会可以评判反馈这些法治机器的控制行为，法治机器与社会二者共同构成了一个"法治系统"。

法律的运行是一个信息不断传递与转换的过程，立法的创设或运行的阻碍之一就是信息反馈受阻。信息受阻会致使国家立法滞后，国家立法如同军事命令，是自上而下进行的，但是立法效果是自下往上的，其有效信息反馈时间非常滞后。信息的传播载体，传播效率决定了古代社会与当代社会立法模式的差异，国家公共事务的立法，都是建立在公民信息的反馈能力，以及国家对信息的监督能力之上，国家通过公权力利用信息技术监督公民行为是非常容易操作的，但监督的初衷是以秩序为目的。公民身心、生活状态信息反馈却往往是微弱的，因此公民需要通过舆论、游行等多种形式以达到纠纷矛盾信息的传播诉求。如果公民对政府的信息反馈也像国家将政策对公民传达得那么迅速的话，立法评估、运行的效率将极大提高，立法民主化[1]进程会加快。这个理论就是维纳控制论中提到的"双向信息通信"，国家就如同一个信息系统，其自动控制过程就是通过"双向通讯"实现的。

对于疆域辽阔，民族成分复杂、人口众多的国家信息的双向控制是国家法治管理的重要工程。信息双向通讯实现效率高，可以对经济危机、人口危机进行提前预警与防备。国家管理的区域越小，信息

---

〔1〕［美］西奥多·罗斯扎克：《信息崇拜》，苗华健等译，中国对外翻译出版公司1994年版，第76页。

反馈能力越强,最低层级的政府往往最熟悉公民的生活细节信息。不同科层的权力主体应当界定其特定的信息管理领域。

控制论建立在数学之上,因此成熟的控制论有各式各样的数学模型与建模方法。我们可以通过线性规划模型或线性代数方程来描述社会经济网络状态,或者使用计量经济学的时间序列模型描述国家宏观运行机制,根据消费水平、通货膨胀情况协调社会福利总体指标,从而调整税收立法。控制论中的常用数学模型有理论模型、辨识模型、优化模型、决策模型等。既然机械工程能够实现自动化,法律应该也可以实现自动化。控制论从工程控制论、生物控制论与经济控制论等三大分支发展为第四大分支——法治控制论,还需要法学家的共同努力。

三、中国弱信息时代“控制论”启示

弱信息时代是一种信息传播非常不发达的时代,主要靠人力、物力对信息进行传送。在这种时代里,信息偏差、失真是常态,故事会变成神话,新闻会变成传说。弱信息时代还包括弱网络信息联动时代,其特征是计算能力、预测能力都比较弱。即使在弱信息时代,控制论在国家法治的运行中依然不能缺席。我们能从中国古代信息控制论与苏联网络控制论中获得一定的启示。

(一)邮传制度启示

古代的信息传递依赖可视的物理介质。例如,需要借助风、烟,于是有了“烽火台”。烽火台的缺点是传播范围较为有限,有效时间内传递的具体信息数值较低,它并不能传递详尽文字,而且传递时间不能持续,只能在可视范围内传达,信号不能被永久保存。烽火台根据行政区域设置,但由于传播能力的有限,烽火台一般为军事情报传递方式。信息数值较大的信息传递还需要通过文字体现出来,于是产生了邮传制度,春秋时期境内外的文书传递机构统称为“邮”。

最早的邮传是通过人工徒步投递的“步传”,周朝称“徒遽”,乘马为“遽”“驿”，春秋时期齐国，每30里设一“遽”，乘车称为“驲”，通过专车送达书信、文书。这个专车就是马力运输车，那是古代人重要的陆地运输的工具，称为“驲”或“传”，并称“驲传”。秦统一之后，邮驿发展得非常迅速，颁布了邮驿法令。对文字、度量进行了规范，秦设“亭”，设置于交通枢纽道路之上。汉代设“邮”“驿”。秦朝之后的朝代也相继建立了水陆系统网络，设立驿站、邮传等设施。置邮传信通讯方式已有3000余年的历史。《孟子·公孙丑上》记载：“德之流行，速于置邮而传命”。邮件的内容为国家政治、军要文件，唐代是通信发展的繁盛时期，大路要道还设“馆”，“馆”“驿”通用，驿舍建筑的设计非常富丽堂皇。

邮驿传递的速度与交通工具技术的发展密切相关，直至清末，才出现工业时代的交通工具，如火车、轮船，这也宣告了传统的驿传信息技术彻底被废除。古代弱信息时代的信息传递技术通过人力、劳动力实现，成本较高。邮驿经费是历朝政府极大的负担，明清时期的驿站经费高涨至300万两白银，这些费用最终也取自于税赋。明代时期，民怨之声四起，百姓人穷财尽，多为邮驿传递所致。即使是高效的邮驿传递也是以夫死、马毙为代价。[1] 置邮传达，只能传递政要、军要情报，文件必须拥有官方证明才能“入递”。[2] 民间私人领域的经济生活信息较难通过邮件进行传递。战国已有私邮，但只有贵族才能够传送私邮，不对普通民众开放。秦统一后，私邮的限制更大，只能通过在邮驿工作的好友捎带。唐朝的民间通信略有改善，有民办的“驿驴”，还有“飞鸽传信”，但是民间通信依然较为艰难，“家书到隔年”。直至明朝才出现了专营民信业的民信局。古代的邮传技术短、长结合，人力、马力结合，虽然看似科学合理，但是受制于通信技术的落后，其效率远远不及当今的互联网。网络时代解放了文

---

〔1〕 刘广生、赵梅庄编著：《中国古代邮驿史》，人民邮电出版社1999年版，第17～18页。

〔2〕 “入递”指公文交邮驿机构传送，必须持有官方证明。

字信息传递的劳动力，但物质形式的实物还无法实现虚拟传递。

中国邮传制度给我们的启示有：首先，中国拥有悠久的信息传递历史，信息传递在人类的历史中从未缺席。即使在弱信息时代，信息传递依然存在，其传递时间漫长，传递技术落后，信息传递耗费较多人力、物力。新的信息技术让人从改长途跋涉的传递方式中解放出来。然而信息技术的出现，也并没有缩短信息处理者的劳动时间，信息的便捷会让信息的数量呈现爆炸型增长。信息处理，信息分类从业者的劳动负担并未减轻。其次，无论是古代邮传还是现代人的电子通信，信息的本质没有被改变，信息是对现实世界的描述，是人类社会关系的纽带。被改变的是信息的传送方式、速度、存储载体。无论什么时代人都需要信息传递，从古至今，人与信息都存在密切的联系，信息是人认识世界，改变世界的中介。

（二）央地信息采集控制论启示

古代统治者为了获取国家信息，还需要通过专门渠道进行采集。中国历朝君主都非常重视信息的亲自采集，巡视就是信息亲自采集的方式之一，巡视无法实现全面地收集信息，但是巡视的震慑力很强，这是一种对君主权威的宣传。制度化的巡视制度在古代称为“巡狩”制度，或亦被称为“巡守、巡幸、巡功、巡游、巡省”。据历史学家考证，最早的巡狩产生自尧舜时期，早期是众部落联盟的首领控制其他盟邦的手段。《史记》记载“监于万国，万国和”。周代，就有天子巡狩，当封建帝制形成之后帝王从京师出驾，通过巡行，以视察地方诸侯们为帝王所坚守的疆土，以达到帝王的威望震慑四方并控制天下领土的作用。巡狩的时间是有周期性的，舜执政时期，五年巡狩一次。巡狩的最初手段并不仅仅是“游”，或者“巡”那么简单，绝对不是悠闲地游历山川好景，也非窥探明间趣闻以获取闲情雅致而弥补日理万机之疲惫。舜九十多岁依然四处奔波，并因此劳累而崩，葬于江南；禹百岁东巡，崩于会稽。帝王的“巡回”，其担忧、操劳远胜闲逸。

巡狩的背后必须具有强大的武力作为后盾,并以强烈的意识形态输入为目的。秦始皇在政时期曾经历过五次大规模的出巡以巩固政权,在出巡的途中同时颁布统一的各项法律、政治制度,推行统一文书统一度量衡,从文化、风俗全面植入其意志。不同帝王的巡狩形式也各异:武帝封禅求仙、隋炀帝开运河,宋真宗澶渊之盟;明成祖远征大漠之北,明英宗土木之变;明正德帝游龙戏凤荒唐治游;清乾隆帝江南巡游,民间趣闻流传千古。无论何种形式的巡狩,该制度为君王、领主带来的利益是丰厚的,各邦国一直处于稳定的臣服状态,并定期缴纳贡赋。儒家礼教文化主张"天子非展义不巡狩"。巡狩制度会随着君主疆域的不断扩展而不断被强化,尤其是从心理层面,巡狩会给帝王一种掌控的安全感。因此巡守制度逐渐被中国古代各代君王稳定且制度化延续,形成了维持中央政权的重要政治统治模式。

史学家对巡狩制度的评价褒贬不一, 历史著作常对帝王巡狩之举视为奢靡之举,是维系等级制度政治秩序的重要权力模式,但不可否认这种模式曾经是封建帝制一代代"繁华盛世"的基石,这种制度对中华文化的传承、伦理道德的统一、民族融合有着重要作用。封建帝制的消亡使巡狩制度最后终止,这种终止是否是永远的休止符,我们无法预测,但它毕竟存在于中华文明之中数千年,这种制度对后代的政治与法律制度有何启发,也是需要我们不断探寻的难题。

古代君王信息治理能力偏弱并非其不擅长制定治理方案,信息收集能力的低下也是重要因素。封建君主的精力是非常有限的,信息采集与控制是一个重大的工程,还须通过一种制度化的措施对信息进行收集。户籍信息采集与控制是中国古代社会控制民间人口流动,征收赋役的重要手段。夏朝已经依据行政区域对人口进行等级划分,西周时户籍制度已初现形态,春秋有"书社",二十五家为一社,作为当时的基层社会组织。《法经》曾记载,五家为伍,十家为什。商鞅时期更是利用家庭优势,监控民间犯罪,创设连坐制度。《史记·商君列传》记载,不告奸者腰斩,告奸者与斩敌者同赏。

家庭成员也是信息收集的最佳主体之一。中国古代的身份制度，家族主义从某种程度上属于小范围团体，家族成员往往聚居在一个范围内，家长和族长可以有效掌握个体的信息，然而古代君王为了实现对基层家族犯罪信息的掌控，鼓励在刑事立法上确立连带责任制度，如保甲制度是在宋朝王安石的变法之后确立的。这种集体性质的刑罚，使邻里之间互相"监控"，相似的制度还有官员的举荐，举荐者与被举荐者存在连带责任。[1] 邻里、亲人在封闭的群落之内，互相可以观察，共享信息，这就是行走的活体"摄像头"。现代信息化社会的国家政府不需要通过询问亲朋好友获取个体信息，公寓式高楼住宅已经将个体与亲朋好友、邻里隔离，人与人之间已经成为陌生人，技术化的信息监控成为必然。

中国古代统治者具有多元的信息采集智慧。中央对地方信息的掌握是实现央、地共治的前提条件之一。中央和地方治理属于两种类型的权力。中央必须及时掌握地方的动态才能实现国家的宏观治理。防止地方保护主义，一方独大形成腐败。中央对地方信息的掌握方式除了可以借鉴巡视、巡游制度。我国在执政中已经广泛采取了该项制度。在检察院设立巡查组，在纪律监督部门设立巡查小组。

随着市场经济的繁荣，人口流动的增强，新时代不再使用大家族式的信息监控方式，取而代之的是强大的国家安全监控系统。其目的和中国古代社会有相似之处，都是为了降低犯罪率。

(三)新闻与舆论控制论启示

在原始社会时期，新闻信息的原始形态是声音、符号，那时传递消息是为了抵御灾害。人类创造的新闻其实也是人与自然相处，人与人相处下的产物。信息其实是人类合作生存所必备的中介。尧舜时期，政府为收集舆论、民意，设立"诽谤之木"供民众提出批评，这是古代最早的协商政治，也是最早的公共舆论平台。

---

[1] 张维迎、邓峰：《信息、激励与连带责任——对中国古代连坐、保甲制度的法和经济学解释》，载《中国社会科学》2003 年第 3 期。

在报纸诞生以前，新闻以口头、信件、简牍、官方文报的形式传播，有学者认为，古代流传至今的诗歌其实也是一种新闻、舆论的传播方式。“采诗”“采风”也是一种采访、记录。中国最早的报纸在唐朝时诞生，称为“邸报”，由统治王朝政府所举办。自北宋末年以来，民间报纸发展遭遇政府的严格管控甚至禁止，只能在地下流传。明代时有出现政府简牍发行的民间报纸“京报”。[1] 这是低效率的新闻与舆论时代，国家的管理成本较低，这也意味着高效率的网络新闻与舆论时代会不断增加国家的信息管理成本。

即使在信息不发达的社会，谣言与有害信息也会存在。古代的有害信息不是网络言论，而是通过歌谣、谚语、谶纬进行传播。歌谣的传唱度较高，也易蛊惑民众。就连起义的新王也会参与进谣言传播事件中来，为自己获取君权神授的正当性。

对于当今时代来说，很多煽动性、诱导性的思想，普遍存在于大量的言论和舆论之中。它在一定程度上会影响当时民众的思想意识。控制舆论、危机公关已经成为一种独特行业。公共舆情治理也是政府的一项巨大工程。

法学是权利之学、权力之学。确权研究是法学的经典命题。在确权研究领域，以“信息确权”为当代法学研究的重点创新领域。作为法理学学者，我们的使命是将传统法理学的方法论、法教义理论进行传承、更新和转换，以回应信息的法理属性、确权困境、信息的“私权”与“公权”属性。

我们要继承经典法理学在确权论证方式的优势，经典论证的权利范式非常多元，包括：契约型权利论证范式；自然权利论证范式；实证主义权利论证范式；“功利主义”“利益主义”权利生成范式；认知科学权利论证范式；历史唯物主义权利论证范式；司法途径权利论证范式。这些经典确权论证范式有缺陷也有不足，信息确权的法理应

---

〔1〕 梁家禄编：《中国新闻业史：古代至 1949 年》，广西人民出版社 1984 年版，第 5 页。

当与新兴信息科学进行融合,同时反思传统信息论、控制论、系统论等跨学科理论的优势与局限,并发掘信息科学领域新的方法论。

“人”是信息确权论证的起点和终点。论证人的信息属性,“信息人”假说,人与信息的关系对信息的确权研究具有较为深远的意义。信息类型复杂多样,需要我们对信息的多重含义进行正本清源。并辨析信息与“数据”“知识”“智慧”“消息”等相似概念的区别。

信息确权的困境是持续不断的在增加的,这些困境包括了权利的膨胀、权利的泛化、权利的重叠、权利的冲突、权利与权力的冲突等现象,我们要反思信息权利的起点、终点与方向,并论证“权利兼容”“权利束”“权力束”等确权模式的学理依据。

信息重新塑造了公共权力的属性。因此我们要对信息权力的属性、使命、类型进行分解。虽然我国具有成熟的信息系统论、控制论的方案,但是高级阶段的信息技术还未能与法理、法教义学完整地重叠在一起。

信息技术的提升与法治的发展是并行不悖的,信息技术应当为社会营造更优化的法治治国方式。在未来的信息法理学研究中,我们将继续探索先进信息技术与法学理论、法教义学的结合。利用信息技术预测国民经济发展,保护信息安全,阻却违法,预防犯罪。